OUR UNDERACHIEVING COLLEGES
A Candid Look at How Much Students Learn and Why They Should Be Learning More

回归大学之道

对美国大学本科教育的反思与展望

作者：德雷克·博克（哈佛大学前校长）

译者：侯定凯 梁爽 陈琼琼

（第二版）

华东师范大学出版社

·上海·

Our Underachieving Colleges

By Derek Bok

上海市版权局著作权合同登记　图字:09-2007-803 号

◎ **致谢**

在本书的写作过程中,我的三位研究助理多利·基亚利(Dolly Bross Geary)、基尔南·马休斯(Kiernan Mathews)和爱琳娜·辛申科(Elena Zinchenko)为我找到了很多有价值的资料,启发了我的思路,给我帮助良多。我的其他同事也阅读了本书各章内容,并作了有益的评论,他们是:达拉·迪尔多夫(Darla Deardorff)、蒂齐亚娜·迪琳(Tiziana Dearing)、霍华德·加德纳(Howard Gardner)、理查德·哈克曼(Richard Hackman)、戴博拉·休斯-哈雷特(Deborah Hughes-Hallett)、卡罗尔·施奈德(Carol Geary Schneider)、南希·索莫斯(Nancy Sommers)、丹尼斯·汤普森(Dennis Thompson)、迪恩·惠特拉(Dean Whitla)。以下五位通读了全部书稿,并提出了宝贵的意见:我的挚友理查德·莱特(Richard Light)、斯宾塞基金会(Spencer Foundation)主席迈克尔·麦克弗森(Michael Mc Pherson)、我昔日的合作伙伴詹姆斯·舒尔曼(James Shulman)、我的女儿希拉里(Hilary)和我的夫人西塞拉(Sissela)。最后,我的助手康尼·希金斯(Connie Higgins)以其超凡的耐心和毅力整理了我的书稿,我已经记不得其间她几易其稿了。对于所有帮助过我的人们,我致以深深的谢意。

◎ 目录

译者序 1

导　言 1

第一章　美国大学的发展历史 7

第二章　教师对本科教育的态度 21

第三章　大学教育的目标 39

第四章　学会表达 55

第五章　学会思考 73

第六章　培养品德 97

第七章　培养合格公民 113

第八章　生活在多元化的校园 129

第九章　为全球化社会做准备 151

第十章　培养广泛的兴趣 171

第十一章　为职业生涯做准备 189

第十二章　提高本科教育质量:展望未来 209

注　释 230

索　引 271

◎ 译者序

德雷克·博克以领导哈佛大学的通识课程修订和学术机构改革著称于世,同时,博克还是一位高等教育研究的多产作家。博克的近著《回归大学之道》一书让我们有机会领略世界名校领导人的卓然之处。他将真诚的反思、理性的论证和雄辩的语言交融全篇。任何探寻大学教育真谛的读者都会被作者的教育智慧和洞察力所打动。

通过《回归大学之道》,博克强调了本科教育在当今高等教育中不可替代的地位,并从多样化的美国高校体制中,提炼出了一组具有普遍意义的大学本科教育目标,利用大量的实证研究数据,分析了美国大学在实现这些目标过程中取得的成就和存在的不足。这些目标包括:准确而优雅的书面和口头表达能力,运用逻辑和数理推理进行批判性思维的能力,提高学生的道德意识,培养大学生的公民意识,适应多元文化和全球化的素养,培养学生广泛的学术兴趣,提升就业能力等。

同时,作者还揭示了高校在实现上述本科教育目标的障碍:教授工作过度追求个人的兴趣而不是教育目标;学生一味以高薪作为求职目标;不同系科之间的教师难以合作(导致课程体系缺乏整体性);通识课程与专业课程脱节;忽视教学工作的重要性(特别在一流的研究型大学);没有营造一个积极有效的学生课外学习环境。与同时代其他美国高等教育评论家的言论不同,德雷克·博克对美国大学的批评少了哗众取宠的意味,字里行间充满了对教育问题诚恳和建设性的态度。

需要指出的是,《回归大学之道》的书名译文,其实是译者出于中文表达方便之需而作,也希望传达本书的主旨——重塑大学教育的基本目标及其实现之道。原书标题的直译是"我们未尽潜能的大学",副标题则是"真诚地考察学生的学习成效如何,他们如何可以学得更好"。要回答原书标题提出的问题,我们需要思考:大学本科教育的基本目标究竟是什么? 如何评价本科教育的实际成效(特别是大学教育对学生各方面发展的影响)? 提高大学教育的成效还有哪些师生的潜力可以挖掘?

虽然《回归大学之道》的论述主要围绕大学本科教育目标展开,但博克告诉我们,教育目标的"正确性"并不能确保教育过程和结果的"合理性",教育目标不能靠教育内容的随意"组装"来实现。"怎么教"比"教什么"更重要。从教育实践角度看,大学教育目标不只包括"学生最需要学什么"、"什么知识最有价值"等哲学议题,还体现为学术共同体内外不同教育价值观的冲突和协调。

虽然多数教师认同确立大学教育目标的必要性,也认同大学应该帮助学生发挥其潜能,但事实上很少有教师认真思考过:大学被赋予了哪些普遍性的教育目标?通过大学四年教育,学生在学业方面究竟取得了多少进步?哪些学生还有进一步发展的空间?在本科课程改革和教育问题讨论时,教师们主要依据个人的经验和印象,而不是仔细分析来自教育实践的素材和教育研究成果,很少有教师采取实验的方法探究学生的学习过程。虽然不是所有的教育目标和问题都可以被测量或用实证方式来呈现,但是大量的教育问题显然有待更清晰的表达,大量被证明行之有效的教学方法有待推广。上述所有问题,博克在《回归大学之道》中都做了详细的回应和分析!

或许我们有这样的认识:本科教育目标和质量只为大众辩论提供了好话题,落实起来却太过棘手。但博克告诉我们,只需将教育科学研究中少量的成果运用到实践中,或者增加少量的活动经费,大学课堂教学就能有很大改观。或许我们会抱怨处于校内外多重压力下的大学领导人难以实践自己的教育抱负,但博克提醒我们,大学领导人拥有大量宝贵的教育资源,可以辅佐他们的改革计划。问题是:大学的校长、院长们是否愿意以教育的名义去动员这些资源和权力!

40 年前,当德雷克·博克即将上任哈佛校长之际,他的一位朋友向他提议,本科教育已经不合时宜,应该取消哈佛的本科教育。如今,博克以其《回归大学之道》一书为本科教育正本清源,有力地诠释了当代大学教育的价值依归!

侯定凯
2012 年 6 月

◎ 导言

  1980年代，美国的大公司开始面临海外资本的竞争，日本产品开始全面"入侵"我 1
们的商店。此时的美国人开始思考：自己的经济出了什么问题？政府官员、记者和
分析家们四处寻找美国竞争力下降的可能原因。公众批评的矛头首先指向了企业
的行政主管们，接下来遭受抨击的便是教育。1983年，一个全国委员会对公立中小
学进行了调研，并发表了题为《国家处于危险中》(*A Nation at Risk*)的报告，引起了
公众的广泛关注。该报告警示说，美国教育正在经历"一股平庸化的浪潮"[1]，这无异
于一次"单方面的教育裁军行动"。于是各种评论紧随其后，人们要求对教育作全方
位的改革。

  公立中小学饱受抨击之时，对大学发展有远见卓识的人士便预计到，高等教育终
将面临同样的命运。果不其然，仅仅过了几年，教育部部长威廉·贝奈特(William
Bennett)和国家人文学科基金会(National Endowment for the Humanities)会长琳·切
尼(Lynne Cheney)相继对本科课程提出了尖锐的批评和具体的改革建议。[2] 像迪内
什·迪索萨(Dinesh D'Souza)这样的公共知识分子，和以查尔斯·塞克斯(Charles
Sykes)为代表的记者，也纷纷加入到抨击大学政策的行列之中。[3]

  大学教授们(主要是人文学科的教授们)也开始著书立说，对自己所在的大学进行
针砭。以下著作代表了作者们的普遍观点：《走向封闭的美国精神》(*The Closing of
the American Mind*)、《濒临毁灭的大学》(*The University in Ruins*)、《道德沦丧的大学》
(*The Moral Collapse of the University*)、《终身教授中的激进派》(*Tenured Radicals*)、
《反智战争》(*The War Against the Intellect*)、《圣殿里的骗子》(*Impostors in the
Temple*)、《扼杀大学灵魂》(*Killing the Spirit*)。[4] 艾伦·布鲁姆(Allan Bloom)所著的
《走向封闭的美国精神》还进入了《纽约时报》的畅销书排行榜。其他著作的影响虽不
及此书，但也几乎都由著名出版社出版发行，并赢得了广泛好评。

  这些著作的作者立场并不完全一致，他们所关注的问题也不尽相同，但存在一些 2

共通之处:其一,几乎所有的批评都指向了顶尖的研究型大学,而非所有的本科院校;其二,这些著作都以批判为主要目的,难见对大学和教授歌功颂德的文字;其三,更重要的是,在所有的批判言辞之中,有几个共同的话题被反复提及,还引起了读者的共鸣。①

本科课程体系缺乏统一目的,是众多作者的共识。正如布鲁姆所言:"受过教育的人应该具备什么素质?大学对此没有提出自己的看法,甚至没有提出可供辩论的不同观点。"[5] 比尔·里丁斯(Bill Readings)这样写道:"博雅教育已经丧失了其组织核心——博雅文化和人文科学的渊源与目标。"[6] 由于缺乏令人信服的、统一的教育目的,大学的课程体系便逐渐演变为由选修课堆积而成的"自助餐"。知识本身则变成了万花筒,不同学科之间"隔行如隔山",要教会学生融会贯通犹如天方夜谭。因此,就像布鲁士·威尔谢尔(Bruce Wilshire)在《道德沦丧的大学》中所说的那样,本科教育已经变得缺乏连贯性,无法回答"我们是谁"、"我们应该如何处世"之类的深层次问题。[7]

3　　有不少作者提到,由于大学任由学术标准下滑,本科教育已经开始贬值。[8] 他们指出,人们因为顾忌于所谓的"政治正确性"(political correctness)②,校园里的言论变得不再完全自由。赞助性行动③破坏了教师聘任工作的公信度。学术大家的论文开始让位于一些平庸之作,其原因仅仅是:后者出自女性、黑人或第三世界国家学者之手。追求真理与客观事实的崇高学术理想,以及评判学术成果质量的传统方式,在解构主义者、女性主义者、马克思主义者和不可知论者的抨击下摇摇欲坠。[9]

另一个被普遍提及的问题是:大学开始逐渐变为提供就业帮助的训练营。前教育部部长助理戴安妮·拉维奇(Diane Ravitch)写道:"美国高等教育已经将自己变成了一个大型的就业训练基地,博雅教育已不再是它的核心。"[10] 埃里克·古尔德(Eric Gould)则说:"现在我们所说的知识,是指立即能派上用场、能见到成效的信息……我们的教育是为了满足经济方面的需要,而不是培养富有批判性、社会责任感和自我反思能力的个性化群体。"[11] 持类似观点的作者还指出:过去几十年里,选择专业时看重

---

① 本书仅探讨本科教育的质量问题,在此不涉及学费、招生政策、经济资助等问题。——作者注
② "政治正确性"是1970年代在美国开始出现的词汇,表示言论或行为不应含有对弱势群体的偏见(如种族歧视、性别歧视等)。——译者注
③ 赞助性行动(affirmative action)是1960年代开始美国政府推行的一项政策,旨在补偿黑人、印第安人、拉美裔和亚裔以及妇女在过去受到的歧视,鼓励其被优先录取、录用、晋升或优先得到贷款和政府合同。——译者注

职业前景的学生在大幅增加,而选择传统学科(尤其是人文学科)的学生则在减少。学生们蜂拥至工商管理、计算机科学、医疗保健等专业,大学开始迎合本科生的职业需求,而把丰富学生学识、帮助他们过上自省而充实人生的培养目标抛之脑后。

还有一种批评声是针对教师无暇关注学生这一现实的。在《学术骗局》(*Profscam*)一书中,作者塞克斯(Charles Sykes)批判终身教授只关注自己的研究,聘任同行时只考虑学术声望,从不关心教学质量。[12] 能激发学生灵感的年轻教师可谓凤毛麟角,但他们往往无法获得晋职的机会。作者们还指出,教授们很喜欢在大课中实行"填鸭灌输"的教学方式,而把小组讨论交给毫无经验的研究生去组织——教授们很清楚,真正能让学生学到点东西的环节其实是后者。于是,本科生被淹没在讲座制课堂的茫茫人海之中。到大学毕业之时,许多学生与教师没有深交,甚至不好意思让教师帮自己写推荐信。

许多人都在惊讶:为什么《学术骗局》和《走向封闭的美国精神》之类探讨本科教育的书能如此畅销? 其实这并不难解释。美国有超过一半的年轻人上了大学,超过四分之一的年轻人能拿到学士学位。事实上,要想成为律师、医生、牧师、科学家、中小学教师,获得大学文凭是起码的要求,未来所有的企业管理者、立法者、政府高官也都要具备大学学历。如果大学教育误导了学生,吞下恶果的终将是整个国家。相反,如果大学能教会学生准确自如地表达思想、清晰地思考、严密地分析问题、富有道德感、对国家大事敏感而有见地,社会将受益无穷。因此,这些作者不惜笔墨地谈论大学教育,所著之书能吸引大量读者,就不足为奇了。

除了受这些著作的影响之外,其他国家的飞速发展也迫使我们更加关注自身的本科教育问题。科技革命带来的数字化,使许多工作可以在全球任何一个角落完成。如今,远在班加罗尔(Bangalore)①、北京等地的高级技术人员,能够轻松地与美国的同事越洋对话,与同在一幢写字楼里交流并无二致。美国人每年在印度制作几十万份纳税申报表;澳大利亚的医生在分析美国医院里拍的 CT 图;中国的科学家在为微软公司研发产品;俄罗斯的工程师在设计波音飞机。美国学校培养出的聪明人才不再拥有得天独厚的优势。[13] 全世界的年轻人都力图有所作为,科技的发展正好给他们提供了这样的机会。在这种情况下,美国大学的教育质量比以往任何时候都更重要。当然,我们还可以找到诸多理由,提醒自己用批判的眼光去看待美国大学课堂里发生的一切。

---

① 印度城市。——译者注

美国大学还将面临来自海外的竞争。过去的半个世纪里,美国大学在世界上可谓独占鳌头,这得益于其他发达国家的大学面临的诸多困境:教师薪水偏低、学生人数过多、设施不足、国家过分干预。美国的教育者们已经习惯于将全世界最具才华的学生网罗至此,并以此提升美国公司、医院及其他机构中高级人才的质量与数量。然而,最近几年来,欧亚各国已经开始关注大学的发展,它们意识到在当今的全球经济背景下,一流的科研和教育是一个国家成功的关键。随着印度和中国的不断发展,这些国家将有能力为毕业于本国大学的科学家和工程师们提供具有挑战性且报酬优厚的工作。到那时,美国想要吸引人才就不会像几十年前那样容易了。

6

迫于其他国家飞速发展带来的压力,美国的学生、大学乃至整个国家,都不敢再对高等教育及其教学质量有所怠慢。教授和学术领袖们必须保持清醒的头脑。他们尤其需要牢记大学服务于大众的根本目的,避免将大学变为纯粹服务于经济发展的工具。但是,拒绝商业化并不意味着拒绝变革。相反,大学应当意识到裹足不前的危险性,并将来自世界范围的压力转化为前进的动力,通过客观的自省找到合适的发展路径,将我们的高等教育机构的办学水平提升到一个新高度。

遗憾的是,在过去20年的批判浪潮中,人们并没有提出任何实际的改革建议。事实上,这些批评显得底气不足。如果这些批评有那么点道理的话,学生和家长们一定会站起来抵制大学的。毕竟,上大学的花费不是笔小数目(哪怕就读公立大学)。无论是期望进入大学的,还是已经进入大学的,学生们都期待着能接受一流的教育。如果大学真的陷入了危机(课程体系缺乏连贯性,教授无暇顾及本科生),学生们为什么还对大学如此趋之若鹜呢?家长们为什么还肯花大价钱,一方面到处打听怎样充实子女报考大学的申请材料,一方面请家教帮助子女提高大学入学考试的分数呢?[14]

7

这些批评家或许会这样回应以上质疑:学生这样做并不是肯定大学的现状,而仅仅是为了获得一张通向美好未来的"门票",因为如今的大学学位是未来成功的起码要求。然而,这样的解释是经不起推敲的。学者们已经对大学在校生和毕业生做了无数的调查,结果表明,学生对自己的大学经历非常满意。美国人不喜欢自己的政府,对大多数的社会机构也充满质疑,却有超过75%的校友对本科经历表示"满意"或"非常满意"。[15]当那些气势逼人的专著面世后不久,一项全国范围的调查发现:超过80%的本科生对所在大学的教学状况感到满意。[16]后续的几个调查又表明:多数学生对师生交流状况表示满意。[17]三分之二的学生表示,如果有机会再作选择,他们仍会选择现在就读的大学。[18]在那些被列为批判典型的顶尖大学——例如,斯坦福、普林斯顿、哈佛、耶鲁,学生的满意度甚至更高,校友从不吝惜对母校的溢美之词。[19]

既然在校生、毕业生、家长对大学的评价都如此之高,为何这些作者对大学的抨击却如此猛烈呢? 所有作者都对此避而不谈。或许他们没有关注学生的意见,或许他们认为本科生尚没有能力作出准确的评价(布鲁姆便持这一观点)。但无论如何,他们无法解释:为何亲身体验大学教育的学生对其抱怨甚少? 评论家和学生谁对谁错呢? 或者他们都错了,或者都没错? 我写作此书的目的就是为了回答这些问题。

在考察了大学对学生发展的影响后,我找到了多数校友满意于大学教育的原因。大量研究发现:总体上,大学生的批判性思维能力(critical thinking)、知识面、道德推理能力、数理能力(quantitative reasoning)等都获得了长足发展。[20]多数大四学生认为自己在智力上取得了实质的进步。这些结论同样得到了就业市场的认可:学士学位获得者的待遇远高于仅仅拥有高中学历的人。

这些有利于大学的证据似乎在说明:批评家对大学的评价过于苛刻和片面。然而,这些证据同样无法证明大学"一好百好"。尽管在校生和毕业生对母校作出了高度的评价,但正如本书近距离考察美国高校得出的结论一样:高校固然使学生受益匪浅,但原本他们可以学得更多。许多毕业生的文字功底无法令雇主满意。尽管教师们把培养批判性思维能力作为大学教育的首要目标,但许多毕业生仍然不能对复杂的非专业问题作出清晰的推理和分析。能够使用一门外语的学生更是少之又少。多数人甚至没有选修过一门有关"数理推理"的课程,没有掌握民主社会中"知识公民"应该具备的知识。以上这些问题不过是所有问题的冰山一角。

我提到的这些问题与那些批评家有所不同,他们很少认真地关注学生学了多少东西,很少深入大学课堂去考察学生到底学会了什么。不过这些重要问题并非无人问津——一些教育研究者试图准确描述学生的学习状况,并寻找改进学生学习的有效方法。但是,这些研究者很少谈及研究成果对教育制度改革的意义。而且,这些研究成果通常散见于各种专业期刊和无人关注的研究报告中,只有教育研究人员才会有所涉猎。有些教授已经意识到这些问题的存在,并在自己的教学中尝试新的解决之道,但多数教授仍然对这些问题视而不见。虽然有教授委员会定期评估课程体系,但委员会似乎对教育研究专家指出的本科教育问题置若罔闻。在整个本科教育体系中,研究者与实践者之间耸立着一道屏障——尽管这里的实践者也是教授,也经过了科研训练的熏陶，似乎应该时刻准备着将实证研究者的发现为我所用。

在本书的写作中，我尝试着充分利用现有关于"学生学习"与"大学对学生发展的影响"方面的研究成果，去推倒这道屏障。① 尽管我们对教学的研究尚嫌不足，但也足以借此对影响本科教育质量的重大问题提出见解。本书所呈现的是一幅学生在大学里如何成长的清晰图画。我所提出的改革方案既不同于那些著名批评家的论述，也不同于本科课程评估委员会定期发布的报告。

好消息是：只要有足够的意愿，多数重大问题都是可以解决的；坏消息是：在今天的校园里，多数问题尚未引起足够的重视，因为负责教学质量的主管人员并未真正意识到这些问题的存在，更别提清楚地理解这些问题了。这便是我写作本书的真正原因。

---

① 本书并不局限于对研究型大学的分析，也不局限于《美国新闻与世界报道》大学排行榜中名次靠前的高校。相反，本书关注所有四年制大学。或许有人会质疑：任何一本书都无法涵盖公立大学、文理学院、教会大学、女子大学及城市大学的所有情况。诚然，这些高校之间的差异是明显的，有必要时我会专门提及这种差异，但是规模、设施、学生质量等方面的差异无法掩盖美国本科教育的一大特点：如果排除学生天赋和成长背景等因素，这些差异对学生在校期间的发展影响甚微。正如两位著名学者对几百项研究做的综述一样："对美国大学进行分类、排名、研究的维度包括公私性质、规模、招生淘汰率等。即便考虑到所录取学生的特征，这些维度与学生学习、成长、发展的差异也毫无关系。"[Ernest T. Pascarella and Patrick T. Terenzini, *How College Affects Students*, *Vol. 2*: *A Third Decade of Research* (2005), p. 641.]社区学院确实与四年制学院大相径庭，本书将不论及此类学校。我认为：尽管不同类型的高校之间存在一定的差异，但我完全能做到用一本书来涵盖整个美国的本科教育对学生发展的影响。——作者注

第一章

美国大学的发展历史

今天美国的本科教育和殖民地时期 9 所学院所提供的教育有着天壤之别。即便　11
在建国一个世纪之后,美国大学的入学率也没超过 2%,同时严格意义上的科研活动
尚未展开,如今看来再普通不过的知识体系当时也未建立起来。直到 1940 年,每 20
位成年人中才有一位获得学士学位。招生人数的大幅增加,各种高级实验室的建立,
学者与教师充斥校园,这些都是近 50 年来大学里发生的变化。

要想认真地探讨当今美国大学的问题,就必须对其发展历史有所了解。只有了解
大学校园里曾经发生了什么,才可能判断“通识教育的质量正在下降”的批评是否合
理。如果不了解过去,就无法深谙大学之道:本科教育的哪些部分可以灵活变通,哪些
部分则亘古不变。如果不掌握历史,我们甚至无法肯定:看似“新的”政策果真是新兴
事物,或只是某出历史悲剧的重演? 最起码,任何人在批评或改革本科教育之前,都应
该对其历史烂熟于胸:几百年来本科教育发生了哪些重大变化,哪些特征被完整地保　12
留了下来。[1]

本科教育的历史发展:简要的回顾

南北战争之前,美国的学院与宗教机构有着千丝万缕的联系,它们更类似于精修
学校(finishing school)①,而不像提供高等教育的机构。学生在课堂内外的行为都受
到严格约束,学生的行为准则都有详细的成文规定。教师的大部分精力用于执行这些
规定、惩罚违规者。仅仅为了明确学生在礼拜仪式上的行为规范,当时的哥伦比亚大
学②校方便写满了整整两页纸。当年的耶鲁学院甚至规定:安息日的亵渎行为、公开
质疑《圣经》的真实性、(个人)奢侈消费均被视为校园犯罪。[2]

---

① 精修学校是一种强调文化学习的学校,其学生通常为贵族或社会精英的子女。——译者注
② 殖民地时期名为“国王学院”。——译者注

当时的课程都是统一必修的,通常包括数学、逻辑、英语、古典语言(主要为拉丁语和希腊语)。在课堂上,学生通常需要背诵古典名著中的段落,教师则时刻关注学生是否背诵有误。尽管许多学院也开设了诸如天文学、植物学等自然科学课程,但主干课程仍是帮助学生领会亚里士多德等智人的思想,而非讲解实验、传授自然科学的研究方法。学生通过这些显性课程收获有限。许多学生觉得,在非正式的俱乐部、文学社团里学到的知识更多——在这些课外活动中,他们可以展开辩论,阅读现代文学,探讨严肃的话题。[3]

13　　尽管南北战争之前的学院盛行古雅离奇之风,但它们却毫不含糊地追求两大目标——训练智力和塑造品格。对这一古典模式最有力的维护,莫过于 1828 年的《耶鲁报告》。该报告指出,大学教育的主旨不在于传输某种实用的知识,而在于培养学生的心智。[4] 在《耶鲁报告》的起草者们看来,古典模式的教育最适合于这一主旨。

培养心智的途径便是让学生刻苦学习——翻译古典语言,就难题展开辩论,解决数学问题。正如当时的一名校长所言:"如果你想让头脑更灵光,那就让它运转起来吧,把它使用到极致。一项任务完成了,再转向第二项、第三项,不断地征服困难直至成功。"[5] 但到了 19 世纪末,这一激励人心的思想却被爱德华·桑代克(Edward Thorndike)的实验推翻了,因为桑代克证明,不辞辛苦地翻译西塞罗(Cicero)和维吉尔(Virgil)的作品所培养的技能,无助于学生分析和解决用非拉丁文语言陈述的问题。

塑造品格的途径则是要求学生学习古哲名言,严格遵守校园行为准则,每天不得缺席礼拜仪式。南北战争之前的大多数学院都为四年级学生开设了"道德哲学时务"的必修课,而且通常由校长亲自任课。这一高级课程涉及的范围颇广——道德原则、历史、政治以及移民、奴隶制、言论自由等时事话题。课程目标也是多元化的:让学生14　明确伦理道德的准则;培养学生的社会责任感;将不同领域的知识融会贯通。在许多学生看来,这门课程是整个大学教育的唯一亮点。

到 19 世纪末,传统课程已经疲态尽显。实验科学及现代语言文学逐步在课程体系中占有一席之地。教师们开始抱怨,自己的精力不应该浪费在执行行为规范上。学生们则用实际行动表达了自己对现状的不满——他们开始纷纷远离大学校园,1850年至 1870 年之间,美国的本科生入学率呈下跌的趋势。布朗大学校长弗朗西斯·韦兰德(Francis Wayland)的评论言简意赅:"我们产品的需求量正在减少。"[6]

随着南北战争的结束,高等教育开始了一次前所未有的改革。得益于联邦的赠地及工业界的慈善捐赠,查尔斯·埃利奥特(Charles Eliot)、安德鲁·怀特(Andrew

White)、威廉·雷尼·哈珀(William Rainey Harper)、丹尼尔·吉尔曼(Daniel Gilman)等校长①或开办新大学,或对以前的大学进行了天翻地覆的改革。这些改革先锋推崇德国大学的模式——开展科研活动,将自然科学纳入学科体系,开设博士学位的课程。这些最终让教授们拥有了"学者兼教师"的双重身份。

这些变革的冲击很快波及到本科教育。传统的古典课程开始让位于新兴的实用课程。现代语言文学课程的势力不断扩张。物理、生物、化学课程随处可见。私立大学开设了商务、工程学等职业课程,而公立大学在职业培训方面走得更远。劳伦斯·维希(Laurence Veysey)的历史研究表明:"在19、20世纪之交,诸如教育学、家政学、工商管理、卫生学、体育、工程学之类的非传统学科,在一流大学里已经牢牢地占据一席之地。"7 15

美国最顶尖大学的改革更为激进。譬如,哈佛校长埃利奥特不仅反对传统的统一课程,而且要求取消所有的必修课程,以便让学生完全根据兴趣选择学习内容。1909年,当他四十年的校长生涯走到尽头之时,必修课只剩下了一年级新生的英语写作课和外语课,二、三、四年级的学生可以完全自由地选择课程。康奈尔校长怀特也非常推崇学生自主选择,他这样解释课程选择的自由化倾向:"培养心智必须方法得当,不能向学生的头脑灌输他不愿学习的知识,这就像补充营养也要方法得当,不能强迫人咽下不喜欢的食物……刻苦学习固然重要,但只有学习时充满热情和兴趣,心智锻炼的效果才能最好。"8

宗教势力也失去了对大学的控制。人们日益认识到,摆脱宗教控制有利于大学的管理,坚定的宗教信仰也不再被视为学生品德发展的核心。许多大学都不再强制要求学生参加礼拜仪式,此时的宗教活动更像是众多课外活动中的一种选择而已。

并非所有校长都赞同自由选课的趋势,有人顽强地坚持和维护着古典模式。普林斯顿大学的校长詹姆斯·麦科什(James McCosh)就极力反对埃利奥特的改革。他对埃利奥特的公然抨击,让人们回想起了威廉·贝奈特任教育部部长时所作的文章:

　　请别告诉柏林大学和牛津大学:美国曾经最杰出的大学,竟不再要求毕业生 16
学习最完美的语言、最华丽的文学、最高级的古典思维方式。请别告诉巴黎大学、
剑桥大学和都柏林大学:继承了剑桥衣钵的哈佛大学,不再要求学生学习数学。

---

① 这四人曾分别任哈佛大学、康奈尔大学、芝加哥大学、约翰·霍普金斯大学的校长。——译者注

请别告诉苏格兰大学和英格兰的清教徒：在美国的清教徒学院中，学生不必学习哲学和宗教也能顺利毕业。[9]

面对批评声，埃利奥特校长不为所动。随着时间的推移，改革之风开始转往他所引领的方向。1890 年，普通高校中还有 80％的课程是必修课，但到了 1901 年，已经有超过三分之一高校的选修课比例达到了 70％以上。[10]而到 1940 年，普通高校中的必修课比例已经下降到了 40％。

不过，埃利奥特的理念终究太过极端，即便在他统治的哈佛也无法维持下去。尽管没人想回到旧式的古典课程体系，但多数教育者认为，埃利奥特的"完全自由选修制"有些矫枉过正。选课自由显然无法如怀特所愿——让学生"刻苦学习"。埃利奥特卸任之时，55％的学生在毕业前实际只选修了一些初级课程，超过 70％的学生没有选择某一专业领域深入学习。[11]许多本科生尽可能地逃避学习，靠考试前请家教，帮自己的脑袋填满不多不少的信息，只要通过期末考试便万事大吉。

同时，各种社交俱乐部和兄弟会（fraternity）①在大学校园里发展起来。校际体育比赛也搞得红红火火，橄榄球比赛能吸引数万名在校生及校友声嘶力竭地为之加油呐喊。全国各地的本科生都在寝室里挂上海报，写着"别让学习干扰到你的大学教育"。[12]在许多本科生看来，大学并不是接受智力训练的场所，而是寻求社交、享受生活的地方。连身为教导主任的李巴伦·布里格斯（LeBaron Briggs）也承认："社交方面的需要是许多学生上大学的最强动力。"[13]

回顾历史我们发现，学生对待学习的这种态度更多是时代特征的体现，而不是自由选修制的错。即便在一向保守的耶鲁，学生也被描绘为"不爱学习却急于享乐，想尽一切办法逃避学业、欺骗教师"。[14]反对选修制的评论家们并不关心这一现象背后的原因，只是抓住本科生的行为不放，并以此为理由要求降低选课的自由程度。到 20 世纪早期以后，无论斯坦福、康奈尔式的极端自由选修模式，还是普林斯顿式的传统课程设置模式，都不再是整个时代的主流了。

埃利奥特卸任后，复古主义势力占据了上风。继任者洛厄尔（A. Lawrence Lowell）很快便说服教师们改变学生只选修一系列入门课程的局面，转而要求学生选

---

① 美国大学的兄弟会（fraternity）或姊妹会（sorority）是一种学生社团，一般限于本科生。通常都会用1—3 个希腊字母来代表一个兄弟会的名字（比如 ΓΨΦ）。——译者注

择一门专业。最终确定的课程体系集知识的深度与广度于一体。不过这样的课程体系并非哈佛的独创，在多数高校其实早已实行。在这种课程体系中，形成知识结构的深度靠的是专业学习，学生通常要修习某一学科的若干门课程。而在形成知识结构的广度方面，学生需要在若干知识领域（如人文科学、社会科学和自然科学）中选修两三门课程。

到二战打响之时，大学课程可以分为两种模式。多数公立大学提供了大量与职业相关的专业，也保留了一些传统的文理专业，并要求学生参加"指定选修课程"（distributional requirement）以拓宽知识面。多数顶尖的私立大学则倾向于抵制职业性强的专业（工程学和商学除外），斯坦福和哥伦比亚要求学生参加专门设置的概论课程（survey course），如"西方文明"课程和名著课程等，以保证每名学生对西方文化遗产有基本的了解。

随着大学师资的稳步扩充，课程的数量也在不断增加，这使得"深度加广度"的模式逐渐成熟起来。全新领域的学科开发出自己的课程，本科生既可以选修这些课程，以满足"指定选修课程"的要求，也可以从中选择自己的专业。

二战之后，大学再一次经历了巨大的变革。由于《退伍军人再适应法》的颁布，以及后来经济发展的不断需要，越来越多的年轻人涌入大学校园。已有的大学扩大了办学规模，同时不少新兴大学成立起来。获学士学位的人数从 1945 年的 157 349 人，增长至 2000 年的约 120 万人，后者几乎是前者的 8 倍。

本科生人数的快速增长意味着高等教育不再是精英教育，而变为面向美国大众的教育。随着黑人、西班牙裔、亚裔及其他少数族裔学生进入大学，学生群体也开始体现出多元化的特点。随着报考者数量的增加，最知名大学的入学竞争变得尤为激烈，师范学院升格为综合性大学，社区学院则如雨后春笋般出现。这一时期的许多学生（及其父母）对如何培养就业能力更感兴趣，却不愿接受广博的通识教育。为了迎合这一需求，越来越多的高校开始开设职业课程。不久，选择职业性学科的学生数，已经超过了选择传统文理学科的学生数。

本科生人数的快速增长与大学其他方面的发展是同步的——教师人数增长了好几倍；依靠联邦政府的大力支持，自然科学和社会科学领域的科研成果剧增；新型专业及学术期刊不断涌现，学术的专门化趋势日益明显。

大学教师们对这些发展作出了自己的回应。尽管基本的课程结构原封不动——仍然是专业课加指定选修课的模式，但新知识数量的稳步增加，使得原先是研究生层次的知识,已进入了本科生中级课程甚至入门课程的课本。随着研究者本身专业领域的不断分化,大学开始开发一些以社会问题为关注点的跨学科课程,如环保问题、科技如何影响社会的问题。出于满足学生群体多元化的需要,许多教师也尝试着用多学科视角,去解读妇女问题、黑人问题和种族问题。随着美国国际地位的提高以及大学外20 部支持的加大,大学教师建立起研究中心和跨院系的项目,以深入了解世界各地(西欧、东欧、非洲、东亚等)的情况。

随着学生数量持续增加,办学规模不断扩大,大学推出了更加个性化的教学方式,至少部分学生得以享受这种教学服务。优秀学生可以参加荣誉课程(honors programs)①;科研实习项目(research internships)为本科生提供了宝贵的、与经验丰富的实验室科研人员合作的机会;新生讨论课(freshman seminars)、小组辅导(group tutorials)、大四学生小型座谈会(small senior colloquias)等至少让学生获得了一些与教师近距离交流的机会。

同时,科技的进步使教授们的教学方式也发生了改变。1950 年代,平装书与复印机的流行,提升了教师授课材料的数量和质量,而以往的课程往往只以一本精装书作为教材。几十年后,国际互联网的普及更使学生的阅读资料大大增加了。事实上,一些教授已经将整个课程搬到了网络上,学生可以使用电脑查询课程大纲和课后作业,与同学展开讨论,向任课教师提出问题。学术资源从未像如今这样丰富而便捷易得,本科生的教育质量因而得以提升。

对大学的批评:从历史的角度

所有的新兴课程、跨学科课程及其他创新课程,都无法逃脱本书"导言"部分所提21 及的批判浪潮。学术界内外对大学的批评集中在以下方面:对本科教育缺乏清晰认识;没有阻止知识不断分化的趋势;牺牲博雅教育迎合职业主义;重科研而轻教学。

多数批评言论认为:当今本科教育质量已不复曾经的辉煌。在布鲁姆看来,高等

---

① 荣誉课程(honors programs)是一种针对优异学生个性发展的教育计划。主要特点:一是重课程,专门为荣誉学生开设学科交叉课程、人文课程、研究性课程;二是重活动,通过开展各种课外的学术活动、社会活动,全面提高学生的实际工作能力和领导能力;三是重指导,导师与学生的紧密联系不光是吸收学生参加科研项目,而且体现在专业方向的确定、课程选择和课程学习结果的审查、个性化教学计划的制定和学术研究的指导等方面。——译者注

教育质量的黄金期出现在二战到 1960 年代之间。塞克斯心目中的高等教育黄金期还要早十年。马丁·安德森（Martin Anderson）则认为，真正的高等教育黄金期从未出现过。

当然，人们的确很难在历史的碎片中找到一段真正的黄金期。亨利·亚当斯（Henry Adams）对 19 世纪中期的哈佛作出过如下的评价："没传授多少知识，仅有的知识也传授得很糟糕。"想必那一时期其他高校的情况也好不到哪去。[15] 到了 19 世纪末，尽管传统大学经历了改革，新型大学开始建立，但当人们看着那些学习懒惰、成天想着社交活动的大学生，有谁会认为这一时期顶尖大学的教育模式是值得效仿的呢？

1930 年代末的高等教育（即使是名牌大学提供的教育），似乎也与"黄金期"的标准相去甚远。麦克乔治·班迪（McGeorge Bundy）的话让人们回想起了当年亚当斯的抱怨：我在耶鲁大部分的学习是在"极大地浪费时间"。[16] 埃利奥特·理查森（Elliot Richardson）对自己在常春藤联盟学校的经历也极尽讽刺："我很少去回想二战前在哈佛度过的日子。很多情况下，去教室上课简直是浪费时间。"[17]

二战的结束为美国大学校园带来了大量退伍军人，他们勤奋好学的态度让许多教授感到欣慰。但即便这样，1950 年代的学者们也未对本科生有高度评价："大学并未真正改善学生的态度与价值观。"[18] 当代的批评家质疑如今强调"政治正确性"的必要性，却似乎忘记了二战后大学所面临的社会压力，多少女性、少数族裔学生被拒之于大学门外，社会平等的呼声沉寂了整整一个时代。那一时期大学生对平等思想的认同当然不如今天，这是整个时代流行的社会态度所致。1950 年代早期的一项大型研究表明："高等教育对学生价值观的主要影响，体现在他们接受的一整套特有的规范和态度……经过四年的学习生活后，学生的价值观更加趋同了。"[19]

同样，在过去一个半世纪里，教育者们从未就通识教育的理念达成共识。如前所述，南北战争后的美国高校发展路径各异，有的推崇完全自由的选修制，有的仍然坚持传统的统一必修课程模式，还有的加入了实用和职业性的课程。一方面，人文学者坚持呼吁：培养心智、操守、判断力的博雅教育才是大学教育的核心；另一方面，像伍德鲁·威尔逊（Woodrow Wilson）这样的校长则宣扬大学为社会服务的职能；同时，潜心于科研的教授们则致力于吸引并培养自己的接班人。像亨利·塔潘（Henry Tappan）、怀特、埃利奥特等一批杰出的教育者们，似乎并不愿把单一方面作为大学的发展方向，而是试图将三种职能融为一体。就像林肯·史蒂芬斯（Lincoln Steffens）描述威斯康星大学的一样，大学时刻准备着"向任何地方的任何学生传授任何知识"。[20] 在看到这

22

23

一自助餐厅般的教育景象后,当时的高等教育大家亚布拉罕·弗莱克斯纳(Abraham Flexner)写道:"(美国)大学缺乏清晰的通识教育理念,不知道怎样延续通识教育……其遗憾在于,这不是某一局部的缺陷,而是美国每所高校的全面瘫痪。"[21]

两次世界大战的间歇期,通识教育的理念并没有变得清晰。1942 年,进步主义教育协会完成了对本科教育的八年研究,结论令人心情沉重:"文理学院的教师很少明确解释他们所指的通识教育是什么含义。或许连他们自己也不知道。"[22] 当然,这一时期的著名教育家——芝加哥大学的罗伯特·梅纳德·赫钦斯(Robert Maynard Hutchins),确实提出过可以克服本科教育"散乱无序"的新模式。[23] 但是,赫钦斯把课程体系完全建立在西方名著的阅读上,这使得他的改革应者寥寥。

二战后,几所名牌大学开始尝试重建通识教育框架,致力于将学生培养成有知识、有思想的自由民主社会的公民。然而,达成共识的美好愿望又一次落空了。像历史上的一些大学一样,现在绝大多数高校满足于拓宽学生的知识面,仅仅要求学生在人文科学、自然科学和社会科学三大领域各选修一定数量的课程。1977 年,历史学家弗雷德里克·鲁道夫(Frederick Rudolph)对美国大学课程总结道:"通识教育运动毫无前途,因为通识教育理念已奄奄一息。"[24]

大学拥有共同目标的时期要追溯到南北战争之前,当时的大学都在教授古典课程,致力于培养学生的心智和品格。如今,大概没有人愿意大学回到这一古老的模式——学生成天背诵课文、学习古典语言,纪律要求严明。自从古典课程瓦解后,就没有哪一种教育理念占据过明显的上风。维希在考察了 1900 年以来的课程改革后指出:"如果你退一步纵观美国大学课程体系,就会发现所谓的变革(除了大量新课程出现以外)不过是历史做法的循环往复。"[25]

如今出现的五花八门的大学目标和大学观并不令人惊讶。统一的大学目标和课程更像是欧洲大学的特征。多元化本来就是美国高等教育的传统特点:规模有大有小;有的具有宗教性质,有的完全世俗化;有的招收单一性别的学生,有的男女同校;课程设置更是千差万别,丰富多样。随着美国和欧洲的大学规模逐渐扩大,学生的兴趣和需求不再趋同。在许多外国教育家看来,美国大学的多元化特征反而是一种优势。

一百年前的通识教育目标,可能同今天一样模糊不清、充满争议,但毫无疑问的是,大学的专业化程度加深了。而专业化本身也并非新事物。早在 20 世纪初,威廉·詹姆斯(William James)就曾抱怨过"博士怪兽"(the Ph. D octopus)[26] 知识的偏狭性。

1904 年,教育家们呼吁应该"在这个专业化的时代",重新加强知识间的联系,但这一努力彻底失败了。[27]到 1920 年代时,雷克斯福德·塔格威尔(Rexford Tugwell)已经宣称:"一两个世纪前,有科学家曾期望掌握所有领域的知识,但现在已经没人能做到这一点了。鉴于专业化程度的加深,现代科学家已经逐渐放弃了整合庞大知识体系的愿望。"[28]

接下来几十年的科研活动,进一步加剧了知识分化,毫无疑问大学为此付出了代价。如今发表的学术专著与论文都太过偏狭,不能越过本学科研究范围半步,因此对所研究问题的解释过于片面。当然,我们不应忽视专业化为扩充人类知识所作出的贡献,也不应想当然地认为,只要教授们稍加努力,不同领域的知识便能完美地融合在一起。还没有谁能够证实:专业化的缺陷超过了它在扩充人类知识方面的贡献。我们暂时也难以找到某种通用的理论或方法,可以将不同学科的知识联系在一起。知识之间的联系仍是一种难以捉摸的理想罢了。尽管南北战争之前的大学校长有能力将不同领域的知识融会贯通,并以此方法向大四学生讲授当时的重要时事,但如果这些校长生活在知识如此分化的今天,恐怕也难有勇气带着同样的方法走上大学讲台。

至于职业教育的发展,自 1970 年代后,的确越来越多的学生选择了职业性强的专业,并获得相应的学士学位。但这类学生的比例并不比 1940 年代和 1950 年代高出多少。[29]况且,职业性课程也不是新事物,至少在 1862 年莫里尔法案颁布之时就已经出现这类课程了。莫里尔法案规定,新建赠地大学(land-grant university)的主要目标在于,"传授与农业和机械有关的知识,但不排除其他科学和古典科目的学习。"[30]鲁道夫在其经典的课程史研究中写道:美国的本科教育向来都有实用性、职业性的一面。[31]克里斯多弗·詹克斯(Christopher Jencks)和大卫·里斯曼(David Riesman)也曾写道:"一直以来,高校面对的问题都不是要不要吸纳职业性课程,而是如何吸纳这些课程。"[32]

最近攻读职业性学位的学生日益增多,主要与大学的外部世界有关。原因之一是,美国的用人单位对雇员知识和技能的要求越来越高,于是越来越多的年轻人认为必须上大学以提高自身的竞争力,才能找到满意的工作。而在此之前,许多高中毕业生会选择直接进入社会,在工作的同时学习必要的技能。

原因之二是,越来越多的学生将赚大钱和事业成功视为上大学的原动力。1970年以来,越来越多的学生将"过上富裕生活"视为上大学的"根本目标"或"非常重要的目标",其百分比从 36.2% 上升到了 73.6%。与此同时,选择"习得有意义的人生哲

27 学"的学生比例从 79％ 下降到了 39.6％。[33] 看到这些数字后我们便不难理解,为什么越来越多的学生上大学就是为了能更好地就业。[①]

考虑到这些背景,人们是否还要批评大学的职业性课程呢? 大学不应该在迎合学生需求方面负全部的责任。如今大学之间的竞争如此激烈,稍有不慎就无法招收到足够的学生,大学为了求生存而别无选择。奇怪的是,批评者对这一事实视而不见,他们甚至从未解释开设职业性课程到底错在哪里。在他们看来,"职业性"一词本身就足以说明课程缺乏价值。如此轻蔑的态度可以追溯到 19 世纪的英格兰。红衣主教纽曼(Newman)式的权威极力推崇博雅教育,反对实用性的职业教育,认为牛津、剑桥的学生就不应该"步入商业界"。[34]但是,这一态度与今天的美国格格不入,现在的大学生知道毕业后的大部分时间将在工作中度过,思考选择什么职业、如何提高就业竞争力是再正常不过的事了。

毫无疑问,上大学只习得一些职业技能是远远不够的。但是,把主修职业性科目

28 的学生说成是只学习实用课程,则是误导读者。这类学生不过是选择了一个实用性强、与将来工作联系紧密的专业,他们仍要学习除专业课之外的其他课程(通常超过总课程数的一半),包括通识课程和自由选修课。[35]当然,这类学生可能与传统专业的学生收获不同,或者某些专业的职业性太强,以至于影响到通识课程的学习。但这些只是有待探讨的小问题。即便这些问题真的存在,也只是说明有必要改进这些专业,而不是将它们彻底废除。

至于本科教育的总体质量,并没有证据表明大学教师对本科教学的关注度在降低。外界的批评通常只集中在 125 所研究型大学,这些大学的教授要把精力分配到科研、研究生教学、本科生教学之中。即便是针对这一小范围的严厉批评,也没有作者提供确切的证据,能证明过去的本科教育质量一定高于现在。哈佛好几个颇受学生欢迎的年轻教师未能获得晋职机会,塞克斯便抓住这一问题不放:"(忽视教学的情况)在过去哈佛并不常见。曾几何时,哈佛对学者的教学能力推崇备至,亨利·詹姆斯(Henry James)、埃尔文·巴比特(Irving Babbitt,曾任 T·S·埃利奥特[②]的教师)、乔

① 大学拒绝职业性课程曾使一些女性被高等教育拒之门外,如今职业性课程的开放使一些专业得以迅速发展,如工商管理。不过,其影响并不如想象的那么大,因为进入工商管理专业的女生增加了,但选择教育学专业的女生也同时减少了。而且,还有许多女生选择了法律和医药等行业,这些行业过去只需要本科学历的学生,现在则通常需要他们具有研究生学历。——作者注
② T·S·埃利奥特是美国著名作家,著有《荒原》等。——译者注

治·桑塔亚纳(George Santayana)、约瑟夫·舒姆彼得(Joseph Schumpeter)、威廉·厄内斯特·霍金(William Ernest Hocking)便是优秀教学方面的典范。"[36]塞克斯说得没错,但值得注意的是,即便在他指出的高等教育"黄金期"内,哈佛学院教学委员会的报告中也曾这样写道:"一些教师讲课乏味,一些声音过小,还有一些把时间浪费在听写和板书上。"[37]类似情况不只出现在哈佛。密西根大学的罗伯特·安吉尔(Robert Angell)也在 1928 年写道:"不可否认,教授们对各自的研究领域都充满了兴趣,但很多人认为,当面对稚气未脱的本科生时,教授们缺乏足够的教学能力与热情。"[38]仔细翻阅一下当今名牌大学的学生评教结果,也会发现类似的情况:许多教师能获得很高的评价,但也有教师的教学水平亟待提高。[39]

因此,本科教育质量下降的说法缺乏历史依据,这一轻率的判断不过是基于对所谓"黄金期"的过高评价。[40]其他诸如教师忽视教学、大学缺乏统一目标之类的说法,也都缺乏事实依据。即便是日益突出的课程职业化倾向,在历史上早有先例,而且大学不会、也不应该忘记其背后深刻的现实原因。

或许批评本科教育的学者对历史知之甚少,但我说这些也绝不意味着大学就完全无可指责。过去 50 年或 100 年里,本科教育质量可能确实没有明显下滑,但难道我们能满足于此吗?随着时代的推移和经验的累积,人类的多数事业——例如商品的质量、运动员的成绩、卫生保健的质量、军队的效率、交通与通讯系统的速度等等——都在不断进步。考虑到这一时期大学获得的资源在剧增——私人捐赠越来越多、学费稳步上涨、联邦政府的大笔财政资助流入大学,难道人们不应该期盼大学的教育质量也有相应的提高吗?

毫无疑问,本科教育在几个方面有所发展。今天能上大学的学生比半个世纪前多了上百万,无数新教学楼拔地而起,教师数量成倍增加,各式各样的新型课程不断涌现。今天的本科生可以看教师用幻灯片演示讲课内容,使用个人电脑打印学习资料,通过互联网获知课后作业。但是,即便这些变化范围再广,也很难说它们是重要的变化。教学质量提高了吗?更重要的是,现在的学生比 1950 年代的学生学到了更多的知识吗?他们的写作更具风格了吗?文字更优美了吗?他们的外语说得更加流利了吗?他们对文字的理解更加透彻了吗?他们对问题的分析更加严密了吗?

真实的答案是:我们无法获知这些信息。事实上,我们甚至不可能就这一问题形成共识。

当然,无法明确自身是否进步的,并不只是大学。过去 50 年里,商品质量、医疗水平、运动员成绩确实提高了,但也有许多人类活动很难甚至不可能找到进步与否的证据,例如人们很难判断,自 1950 年以来,建筑、诗歌、油画等的质量是否提高了,也无法判断律师运用辩论技巧时是否更加熟练了,哲学家的思想是否更有洞见了。

　　因此,当本章接近尾声之际,我想回答的重要问题还没有答案。在评价本科教育的现状时,我们是应该像评价商品质量那样,明确将其量化呢? 还是认为大学更类似于诗歌、建筑之类的事物,在过去 50 至 100 年内我们很难对其质量提高与否作出评判? 这一问题将贯穿于以后各章的文字之中,直到整本书结尾之时,本人之愚见将自然浮出水面。

第二章

教师对本科教育的态度

历史没有告诉我们判断本科教育质量是否提高的方法,那么我们应当如何评判大 31
学的成败得失呢? 针对这一复杂的问题,可以有几种不同的思路,其中之一是去考察
大学教授的行为,因为他们决定了大学生的学习内容及方向。

正是因为教师扮演的角色如此重要,最近对本科教育的批评主要集中在他们身
上。最普遍的抱怨是,教授承担了过多的科研和校外咨询任务,以至于他们开始忽视
教学和学生。毫无疑问,这一现象的确存在,批评家矛头直指的顶尖研究型大学里的
情况尤其如此。然而,仔细考察后我们就会发现,这一批评过于简单化,并没有反映出
绝大多数大学教授的真实情况。

尽管教授从科研中比从教学中获益更多,但是教学带来的成就感,使多数教授甘
心把时间花在课堂教学上。根据美国教育部的统计,平均每位教师花在教学相关事务
上的时间占一半以上,而花在科研上的时间只有不到 20％。[1] 自称主要从事教学的人 32
数远远多于主要从事科研的。[2] 实际上,平均每年发表一篇以上论文的教授还不到
50％。[3] 至于校外的工作,许多教师从未承担过任何校外咨询任务。即使是那些承担
校外工作的教授,也几乎都把校外工作时间控制在每周一天以内,通常他们赚得的"外
快"不到自己总收入的 10％;而且,这些教授花在教学上的时间并不比其他教师少,学
生对他们的评价甚至更高。[4] 因此,从总体上看,并没有充足的证据表明教师经常忽视
他们的学生。就连本科生自己也认可了师生之间的交流,75％以上的学生对与任课教
师讨论问题的机会感到满意。[5]

针对大学教授的批评显然言过其实了,但教师行为中却潜藏着一个不易察觉的现
象,正是它导致了本书中谈及的诸多教学问题——无论教授对教学的关注程度如何,
没有任何外界力量迫使他们以及学术领袖们,在常规任务之外对教学活动倾注更多的
心血。他们不会抱着帮助学生学习更多东西的心态,重新审视常规的教学方式,或尝
试新的教学方法。他们缺乏足够的压力,其根本原因在于外界难以判断:当学生在学
业和其他方面取得进步时,大学在其中的贡献到底有多少。没有任何报告公布过大学

生学业的进步情况,更别提在各高校间作出比较了。就这方面看,本科教育与科研大为不同。人们找不到可靠的方法评价一所大学教育"输出"的质量,但教师的论著却是公开发表的,任何地方的学者都可以轻松查阅。通过公开发表的方式,教师的科研水平随时都在接受专家的评价,教师个人的学术声望随之逐渐建立起来,某个院系或学术单位的学术水平也随之在同行中得到认可。

学术声望的建立过程与本科教育质量的提高过程不同,因为一所大学教与学的质量如何,并不为大学外部所知。人们顶多可以了解教师群体的整体声望(主要也是基于其科研水平),学生群体的学习水平(主要基于SAT平均成绩),图书馆、实验室等设施的质量(这一点的重要性稍低)。但是,研究者们发现,以上这些特征并不能说明一所大学的教育质量如何,也不能说明学生在大学学到了多少东西。

然而,提高大学声望的确是学术领袖和教师们更看重的事情。为了提高自身的地位,大学做了许多事情:招收更优秀的学生,改善教学设施,尤其是聘用在科研方面更具声望的教授。为了吸引优质生源,校方必须提供更好的设施,尽量降低学费水平,提高经济资助额度,甚至开发一些吸引学生的特殊学术项目,如海外留学、高级荣誉课程、受欢迎的职业性课程等。然而,这些努力并不一定能提高学生的学习质量,眼下我们也很难找到提高学习质量的良方。只要教授不刻意漠视学生,大学即便不重视教与学的质量,也不会付出沉重的代价,因为这种"不作为"的后果并不明显——没人知道一所大学在培养学生的智慧与品格方面,是否明显地落后于与之竞争的其他院校,更没人知道一所大学在这些方面是否已经倾尽全力了。

因此,大学存在的最主要问题不是现有的激励机制让教授远离教学,让学术领袖无视学生的学习成效。通常情况下,教师和他们的领导们都具备足够的职业责任感,不会对学生视而不见。但是,无论教师还是院长、校长,都确实没有感到必须不断寻求更新、更好的教育方法的压力,也没有体会到应该尽可能提高教育质量的紧迫性。他们的"不作为"可能导致大学失去大批生源,或者遭遇其他严重的后果。

最终的结果是:教师及学术领袖们拥有了相当的自由,得以随心所欲地塑造本科教育、选择讲授内容。于是,学生所接受的教育质量,在很大程度上取决于教师自身的判断力、价值观与态度。当教师开始承担自己的责任时,大学至少暴露出以下六大问题,这些问题产生的重大影响(通常是不好的影响)值得外界关注。

对大学角色的不同认识

第一大问题在于：教授和学生对大学的角色和本科教育的功能有着不同的认识。与所有的专业学者一样，传统文理学科的教师有着独特的价值取向。他们最大的特点 35 是，时刻准备着探索和传授知识与思想。在他们看来，知识不是实现其他目的的手段，知识本身即为目的——这也是学术生活的主要目的。另一方面，多数学生接受大学教育的目的却与此不同。他们很少认为知识本身即为目的，而更多地将其视为实现其他目标的手段，例如变得更成熟、取得事业成功等。

对知识功能的不同认识，并不一定会导致对本科教育内容的不同看法。相反，由于种种原因，他们的看法还往往存在一致性。不过有时候，对知识功能的不同认识确实会对课程设置产生一定影响。最明显的例子便是"技能"的地位问题。希望大学教育能帮助自己在事业上取得成功的本科生，当然会非常重视对自身技能的培养，对此，那些认为知识本身即目的的教授自然不会认同。

当然，我们也不应夸大这一认识上的差异。传统文理学科的教授明确地赞同某些特定技能的价值，例如娴熟的写作技能、清晰的思维技能、流利的外语技能等。事实上，他们对这些技能的培养非常重视，这在长期以来的课程设置中可见一斑。但是，在学者眼中，写作、逻辑思维等技能仍只不过是创造知识、传授知识的途径之一，而且并非最重要的途径。这些技能的训练仍属于较低层次的教育；掌握复杂的知识体系、攻克难题更具挑战性。结果，即便教授们同意让技能训练在课程体系中占有一席之地，他们通常也不愿意亲自去教授这些科目，这些科目往往被纳入基础入门课程。有时候，他们把这些教学任务转交给非常规的教师（通常包括研究生和兼职教师）。在传授 36 "批判性思维"技能时，他们倒是会亲自出马，但教学方式方面，他们仅仅以上大课的形式向学生示范如何总结、评判某一论点，学生往往处于被动接受的状态，缺乏与教师的互动。在这两种情况中，教学效果自然不甚理想。

师生看待知识的态度差异越来越明显，其后果也越来越严重。与 40 年前相比，现在的本科生更看重今后如何赚钱。持这种态度的大学生，不太可能对知识本身充满热爱，他们认为教育的价值主要体现为：它有助于实现物质方面的成就——在他们看来，物质成就高于一切。对这些学生而言，实用技能比以往任何时候都更重要。此外，在过去几十年里还出现了另一个趋势：那些曾经被认为是与生俱来的或应该自我习得的技能,却被当今的大学当作专门的学问来传授和分析,例如人际交往技能、跨文化交流技能、思维能力、谈判技巧、领导能力等。随着人们对这些技能的认识不断加深,学生也开始对培养这些技能充满兴趣,因为它们有助于学生实现各种目标——不仅有助于事业上的发展,还有助于社交、婚姻等方面的成功,甚至对"讨价还价"之类的平凡小事也有所帮助。然而,传统文理学科的教授却对这些新兴学科嗤之以鼻,一般不愿意把它们纳入课程体系之中。在许多学者看来,培训这些技能缺乏学术深度,烹饪培训班的教学方式并不适合于大学。如果大学一定要培养学生的这些技能,也不应该由常规的教师来负责教学,至少应该由传统文理学科之外的院系来承担这一任务。

教师们对培养新技能的抵制并非完全没有道理。学生往往钟情于那些能带来眼前利益的科目。一旦有机会,他们就会挑选大量的"实用性"课程,但事实上,这些课程即便对职业发展也只有短期的价值,更不要指望它们在本科教育中全面实现其他有价值的目的。当然,教师们的偏好也并不一定最利于学生的发展。有时候,在判断大学应该传授哪些技能时,教授们主要是从自己的专业兴趣出发,并没有认真思考过学生需要什么,但最后还口口声声说自己的选择是符合教育原则的。这种情况下,教师的"精心选择"便不可能帮助学生为未来生活做好充分准备。

师生之间另一重大差异体现在他们对价值观教育的看法上。许多教授只愿意传授那些可证实的知识——能被实证科学、数学、逻辑学证明的知识。在许多学科中,教师们对价值观教育不置可否,认为价值观不过是个人的观点而已。学者们无法用科学的研究方法去验证价值观教育的有效性,许多教师还认为自己并没有足够能力传授价值观。这类教授会对本学科中隐含的道德意义避而不谈,对所讲授科目中出现的道德问题一笔带过。[6] 他们认为这些话题"意义不大",顶多能让学生交流一下各自的观点,还容易演变成强制性的道德说教。

但另一方面,许多学生对这类问题充满了兴趣。最近一项针对 11 万 2 千多名本科生的调查表明:三分之二的大学新生认为,培养个人价值观是大学的"根本任务"或"非常重要的任务"。[7] 此时的学生通常正处于寻求自我身份的人生阶段——自己代表了什么?希望过怎样的生活?怎样的人生经历最有意义?无论是在宿舍里,还是在反对学校投资政策的集会中,他们都热衷于讨论这些问题。连那些持相对主义观点、喜欢推翻他人信仰的学生,也非常希望明确自己的价值观。

就像对待技能培养的态度一样,教师们对待价值观教育的态度也对课程体系造成了消极影响。在过去一个世纪里,传统本科教育中有两大内容最易被大学所遗忘——

道德推理和公民教育。而这两大内容都与价值观问题有关,这绝非巧合。人们可以理解教师不愿意传授主观性太强的知识,也可以理解他们不愿意传授非己所长的知识。但是,当教授们开始纷纷回避这些科目时,多数本科生就很难通过正式课程的学习来形成自己的信仰。许多学生的价值观和原则并不是通过参加正式课程,而是通过朋友、同学等非正式群体间的交流形成的。这样,他们失去了一些应有的教育收获,而这本应是他们个人发展的重要部分。

缺 乏 合 作

第二个有关教师工作的老问题,与教授及其院系长久以来"各自为战"有关。在多数高校中,校方组织教师讨论课程设置问题,并不是为了制定有利于学生的课程规定,而是为了在"各自为战"的学者之间寻求平衡。一般情况下大家都认同,终身教授可以自行选择是否任课。各院系几乎不可能在不情愿的情况下,被迫承担特定的教学任务。当教师们投票通过某一课程要求后,任课教师的人选通常需要自愿申请,而且最终中选的教师往往不止一位,他们之间需要分工合作。

这一决策方式对最终的结果有直接影响。不同教授和院系间并没有相互合作的义务,尽管他们之间的合作或许更有利于教育,这样,跨学科课程的开设,必须建立在不同学科教师自愿的基础上。这些跨学科课程哪怕再有价值,也必须征得有能力授课的教师本人同意才能开设,但现实是:如果这些课程不符合教师的专业兴趣,他们就不愿意任课。有时候,学术领袖们可以调动各种资源,来推动这种合作——他们或以"学术合作有利于教师自身发展"为由,劝服相关教师任教;或提供优惠条件,鼓励教师积极参与其中。但是总体上看,教师之间的合作几乎不会达到理想的效果,因为学术领袖们要么认识不到合作的必要性,要么无法说服各方积极参与。

大学中确有部分教师对合作有抵触情绪,这使得部分有益于学生的课程无法开设,但这并不意味着校方通过强制性管理就能改善现状。如果学校高层强制要求教师间展开合作,反而可能导致严重的后果。与其他由高级专业人士掌控的领域一样,在高等教育领域,强制规定不可能带来最佳结果。没有人是通过命令才好好授课并提高教学质量的。现有的教师管理方法尽管有其不足,但就像丘吉尔眼中的民主一样——没有尝试过"民主"的政府,都说它是最糟糕的制度。话是没错,但丘吉尔发人深省的结论无法掩盖这样的事实:"学者自治"所倡导的自愿合作方式,通常会使学生丧失宝贵的学习机会,强行规定下的合作又不会产生良好的效果。因此,通常情况下,我们看到的本科课程体系是"整体小于部分之和"。

忽视教育目的

第三大问题出现在教师们定期评估、修订课程体系的过程中。通常在探讨课程问题之前,各方并没有认真关注本科教育的目的应该是什么。几乎所有人在原则上都认同这样的观点:进行任何一项人类活动之前,如果不明确活动目的,就很难做有效的规划。但是在实践中,许多教师却对这一步骤持"走过场"的态度,敷衍了事一番后便开始讨论本科教育的具体内容——通识教育、专业教育、导师咨询,等等。当然,最近几年高校开始不断审视自身的通识课程目标,不断添加新的课程要求以实现新的目标,例如要求学生理解文化多样性和全球化等,但是这些调整只是针对课程体系的局部内容,并没有全面审视四年制大学的所有教育目的。

由于对教育目的缺乏深入思考,教师们在探讨课程改革时就会忽视一些重要的基本问题。例如,多数大学声称既要培养学生的智力,也要塑造学生的品格;大学在发放的各种宣传手册中也承诺要培养学生的种族宽容心、诚信、社会责任感。然而,一些顶级教授却公开表示,大学的任务应该只包括发展知识、培养学生的学术能力,而不应该负责培养学生的价值观、规范学生的行为。[8] 常识告诉我们,如果不厘清这些基本的观念差异,本科课程评估就不可能完全成功。尽管如此,教师们对这一问题仍然置若罔闻。

由于对整体教育目的的关注不够,教师们长期以来对本科教育的重要目的也视而不见。例如,南北战争之后,多数高校(有宗教背景的学校除外)逐渐地不再要求学生思考道德问题,但无论在生活还是在工作中,人们经常都要面对道德问题。幸运的是,经过一个世纪的蛰伏,道德推理课程又重新在大学中占有了一席之地。不过,多数大学生直到毕业时都没有修习过此类课程。又如,社会责任感缺失、对公共事务缺乏了解被认为是美国社会的严重问题,大学本应肩负起社会的重托,将学生培养成民主社会中富有责任心的知识公民,但现实却是:多数大学无法群策群力地实现这一目标。只有小部分本科生选修过有关美国政府的基础课程,不到10%的学生选修过"社会公平"和"政治哲学"方面的课程——这两者的内容是众多政府决策的关键。如此看来,在过去一个世纪里,这两大可以追溯到古希腊时期的著名教育目标,竟在多数大学校园中悄然消失,更别提对它们展开认真讨论了。

讨论教育目的时"走过场"的态度甚至产生了更广泛的消极影响。尽管多数高校定期评估课程,但如果连课程目标都没有形成共识,又怎么可能恰当地评价课程内容呢? 当需要改革本科教育时,教师们便很难作出合理的决策。例如,在许多大学中,专业课程一直是课程体系的重要组成部分,人们便想当然地忽略了它存在的理由,没人清楚地记得专业课是如何出现的,设置专业课的目的又是什么。结果,当教师们需要决定是否让妇女问题、冲突消解、环保问题等研究领域列为新专业时,他们发现自己缺乏基本的决策依据。基于同样的道理,他们也无法有效地评估已有的专业课程——课程要求是否合理、教学方法是否恰当、评价学生的方式是否合适。

忽视教育目的还导致了另一个严峻的趋势:虽然人们在理论上认同教育目标,但是否有足够的课时实现这些目标却无人考虑。外语教学便是其中一例。许多高校都要求学生学习一门外语,至少能运用外语进行简单的对话、阅读报纸或理解新闻报道,但却很少有教师同意给学生好几个学期的时间去达到这些要求。结果通常是双方达成一定的妥协——外语教学的时间足以让学生背负很重的学习负担,而学生的外语水平依然无法令人满意。丹尼斯·奥布莱恩(Dennis O'Brien)对此有精彩评述:"学生习得的法语足以让他们读懂菜单,却不足以恭维大厨的手艺。"⁹ 多少年来,数百万本科生花两三个学期,来完成西班牙语或法语的必修课程,最终达到的外语水平却不尽如人意。

类似的问题还包括:要求英语专业、经济学专业或历史专业的学生掌握足够的自然科学知识。大学教师们大都赞同这一要求,他们的理由无可厚非:没人能否认科技对我们世界的影响力;毫无疑问,民主社会中的公民应当对科学有所了解,他们需要理解干细胞研究、基因工程、全球变暖及其他重要公共政策问题的争论。但是,大学如何能在实现这一目标的同时,又不至于让学生在每一分支科学的知识方面花大量时间呢? 有些教师相信自己已经找到了令人信服的解决方法,但显然多数教师并不认同。

我可以举一个曾让自己尴尬不已的例子。1970 年代,在哈佛课程改革时期的一次教师会议上,有人尖锐地质问我:在哈佛新的核心课程中,通过两学年自然科学课程的学习,学生能够达到怎样的水平? 我镇定地回答道:我们的目标应该是培养学生一定程度的科学素养,使所有的毕业生能够阅读并理解发表在《科学》(*Science*)或《科学美国人》(*Scientific American*)上的论文。教师们一片沉默,不知是默许了我的观点,还是因为惊讶得说不出话来。我只记得会议结束后,慈祥可敬的诺贝尔化学奖获得者康拉德·布洛赫(Konrad Bloch)找到了我。"德雷克,"他带着德语口音说道,"连我都没法看懂《科学》或《科学美国人》上发表的所有论文。"

无知的其实不止我一个人,许多大学都没有认识到这一潜在的困难,它们仍然执着地给学生提出自然科学课程方面的要求,强迫学生选修生物、物理或化学的入门课程,尽管大家都清楚:这样的课程决不可能达到培养"科学素养"的高度,也不可能让他们理解科技方面的政策。这种课程设置的结果通常令人失望。一个由生物学家组成的研究小组在向美国大学协会(Association of American Colleges)提交的报告中承认:"许多学生在大学只选修了一门生物课程,还留下了糟糕的回忆。他们觉得自然界中的动植物,与生物课上所学的内容毫无联系。"[10]这些无处不在的例子说明:教师们对教育目标太欠考虑,一味要求学生完成有价值的教育目标,却没有考察学生是否可以在既定时间内达成这些目标。

忽视教育目的的最后一个例子是个普遍现象:教师们一方面同意某个课程要求,一方面却又不愿意亲自讲授其中重要的课程。这一现象最常见于培养技能的入门课程,如说明文写作、外语等必修课程。最终,大学只能将这些课程的教学任务交由研究生和兼职助教来承担,他们的课时费不高,对学生要求宽松,教学能力也不足。诚然,即便全职教授不参与教学,大学也不一定就实现不了重要的教育目标。但是如果教学质量低下,教师对课程目标缺乏清晰认识,这样的课程就一定不可能取得成功。事实上在许多情况下,大学都没有达到这些要求。即便这样,那些教学质量低下的必修课程仍被保留了下来,教师们对此却安之若素。

正如以上这些例子表明的那样,本科教育评估往往没有对教育目的与方法作深入讨论,却对教学工作有着盲目的自信。教师们批准某一课程要求,往往是基于这样的想法:听听教授讨论名著,看看文学巨著,就能使有心学习、道德敏感性强的学生有所进步;在不同知识领域随便选修一些课程,就足以使学生变得知识广博、乐于探索。教师们的意思似乎是:只需学习一两年外语,学生就能理解另一种文化;只需听听大师们关于重大问题的讲座,学生就能获得批判性思维能力。教授们很少关注这些假设是否成立,他们更愿意把精力花在自己的学术研究上。结果,多数所谓的"教育目标"顶多只是些"美好的愿望"——偶尔可能实现,但通常情况下不能,因为大学在制定这些目标前缺乏充足的证据。

过于强调通识教育

课程体系讨论中出现的第四大问题是:教师们几乎把所有时间都花在讨论通识课

程上,而通识课程通常只占学生所有课程的三分之一或略多。事实上,整个课程体系最大的部分并非通识课程,而是专业课程,其比例占学生所有课程的三分之一至二分之一。但是,教师们却很少认真考察过专业课程的情况。

将通识教育作为课程讨论的重点,并没有改善通识课程的质量。时代对学生素质的要求在不断变化,越来越多的课程被要求添加进通识课程之中,这里举几个最近的例子:学会严谨地思考道德问题、学会理解不同的种族与文化、学会在日益全球化的社会中生存。最终,通识课程承担了太多的责任,自然不可能把每件事都做好。

对通识教育的过度重视还带来了另一个问题:大学很少组织各院系教师从学校层面对专业教育作整体评估。如果专业教育真的已经完美无缺,那么学校这种漠视态度尚可理解,但这一假设显然不成立。1985 年,一个教师工作小组在向美国大学协会递交的报告中写道:"在许多高校中,人文类专业不过是要求学生在某个院系学习一定数量的课程,缺乏系统性和深度;而自然科学类专业过分强调知识本身的传授,而忽视了教会学生探求这些知识的方法。"[11]教师们明知专业课存在这些问题,却仍然不假思索地维持去制定的专业课程要求,其原因不难想象——这些课程都是根据教师们自己的学术兴趣而设置的,他们怎么会愿意轻易舍弃呢? 正是因为课程的设置是基于教师的学术兴趣,许多专业的必修课程数目越变越多。目前,一些专业的课程负担过重,甚至压缩了通识课程和自由选修课的空间,学生要实现专业课以外的其他重要目标便尤为困难。更糟的是,各院系对专业课的要求过于死板,只关心如何完整地传授本领域的所有专业知识,忽视甚至破坏了写作能力、批判性思维能力等重要目标。这些问题本应该引起全体教师的重视,但在本科教育评估会议上大家却只字不提,这是因为许多大学有一个不成文的规定:对专业课程真正意义上的评估,应交由各院系自主完成。而各院系的教授往往只关注学科自身发展的需要,很少考虑怎样实现通识教育的目标。

比专业课程更不受关注的是自由选修课。在许多大学,所有教师都认同学生应该有充足的机会自由选择一些课程,以寻找自己的特殊兴趣,满足个人的需要。通常情况下,自由选修课占学生所有课程的四分之一。在决定赋予学生选课的自由和灵活性后,教师们往往撒手不管了,很少有人认真思考学生应该怎样利用这一自主权——比如,是否应该选修一些简单的课程,以便有更多时间参与课外活动? 是否应该利用这一自主权,让学生寻找专业之外的其他兴趣点? 自由选修课是否应该分散于各个领域,以扩大自己的知识面,还是应该集中在某个领域,进行类似于"第二专业"的学习?

或者应该让学生参加本专业的高级专深课程,进一步强化专业能力? 当学生毕业时,他们是否认为自由选修课比通识课程、专业课程更具价值? 只有在获知了这些问题的答案后,教师们才可以更好地决定:自由选修课应该增加还是减少,怎样的选课方式更有利于学生的发展。然而在实践中,教师们很少这样思考问题。结果是,专业课交由各院系自行评估,自由选修课则完全听由学生自行安排。

忽视教学方法

课程评估中常见的第五大问题是:大家几乎把所有时间用于讨论学生应该上哪些课,却很少谈及应该使用怎样的教学方法。对教师来说,讨论学生应该掌握哪些知识便足够了,谁也不愿涉及"怎样授课"这一敏感问题。他们宁愿关起门来反思自己的教学方法,也不愿让同行们说三道四。

过分重视教学内容的做法存在着一个关键问题,即它必须具备一个前提——学生能记住课堂教学的大部分内容。但事实上,学生记忆的效果和记忆保留的时间,与教师们的主观期望相去甚远。例如,研究者发现人们对具体信息的记忆往往会很快消褪。据计算,一名普通学生对讲座课程上具体内容的记忆,在一堂课结束后只能维持15分钟。[12]与之相反的是,兴趣、价值观、认知技能则更容易维持。同理,学生被动接受的概念和知识很容易遗忘,主动参与的学习内容则容易维持。[13]因此,不管今天的授课内容有多么重要,教师也不能假设学生只要来到了课堂,就一定会记住大部分的教学内容。学习结束后学生能记住多少知识、能形成怎样的思维习惯,并不取决于他们选修了哪些课程,而取决于这些课程是如何讲授的、讲授的质量如何。但是,所有的课程报告几乎都在回避这样的问题:当前使用的教学方法是否适合于大学所追求的教育目标? 如果不适合,应当如何改进?

教师们回避教学方法的讨论,可能源于一种自我保护的本能。改变课程要求是相对容易的,而要改变教学方法则是另一码事。改变教学方法要比改变教学内容付出更多的努力,因为改变教学方法意味着教师们必须改变长期以来的教学习惯,掌握一些并不熟悉的新教学技巧。为了避免麻烦,教师们只好举起"学术自由"的挡箭牌。他们对"学术自由"原则的使用超越了其原本的含义——只求自己讲授的课程不受外界干扰。在多数高校中(小规模的文理学院除外),使用什么教学方法是教师的个人特权,不必由所有教师集体商定。这样做的结果是:本科教育的一个重要部分被掩藏了起来,不必接受大家的评估。

重教学内容、轻教学方法带来的消极影响,不仅体现在本科教育评估方面。它可以解释为什么在多数大学中,课程的数量和种类在不断增加,教学方法却陈旧不变。它还能解释为什么师资队伍的不断扩大导致了科目数量的不断扩充,而没让教授的课时量有所减少,没有让教授抽出更多时间关注每位学生,也没让教授有更多精力监督由助教们组织的小组讨论。教学内容的重要性便这样凌驾于教学方法之上了。一方面,大学的课程数目在不断增长;但另一方面,学生真正学到的知识却并未显著增加。

教师们忽视教学方法,还体现在他们对大学生发展的研究成果视而不见。目前,学术界已经发表了大量关于本科教学的实证研究论文。有几十项研究探讨了道德推理课程对学生思维过程及行为的影响,还有几百篇论文分析了小组学习的有效性或学生评教的效度问题。偶尔还有学术专著使用通俗的语言,将现有的研究成果与大学教师的实际教学状况加以比较。[14]然而,在公开的教学评估报告中,我们很难看到教授委员会引用过这些研究成果。教师的实际教学情况也大抵如此。一项调查表明,仅有8%的教师在备课过程中关注过有关教与学的研究成果,而且即便在这8%的教师中,许多人也只是翻阅了一些过时的教学理论和研究成果而已。[15]

大学对教学方法的忽视让人难以理解。教师们通常想当然地认为:通识课程能让学生形成持续的学术兴趣,"说明文写作"课能让学生的论文思路更清晰、语法错误更少,讲座课程能或多或少地提高学生的批判性思维能力,但这些观点仅仅是教师们的一厢情愿,他们很难为这些假设找到充分的证据。以上只是常见的几个例子,类似的情况还有很多。人们有理由期望教师用更科学的方法来证明这些假设。毕竟,很多教师对教学研究中使用的实证研究方法非常熟悉,他们经常用同样的方法去研究其他人类活动和制度。不可否认,许多教育研究得出了互相矛盾的结论,其研究方法也易遭诟病,但这是人们使用实证方法研究社会制度和人类活动时面临的共同问题。教授们固然可以怀疑:其他大学的教学研究成果是否适用于自己的大学与学生,但这不能成为他们放弃研究自身教育实践的借口。

或许,就像他们拒绝集体商讨教学方法一样,教师对教育研究的漠视也源于自我保护的本能。如果认真利用这类研究结果,很可能需要对传统的大学教学方法和学生评价方法作全面改革。教师们不愿承担这样的风险,只好对教育研究成果置之不理;如果有人提及此事,便借口说这些研究的可信度和推广度都太低。于是我们看到了这样荒诞的一幕——无论在备课还是教育评估时,这些毕生致力于研究事业的教授们,竟"掩耳盗铃"地将有关教与学的实证研究成果束之高阁。

忽视课外活动

52　本科教育评估中常见的第六大问题是对课外活动重视不够。多数评估几乎只关注教授们参与的活动——为学生授课、为学生提供咨询、为学生评分。然而,不断有研究表明:许多本科生认为,在大学生活中,课外活动与学术活动具有同等的价值。[16]事实上,当被问到大学期间真正收获知识、完成自我了解的关键事件是什么时,学生们更多提及了课堂之外的某次活动,而不是某堂难忘的讲座,或者某次讨论课上的顿悟。[17]

当然,课外活动产生的影响因学校和学生的特点而不同。全日制住读生受课外活动影响最大,而每周至少工作 30 小时的在职走读生受课外活动影响可能最小。不过,四年制大学中有四分之三都是全日制学生,即便走读的学生也可参与体育运动、学生自治组织(student government)等课外活动。因此,对于绝大多数本科生来说,课外活动是大学生活的重要组成部分。

常识可以告诉我们,为什么与学术活动相比,课外活动更能帮助学生在某些重要方面的成长。要学会团队合作,最好是加入一支运动队、参加学校的话剧表演,甚至参与到社团活动之中,而不是简单地上课、上图书馆学习。要深刻理解不同的种族与宗教,最好是在一个多元化的学生群体中生活、学习,而不是选修"文化差异"或"种族关系"方面的课程。要对贫困人群感同身受并形成扶贫信念,最好是参与帮助无家可归者的活动,而不是听有关贫困的课程。学生在课外活动中学到的知识是非正式的,但课外活动更加生动有趣、贴近个人生活,因此比常规课程更容易留下深刻持久的印象。

进行本科教育评估的教师们或许认同课外活动的作用,但他们只愿探讨正式课程的问题,而把课外活动的问题交由学生事务主管和其他行政人员负责。这一方法似乎"行之有效",过去几十年本科教育的多数重要改革,正是行政人员利用这一"职权"发起的——录取不同背景的学生、组织更多的社区活动项目、建立混居宿舍区,甚至包括成立培训中心以辅导研究生的教学。然而,人们最终还是发现,把课外活动完全交由行政人员负责是不行的,因为课堂学习与课外活动应该相互交织、不可分割。[18]要实现最古老的教育目的之一——将本科生培养为民主社会中的合格公民,既需要让他们修读政治学、美国历史等课程,也需要鼓励他们积极参与到学生自治组织、宿舍选举、党派社团等课外活动之中。要学会严谨、准确地思考道德问题，学生既需要参加"道德推理"课，也需要参与体育运动、社区服务项目、诚信委员会（honor code committee）①等课外事务。

更重要的是，学生在课堂中所学的知识往往会影响到他们的课外生活，而后者也会反过来促进前者的学习。学生若学会了演奏，对音乐作品的理解自然更深刻；若学习了作曲课程，演奏水平会更上一层楼。参加扶贫志愿者活动的学生，如果之前选修过有关贫困的课程，将更能从活动中受益；反过来，如果先参加了扶贫活动，学生对有关贫困的课程内容能理解得更深刻。正是因为存在这种相互影响的关系，当我们探讨如何改进公民教育或艺术类课程时，如果不考虑课外活动的作用，便可能导致这些课程事倍功半，甚至事与愿违。

关于常见的批评

有意思的是，以上我指出的这些问题，并没有引起高等教育批评家们的重视。人们很容易发现，尽管20年来许多对高等教育的批评比一般的课程报告更有见地，但也存在着同样的缺陷。当批评家们探讨课程体系的时候，他们几乎把所有注意力都集中在通识课程上，对其他课程很少关注。在评说教育质量时，他们嘲笑当前的课程体系缺乏连贯性，批评大学为了迎合学生需要而设置课程，痛斥教师忽视学科之间的联系，却同样对应当如何授课避而不谈。虽然他们经常抨击资深教授重科研轻教学，拒绝为受欢迎的年轻教师授予终身任教资格，但他们却几乎从不指责教授们使用的教学方法不当，更别指望他们亲自去考察已有的教学研究成果，以便为提高学生的学习效果支招。至于课外活动，批评家们要么完全置之不理，要么对学生的道德观及"政治正确性"横加指责，却从不思考课外活动是否能够、又应该怎样服务于本科教育的重要目的。

在提出具体改革建议时，这些批评性文献更是让人啼笑皆非。最糟糕的是那些随便"拍拍脑袋"提出的建议，例如废除终身任教资格、停办四分之三的学术期刊等，作者从没思考过这些建议会带来怎样的实际问题。另一些文献则以详尽不一的篇幅，论述

---

① 诚信委员会由大学的学生代表、教师代表和行政人员代表构成，主要负责监督学术诚信问题。——译者注

了课程结构系统化的必要性,通常建议围绕名著课程建立课程体系。布鲁姆对这一观点只是一笔带过,贝奈特和切尼则为课程设计者制定了详尽的规划。[19]但是,这几位作者都忽略了这些建议在实施过程中可能遇到的困难。其一,大学恐怕很难找到足够的教授,既愿意又有能力传授这些课程;其二,如果都开设这样的课程,大学恐怕很难吸引学生就读。作者们对这些困难视而不见让人颇感惊讶——正因为存在这些实际困难,"名著课程"思想在出现了约一个世纪后,也没能在大学站稳脚跟,总共只有几所大学真正尝试过开设所谓的"名著课程"。[①]

56　　　坦率地说,这些针对四年制大学的广为流传的批评意见,大多偏离了真正重要的教育主题——怎样改进教学方法,怎样设置专业课程,怎样让道德发展与公民教育恢复应有的地位,等等。相反,这些作者们的注意力集中在更吸引眼球的话题上——关于学生的话题(把学生描绘为不受重视、关系混乱、坚持"政治正确性"、过分看重职业课程)、关于教师的话题(把教师描绘为迎合学生需求、思想激进、只顾科研和自身发展)、关于大学领导的话题(把大学领导描绘为容易妥协、胆小怕事、缺乏远见或三者兼备)。这些程式化的描述固然有其真实的成分(同时也有一定程度的夸张),但是那些被作为案例引用的教授并不能代表整个教授群体。围绕一些常见争议的分析,并没有真正反映出争执双方的观点。批评家们针对某些具体现象展开了批判,如分数贬值、教师群体内部的政治偏见、受欢迎的教师难以晋职等,但这些现象对学生能学到多少东西、毕业后是否能过上充实而成功的生活,并不会产生显著的影响。

57　　　因此,这些批评性文献所展示的不过是一幅漫画,而不是当代美国高校的真实写照。这些作者们在努力寻找导致高等教育弊端的罪人,却忽视了如何推动整个高等教育系统的变革。寻找替罪羊的后果便是把当务之急抛之脑后。学术界固然有其不完

---

① 最近,就如何改善本科教育、如何加强不同学科间的联系等问题,几本新书提出了更多观点。这些论述比其他的批评性文献更有见地,针对师生提出的改革建议也更加恰如其分。但是,人们对这些新书关注却很少,这可能是因为作者的表述过于抽象,以至于外行人很难读懂。例如,有一位作者写道:"如果我们要找到能够实现社会使命的关键价值观,如果我们要把人类思想、自由民主制度的需要、促进经济发展三者联系起来,我们就必须向自己提出这样的问题:我们当前的文明程度如何? 现代文明是由什么构成的?" [Eric Gould, *The University in a Corporate Culture* (2003), p. 196]
　　　另一位作者写道:"我旨在强调一种反现代主义的观点:教学与学术发表是一种义务,一种道德实践,而不是传授科学知识的途径。因此,教学应该解决有关公平的问题,但不是为了解决有关真理标准的问题。我们的目标是还教学以本来面目,而不是讨论什么是教学。"[Bill Readings, *The University in Ruins* (1996), p. 154]
　　　即便这些观点再有见地,其抽象的表述方式也使普通读者难以领会,那些期望走出黑暗的教育者难以从中找到具体的改革方案。——作者注

美的一面，但是我们大学问题的根源，主要不在于大学领导畏首畏尾、缺乏创新，也不在于教授思想激进、自我中心，而主要在于如今的高等教育系统缺乏提升教育质量的强大压力，我们在评价大学的发展时，仅仅考虑了学生的大学入学成绩、教师在科研方面的声望。这一系统是由许多力量共同造就的，有些来自高等教育外部，有些则是教育本质属性的传承。批评家们不去探讨这些力量所产生的影响，而一味寻找替罪羊，那么他们当然找不到大学的症结所在——问题不在于统计数据是否下降、教师精力分配是否得当，而在于大学是否能充分挖掘学生的潜能，是否为学生提供了充分的发展机会。这便是那些批评性文献措辞再优美、评论再刻薄，也无法真正改变本科教育本质的原因。

有一种方法能更好地评价大学在进步还是退步——在评价前首先明确大学的目标是什么（任何针对教育的严肃讨论都应如此）。一旦明确了目标，我们便可以对各目标进行逐一考察，以确定大学朝自己的目标前进了多少。我们将发现，本章提及的诸多问题在下文还将反复出现，这些问题解决与否将对本科教育质量产生重要影响。

第三章

大学教育的目标

要对本科教育问题展开有效讨论,首先必须厘清大学希望达到怎样的目标。卡诺　58
奇(W. B. Carnochan)曾说:"如果对大学的目标缺乏足够认识,我们就无法知道实践中
高等教育的质量如何,甚至无法知道所谓'高等教育质量'的内涵是什么。"[1] 那么,大
学应该让学生通过四年学习收获什么呢? 在这人生的关键时期,大学应该怎样帮助年
轻人成长与发展呢?

在回答这些问题时,一些本科教育的批评家认为,大学必定有唯一的统领全局的
目标,但教师们有意无意地将其忽视了。威尔谢尔在《道德沦丧的大学》一书中认为,
大学的目标是帮助学生找到分化的知识领域间暗藏的内在联系,以便学生回答"我们
是谁"、"我们应该如何处世"之类的深层次问题。[2] 查尔斯·安德森(Charles Anderson)
在《心灵生活的良方》(*Prescribing the Life of the Mind*)一书中提到,大学的目标是培
养学生的实践推理技能。[3] 里丁斯在《濒临毁灭的大学》一书中则指出:曾几何时,大学
教育的统一目标是解读、发展和传承"民族文化",随着这一传统目标的消逝,当代大学
已"濒临毁灭",一切所谓的"卓越"因而丧失了实际意义。[4]

本科教育目标为什么只能是唯一的呢? 对此,这些作者并未给出解释。这些批评　59
家们的判断值得推敲,因为本科生智力发展的途径是多种多样的。对美国大学(尤其
是寄宿制大学)来说,既要开设优质课程,又要负责组织住宿、课外文娱活动,难免顾此
失彼——但这些确实都是本科生在校四年必须经历的。如果大学真能处处影响学生,
那么它对本科生成长的帮助,就不会仅仅局限于课程方面了。如果一定要把学生各方
面的成长纳入某个综合目标之中,那么这个目标要么太过偏狭而无法涵盖所有更具体
的目标,要么太过宽泛而缺乏实际意义。

如果大学教师们希望实现多个目标,他们也会很快遇到一个重要问题。最近,斯
坦利·费什(Stanley Fish)提出了一种观点:唯一称得上大学教育目标的,是让学生
"发展智力与学术能力"。[5] 持有这一观点的教授不只费什一人,但许多大学的官方表
述却与之截然不同。大学宣传手册里明确的目标通常既包括培养智力,还包括培养品

德、种族宽容心、公民意识等。

60　　　费什对"大学应该培养品德和公民意识"的说法进行了反驳,他认为实现这些目标"不具可操作性"。在他看来,"课堂教学与学生最终形成的生活态度之间,存在着太多干扰变量,有太多无法控制的因素"。[6] 费什认为大学应该恪守本分,只做自己擅长的事情。他还敦促教师们:"你们应该让学生掌握一系列知识和技能(如解释技能、计算技能、实验室操作技能、查阅文献的技能),甚至还可以让他们热爱你所教授的学科,恰似当年你在这一学科受到激励、不断探索一样。"[7] 这一点大有值得商榷之处。

　　　这里,费什犯了本书上一章提到的一个基本错误:他把本科教育应该实现的目标与教授们在课堂中可以实现的目标等同起来。显然,费什不可理喻地将教师置于了教学活动的中心。如果大学一方面坚持学校的所有事务都应是教授们所擅长的,另一方面又想在课堂内外都为学生创造出良好的环境,那么试问:有哪所大学能做到两者兼顾呢? 费什提出的大学角色,完全是根据教师的能力与兴趣"量身订做"的,对学生的需要却置之不理,他忽视了招生政策、住宿安排和课外生活对本科生发展所起的作用,而很多证据都表明:正是这些课堂以外的因素,能对学生的态度、价值观乃至行为(包括道德行为与公民行为)产生显著而可以预见的效果。费什还犯了另一个常见的错误:他的结论都是基于 14 年来自己对杜克大学教师的观察。他写道:"杜克是一所一流大学,有着许多优点。但当杜克的本科毕业生拼命想挤进排名前十的法学院、医学院、商学院时,我看不出他们具有多少公民责任感。"[8]

61　　　事实上,研究者们发现:大学毕业生的公民意识和政治意识,确实比没念过大学的人要强很多(即便排除智力、父母受教育程度、社会经济背景这三项因素的影响,结论仍然如此)。政治学家发现:接受正规教育的年限,是影响人们是否行使选举投票权最重要的因素。[9] 还有几项研究表明:大学中某些特定的(尤其是社会科学领域的)课程与专业,以及某些特定的课外活动(如社区服务项目),对学生行使公民选举权的意愿和毕业后立志改善社区的意愿都有着积极的影响。[10] 另一些大规模的研究发现:某些课外活动对学生的价值观有着持续的影响。举例来说,几位研究者发现:大学的某些政策能提高学生对其他种族的宽容度,如通过招生政策实现学生群体的种族多元化,通过安排住宿、开设种族意识课程来促进种族间的交流等。[11] 人们可以质疑这些研究结论或研究方法,但是费什对这些研究成果完全不屑一顾,一味依赖于自己的观察,其观点就不足为信了。

　　　或许人们可以同意大学应该培养学生的价值观,但具体怎样培养公民意识、道德品质、种族间的宽容心,还是让人一筹莫展。当大学致力于培养学生智力并改善学生行为时,细心的教师们可能会担心:这样的目标有些"人机工程学"(human engineering)的意味,容易滑入"道德教化"的境地。

若是阅读了亨利·吉鲁(Henry Giroux)、弗雷德里克·詹姆森(Frederic Jameson)、弗兰克·伦特里奇亚(Frank Lentricchia)等左派教师的文章,有上述担心的人会更加忧心忡忡。这些作者都毫不掩饰自己的想法:大学应该将本科生培养成为社会公平而奋斗的公民。伦特里奇亚说得很直白:"我相信我们的社会在多数时候是不公正的,而教育正是我们改变这个社会的途径之一。"[12]身为文学教授的詹姆森则表示,自己的目标是"破除迷信"、"培养马克思主义者"。[13]而在吉鲁看来,教授们应当通过"批判式教学"(critical pedagogy),努力改善这个社会。"批判式教学"所持的道德立场是"反对种族主义、性别歧视、阶级剥削及其他非人道的、带有剥削性质的社会关系",其目的是"把社会民主和社会公平的思想转化为实际行动,鼓励负责任的行为和有策略的冒险行为"。[14]

吉鲁的表达方式可能使他赢得许多人的认同。如果大学致力于鼓励学生推动社会公平,反对"非人道的、带有剥削性质的社会关系",那么谁会拒绝这样的主张呢?谁会赞同"种族主义、性别主义与阶级剥削"呢?但当人们深入阅读的时候,问题便出现了。掩藏在"社会公平"这一幌子背后的,是一种独特的政治理念和社会革新计划。曾有人这样写道:"在这个社会中,工商企业被赋予了太多的权力,因此教育者有必要指出这一问题对公众生活方方面面的威胁。"[15]吉鲁也有自己的政治理念:"具有开创精神的学者,必须认真看待自己工作的象征意义和教育意义,并能够为公众争取福利与权益,尤其是在卫生保健、教育、住房和就业方面的权益。"[16]显然,按照吉鲁的理念,教师必须反对工商企业,必须促进社会福利的发展,他们不仅应当以身作则,还应通过教学使学生接受这些理念。

吉鲁的这些政治目标是否合理尚无定论,而那些追随吉鲁式理念的大学往往会顾此失彼①:不赞同该理念的学生,是否可以完全自由地表达自己的反对意见?教师聘

---

① 面临"教化"困扰的不只是左派教授。大学为促进不同种族和性别间关系而精心开设的课程,可能会轻易地落入大学领导们的掌控之中。后者可能将一些尚有争议的结论当作事实灌输给大学新生,如"美国所有机构都已深陷性别歧视的泥潭",或"种族歧视仅指白人对少数族裔的歧视行为"。引自 Alan Kors, "Bad Faith: The Politicization of the University In Loco Parentis," in Howard Dickman (ed.), *The Imperiled Academy* (1993), p.153. 只有鼓励学生对不同观点、可能出现的歧视行为、误解等畅所欲言,这些促进种族、性别融合的课程才会有所收效。相反,权威人士教条式的灌输和教化,对促进不同种族和性别间的理解毫无益处,这一道理同样适用于其他学术情境。——作者注

任委员会和晋职委员会在评判教师时,应该仅以学术水平作为标准,还是应同时考察教师的教学与言论是否符合吉鲁式的理想?吉鲁的观点非常明确:教育者必须把"教学(和学术)去政治化"的一切呼声视为强权统治的一个幌子。[17]在他看来,似乎大学里发生的一切都与政治有关,所谓的中立与客观都是谎言,因此大学应该有意识地采纳某种政治理念,并通过教学和学术发表使其深入人心。

64　　当然,吉鲁及持类似观点的人通常也认同:学生应该可以自由反驳教授的观点。不过,人们还是怀疑:在信奉吉鲁理念的大学中,那些看重自己成绩的学生,是否敢于在论文和考试中表达与教师不同的观点?人们也会猜疑:持不同政治观点的年轻教授,或许不得不在自己的教学和学术发表中追随主流观点,以免在争取终身任教资格的过程中成为"牺牲品"。由于吉鲁式观点的追随者不乏其人,我们就可以理解为什么不少教授担心将"培养品格和价值观"作为大学教育的目标了。

　　那么,是否有办法让大学在培养学生价值观和行为的同时,不至于陷入"教化"的泥潭呢?办法是有的,但必须谨慎而明确地规定我们行为的界限。大学在培养学生品格、规范学生行为时,应当把那些被广泛认可的价值观作为教育目标。[①] 例如,大家都会同意大学应该培养学生诚实守信的品质,应该增进不同种族、背景、宗教信仰的学生相互理解的能力。在当今的民主社会中,没人会反对学生行使选举权、了解公共事务、参与社区活动。除非教授们滥用课堂主导权,去影响学生选择信守*哪些*承诺,*怎样*投票,或者参加*什么*社区活动,否则一般的教学方式都是可取的。

　　当然,有些看上去无懈可击的道德目标,有时也可能产生模棱两可的严重问题。
65平时原则性很强的人,肯定也有撒谎或拒绝行使选举权的时候,而且在某些特定的场合下,他们这样做可能并没错。因此无论课堂内外,无论我们的行为准则看上去多么正确,学生都应该拥有对行为准则提出质疑的自由。当学生对道德问题和公民问题的认识与教授不同时,教授绝不能强迫学生放弃自己的观点。除非出于维持秩序、保护人身或财产安全、维护学术诚信的需要(即惩罚作弊或剽窃行为),大学不能强迫学生接受内部的道德和公民原则。换句话说,大学在规范学生行为、

---

① 这里不包括一些私立大学。例如有宗教背景的大学,会鼓励一些特殊的信仰与行为。只要这些大学在招生时把自身特点明确告知学生及其家长,这一做法便应该被允许。——作者注

塑造学生品格的时候,哪怕初衷无可争议,也应该尽可能"摆事实、讲道理",避免强权压制。

我的观点与费什教授有所不同——在培养学生的道德推理能力或公民意识的同时,不让教师把自己的意识形态或政治观点强加给学生,这完全可以做到。不可否认,肯定有教师会滥用自己的权力,那些希望把自己的信仰灌输给学生的教师,当然可以借用教学之便去教化学生,这样的事情的确发生过。[①] "美国政治"、"政治哲学"、"国际经济学"等课程都是典型的例子。甚至像"英语写作"这样的必修课程,有时也被利用来传授激进的政治理念。[18] 但是,如果仅仅因为某一课程存在"教化"的可能性便将其废除,则无异于因噎废食,这种愚蠢的做法无疑会"封杀"大批的课程。相反,优质的课堂教学一定能促使所有教师思考为人师表的责任,共同抵制那些借用教学之便实现教化目的的"害群之马"。

综上所述,制定单一的、"统领全局"的大学目标,或者把大学目标局限于智力发展领域,都无法涵盖本科生活的全貌——都可能在推卸大学的责任——大学本应让学生在成长的关键时期,养成一些极为重要的素质。因此,大学的培养目标应该是多方面的,这些目标应该被广泛接受且经过谨慎的界定,诸如"诚信"、"种族宽容心"等价值观与行为就是这样的目标。经过严格选择,几个特别重要的大学教育目标便浮出了水面。[②]

表 达 能 力

所有的本科生都需要提高各种形式的表达能力,其中最广为人知的,是精确而优

---

① "教化"一词的含义并不像看上去那么明确。例如,经济学教师就经常被认为在"教化"学生,因为他们接受了新古典主义经济学的基本假设,但又不肯在课堂上花时间对其他可能的假设作深入探讨。类似地,宪法教授也经常被认为在"教化"学生,因为他们不愿花时间讨论宪法本身的合法性及其规定的政府组织形式的合法性。尽管如此,这两个例子与其他情形(例如,有教师利用基础写作课程,教学生如何运用文字诋毁女性、少数族裔和穷人)仍有所区别。在普通的经济学和宪法课程之外,大学完全可以考虑开设选修课,探讨那些非主流的理论与观点。而在基础课程中,教师完全有理由拒绝讨论这些非主流的问题。事实上,他们并未利用教学之便向学生灌输尚存争议的个人观点,他们只不过作出了一个常识性的判断——如何利用有限的课堂教学时间,使大多数学生从基础课程中获得最大的收益。但是我这里提及的写作课程的情况完全不是这样。这里,写作课教师不仅擅自改变了一门必修课的教学目标,还处心积虑地向学生传授了个人的政治理念。——作者注

② 以下列出的目标不是针对部分学生的情况,例如学习俄语、诗歌写作、橄榄球运动或化学知识。这里列出的目标基本适合于所有本科生。——作者注

66

67

美的书面表达能力,其次是清晰而有说服力的口头表达能力。这些是学生在大学期间和毕业之后都会广泛运用的能力,也是作为公民和一切从业人员所应具备的能力。当被问及聘用大学毕业生最看重什么时,许多用人单位反复强调了书面表达和口头表达的重要性。

很久以来,教授们一直希望学生在进大学之前就掌握了这些能力。一个多世纪前,为了促使中学教好写作课,大学在招生过程中增设了写作考试。[19]遗憾的是,大学的愿望一直都没有实现。长期以来,大学新生的表达能力十分欠缺;如今,越来越多的大学生来自教育质量平平的中学和非英语母语的家庭,他们语言沟通能力缺乏的问题也更加突出。无论是否受到大家的欢迎,培养本科生准确、清晰、优美的口头和文字表达能力是大学义不容辞的责任。

批判性思维能力

大学的另一大基本目标是提高学生的清晰思维和批判性思维能力。这一目标得到了广泛认同,一项全国范围的调查发现:超过 90% 的大学教师认为,培养批判性思维能力是本科教育最重要的目标。[20]考虑到大学教师的学术兴趣与背景的差异性,他们能对此问题有如此统一的看法,实属难能可贵。

然而,要对"批判性思维"给出明确的定义,其难度超出了许多人的想象。一些心理学家从爱德华·桑代克 20 世纪初的实验中找到了思路,他们坚持认为,根本不存在所谓的"批判性思维",而只有解决不同问题的特定推理方法。[21]这一说法有一定道理:许多学科非常复杂和独特,学生必须首先掌握一系列专门的分析方法和完整的专业知识,才能对该学科的问题提出独到的见解。但是,假如所有的思考都需要专门的方法与知识作为基础,那么大学培养的严密思维习惯将很难有用武之地,因为本科学习的时间有限,短短几年里学生又能学到多少技能与知识呢?

好在我们日常生活中的许多问题,都不需要借助高度专业化的知识背景。近期的研究表明:只需运用一些常见的思维方式和习惯,日常生活中的诸多问题便可迎刃而解,培养这些思维方式和习惯将使每位学生终身受益。[22]这些思维方式包括:清晰地认识和界定问题;分辨出同一问题的不同论点与利益关系;搜集相关材料,并分析不同材料之间的相互联系;围绕某一问题尽可能多地提出可行的解决方案;分析证据并运用推断、类比等常见的推理方式考察各种方案，最后提出合理的判断和最佳方案。这些方法固然不能解决所有的问题（事实上还差得远），但是它们确实能解决许多现实问题，而更多的问题能通过这些方法得以简化，因此使用这些方法来分析问题，通常是行之有效的。

除了这些常见的思维方式，一些基本的数理方法也可用于解决诸多问题，因此对绝大多数学生而言都极具价值。例如，掌握一些基本的统计概率知识，有利于学生思考一些常见的问题，譬如理解报刊上有关个人安全与健康的文章、计算考研的成功率、了解民意调查的可信度，等等。基本的数理知识也可以运用于日常生活，比如有助于学生更好地计算个人所得税、平衡自己的预算等。学会使用个人电脑，有助于学生获取信息，进而使用这些信息解决相应的问题。

以上这些例子几乎涵盖了所有最常用的"问题解决技能"，它们是每个学生都应该掌握的。其他一些技能，如形式逻辑与高级微积分，只适用于解决少数抽象问题。[23]因此，此类课程可只对有需要的学生开设，不必强求所有学生学习。

道德推理能力

一个与大学相关但充满争议的目标是，让学生养成更加清晰而强烈的道德原则感。道德教育一度被大学拒之门外长达几十年，直到 1960 年代，当人们开始就公众生活和私人生活中的道德价值观展开激烈争论的时候，大学才被迫重开道德课程，鞭策学生思考现实中的各种道德问题。但是，这些新课程并没有赢得所有教师的认同。至于道德，人们有时会听到这样的声音："当学生迈进大学的时候，他们的道德观业已形成，要么有道德，要么没有。"根据这一说法，道德培养是父母和中小学教师的责任，如果大学"越俎代庖"，那么将注定无法成功。

类似这样的说法其实是把道德问题的两方面混为一谈了。道德问题的第一方面包括三种能力——严谨地思考如何处理道德两难问题的能力、评价各方观点合理性的能力、判定正确行为的能力；而第二方面则是将以上思考的结论付诸实践的愿望和自律性。就第二方面而言，尽管经验告诉我们，生活的方方面面都可能影响其发展，但它更多还是父母的责任。至于第一方面——帮助年轻人认识到道德问题的存在并严谨地思考这些问题，则是大学义不容辞的任务。尤其在今天，如此众多的大学生还持有相对主义的观点，缺乏思考复杂问题（无论是道德还是其他问题）的能力，大学更应该责无旁贷地肩负起培养道德思考能力的重担。①

71　　道德推理也是批判性思维的形式之一。而如何让学生将道德观付诸实践,则是一个更加棘手的课题,我将在第六章深入探讨这一课题。即使我们无法确定学生最终的行为是否更符合道德规范,仅就大学可以教会学生的道德问题意识并严密地进行道德思考这一点,就足以证明我们应该将"道德教育"纳入大学的目标之中。毕竟,商学院也在教学生怎样分析工商企业遇到的道德问题,但毕业生真正需要处理实际问题时,不一定会使用在校所学的方法,而可能更加理智地选择一个权宜之计。法学院一直在教学生如何就法律问题作出推理,但它们也知道学生为了取悦重要客户,有时会故意向他们隐瞒真实信息。许多

72 教师在教授本科生的时候,都怀有这样的信念:多数学生将把所学的知识与技能用于恰当的目的。既然如此,当大学在教学生如何严谨地思考道德问题时,为什么不秉持同样的信念呢?

公 民 意 识

　　另一个被广泛忽视的通识教育目标是,把学生培养为"民主自治进程"中有知识的积极参与者。② 20 世纪中期之前,美国的教育者一直相信,良好的通识教育足以实现

---

① 即便有部分学者明白,道德思考与道德实践是两码事,有时他们也认为前者相对不那么重要。圣奥拉夫学院(Saint Olaf College)的哲学教授戈登·马力诺(Gordon Marino)最近发表在《高等教育纪事报》(*Chronicle of Higher Education*)的一篇文章阐述了这一现象。他写道:"现实情况似乎是:精力旺盛的会计们只需多了解一点道德规范,他们就不会伪造报告以便抬高公司的股票价格。但是,纯粹的无知不属于道德问题。我们需要的不是更多的道德知识。用凯尔科贾德(Kierkegaard)的话来说,道德问题的挑战仅仅在于:我们如何遵循业已掌握的道德知识。"Gordon Marino, "Before Teaching Ethics, Stop Kidding Yourself," *The Chronicle Review*,**50** *Chronicle of Higher Education* (Feb. 20, 2004), p. B5.
　　如果马力诺教授的话没有错,人们不禁要问:为什么哲学家还要花那么多时间,思考现实的道德问题呢? 事实上,道德问题通常不像马力诺教授所说的那么简单,而且最近几十年里这些问题越变越复杂了。与过去相比,今天的大学毕业生更应该"多了解一点道德规范"。现代医学的发展带来了诸多道德问题,需要我们作最严谨的分析,例如干细胞研究和克隆技术,医生更是经常需面对两难困境:是否告诉病人真实病情;是否因为有公司向医院提供资助,就试验它们开发的新药。律师有时也要在职业道德与司法、社会义务之间作出痛苦的抉择。甚至会计通常也会面临艰难的选择:有些行为并不违反会计准则,却可能导致公共政策方面的重大问题。当遇到这些情况时,学生需要养成一定的思维习惯,只有这样,才能及时意识到道德问题的存在,并作出严谨的思考和周全的决策。——作者注

② 大学倾注大量精力培养学生的智力和精神素养,这确实提高了公民的整体素质。几乎大学所传授的一切(批判性思维、种族宽容心、普通知识等),都可以被视为广义"公民教育"的一部分。但我这里使用"公民教育"的狭义概念,即指一种面向所有学生传授的每个公民都需掌握的最基本知识的教育,以帮助学生养成更强的民主信念,让他们更有效地参与"民主自治进程",更好地扮演各种角色:选举者、被选举者、公务员、评论员、竞选团工作者,或者哪怕只是关心时事的公民。——作者注

这一目标。然而几十年来,随着社会环境的重大改变,这一信念开始动摇。第一个原因是,公民履行公民责任所需的知识增加了很多。如果要理解一系列重大政策问题并作出明智的决策,今天的选举者必须掌握诸多领域的实践知识,例如卫生保健、社会治安、国际关系、全球变暖问题等。让学生熟悉所有这些问题是不可能的,何况他们在今后的人生中还会遇到许多新问题。如何解决这一矛盾是大学面临的一个极其艰难的挑战,仅仅靠传统的通识教育显然是不够的。

第二个原因是,二战以前,大学生都是社会中少数的精英,教育者可以认定,这些学生日后肯定会在政治生活和公民生活中扮演重要角色。而在今天,美国的本科生占同龄人的比例很大,多数学生的公民意识非常淡薄。现在的年轻人中,行使选举权的人数比任何其他年龄阶段的公民都少,而且比过去几代年轻人更少。[24] 步入现代社会后,我们将第一次看到这样的情况:多数即将年满 18 岁的美国青年①,其父母都没有行使选举权的经历。在这样的成长环境中,人们不能想当然地认为大学毕业生就一定会行使选举权,更不用说在各自的社区中扮演重要角色了。过去,公民教育的目标是教会学生在政治和公共事务方面作出明智的决断。但现在,公民教育应当传授的知识与技能,或许已不再局限于此了。大学必须思考:怎样才能培养学生更强的公民意识,以便他们履行公民的责任。

适应多元文化的素养

除了学会承担公民责任和道德责任外,本科生还需要学会在生活和工作中与他人和睦相处。过去几代人认为,这方面的能力应该让学生在生活中自己摸索,高校不用承担过多的责任:学校只需防范暴力和盗窃事件的发生,制定校规限制两性的接触。但是,随着民权运动的兴起,越来越多的黑人、西班牙裔及其他少数族裔学生开始涌入白人主导的大学校园,这迫使大学着手解决美国复杂的种族历史遗留下的一系列问题与争端。女权运动以及人们对"性别歧视"问题的日益敏感,导致性别关系更趋紧张。同性恋激进分子也开始要求维护自己的权利,并呼吁大学管理者满足不同性取向者的需求。

经历这些变革的社会机构不单是大学,其他组织也开始呈现劳动力多元化的趋

① 美国宪法规定,年满 18 岁者拥有选举权。——译者注

势,这些组织所提供的商品和服务的受众也开始呈现差异性。在这样的社会环境中,种族多元化的趋势不断深入,法律加大了对各种族和宗教的保护力度,人们也自然希望大学能够教会学生有效地与不同背景的人共事。同时,一些知识分子开始担心:一个存在如此众多的种族与宗教的国家,能否把不同群体融合在一个社会中呢? 他们也同样期盼着大学能够肩负起这一重托,教会学生以宽容和理解的心态对待不同的文化。

教会学生如何在这个多元社会中生活,是大学义不容辞的责任。大学如果无法做到这一点,不仅是对社会和劳动力市场需求的公然漠视,还会导致校园内部人心惶惶。当种族关系紧张问题发生,女生愤怒地抗议性暴力,或同性恋学生遭到公然迫害的时候,校方必须有所回应。而他们很快就发现,仅仅制定校规、给予惩罚是不够的。无论使用何种方法,大学都必须实现马丁·路德·金(Martin Luther King Jr.)的理想:"我们继承了一个大家族——庞大的世界之家。所有人必须共处一块——黑人与白人、犹太人与非犹太人、天主教徒与新教徒、伊斯兰教徒与印度教徒。这个大家庭里充盈着迥异的思想、文化和兴趣,但因为我们必须永远生活在一起,所以我们必须学会与他们和睦相处。"[25]大学所面临的现实挑战是:如何教会学生相互理解、尊重,充满正义感,同时当矛盾出现时又能适当处理、灵活面对。

全 球 化 素 养

美国人发现自己越来越为国际环境——外国政府、异域文化、外国侨民、国际危机——所左右。自由化贸易使美国工人有机会接触海外经济,海外企业可以创造新的就业机会,甚至聘用美国工人。普通公民的生活开始受到远方战争、恐怖主义、中东石油危机的影响。信息传递方式与交通工具的改变,极大提高了国际交流的机会。环保危机、毒品贩运、贸易战争、核武器等各种问题,促使美国政府与其他国家建立起合作关系。所有这些变化都意味着:今天的学生需要比他们的前辈了解更多有关国际事务、外国文化的知识。

大学必须直面这些挑战,因为大学毕业生很可能以企业行政主管、政府官员、律师或者普通公民的身份,进入外国或接触外国侨民。但是,究竟如何帮助学生为此做好准备,却是个很难的课题。世界上国度众多,语言与文化各异,我们不指望学生能掌握所有国家的有关知识(哪怕一些基本知识)。本科生在大学期间也无法预见,哪些文化与语言对自己的将来更重要。没人能准确预测未来国际风云的变化。因此，大学面临的特殊挑战是：如何构建一套知识基础，以便让学生有效地适应任何可能出现的国际问题，把握任何可能出现的机遇。与大学的其他目标不同，这一目标尚属新事物，充满了不确定性与争议。

广泛的兴趣

另一个比较传统的大学教育目标是，让学生掌握一定的能力、知识和广泛的兴趣，使他们能享受丰富多彩的人生。有些兴趣是学术性的，例如历史、哲学；有些兴趣与艺术有关，例如理解并欣赏音乐、诗歌、油画，或者亲自弹唱、赋诗、画画，并将其作为业余爱好；有些兴趣是一生钟爱的体育运动，例如网球、游泳、跑步。

拥有广泛的兴趣有诸多益处：它可以拓宽我们看问题的视野，避免过分专业化的危险；它让我们的人生不只是充满对职业的担忧；它可以增加知识，让我们理解全球变暖、总统选举、长期贸易逆差等世界时事；它有助于我们思考善与恶、公正与偏袒、战争与和平等人类永恒的问题；它还可以让我们的生活不再了无生趣。

尽管培养学生广泛的兴趣和知识很有必要，但大学要找到恰当的培养方法并非看上去那样容易。现在学生首先需要记住大量的教学内容，尤其是通识课程中的内容。然而，多数学生在课后只能记住一些零星的知识，若是没有机会运用这些知识，残存的记忆也将逐步消失。[26]正是因为人类记忆的局限，逐一介绍知识要点的方法收效甚微。我们因此怀疑：让所有学生学习大量课程、掌握大量知识的做法是否合理？

那么，大学应该怎么办呢？是努力唤醒学生的学习兴趣，以便他们在不同领域中活到老、学到老，还是教会学生基本的探究方法，让他们自己去探求陌生领域？抑或详尽地传授那些最基本的人类思想与知识，确保学生记住其中的大部分内容？

要回答这些问题并非易事。毫无疑问，这就是为什么通识教育实施一个多世纪一直广受关注，却也引起激烈争论的原因。

为就业做准备

本科教育的最后一个目标充满了争议：为学生的职业生涯做准备。亚里士多德在《政治学》中曾提出过这样的问题："我们的教育目标应该是传授生活中的实用技能、良好的道德还是高深的知识?"[27]围绕这一问题的争议延续至今。人文主义者尤其反对将职业培训课程纳入传统博雅教育体系中。加州大学洛杉矶分校(UCLA)分管学术的前副校长、英语系前系主任威廉·沙费尔(William Schaefer)就曾说:"现在最关键的问题是,将职业培训课程清除出本科课程体系。"[28]三十多年前,哲学家罗伯特·保罗·沃尔夫(Robert Paul Wolff)也曾呼吁废除职业性课程。在他看来,职业性课程将不可避免地让学生远离"掌握学科知识"的纯粹愿望,而掌握纯粹的学科知识"与肤浅的业余爱好和专业工作者的职业信念截然不同,只有掌握纯粹的学科知识,年轻人才能发现自己是谁、想成为怎样的人"。[29]

但是,这些观点似乎与当代美国社会的现实格格不入。对多数大学生而言,无论就读哪所大学,本科四年都是他们职业选择的时期。职业选择对他们的人生具有深远影响,他们自然会认真对待,并竭力在大学里寻求帮助。如果不仔细思考将来从事什么行业,现在的学生也很难真正了解自己"想成为怎样的人"。为了作出明智的决策,学生需要更多地了解不同行业在社会中所扮演的角色,其间通常会遇到的道德两难问题,这些行业可能带来的社会财富、精神财富和物质财富以及它们对从业者心理、身体和业务方面的要求。大学当然应该站出来帮助学生掌握这些知识——只有这样,学生才能就职业这个未来人生的关键问题作出明智的决策。

在多数美国大学中,大部分本科生不仅需要选择工作领域,而且将直接进入劳动力市场寻找一份工作。对他们来说,大学的时光是学好某些知识与技能的最后机会,因为这些知识与技能只有通过正规教育才能有效地习得。如果学校里有大量此类学生,学校绝不能剥夺他们学习这些知识与技能的机会,否则大学也很快会因报考人数锐减而关门。如果大学因无法为学生就业做好准备而倒闭,也是咎由自取了。

当然,为就业做准备并不等于仅仅传授一次就业或二次就业所必需的技能。这样的课程体系可能只具有短暂的价值,而且还容易与本科教育的其他重要目标相冲突。要为学生设计一份恰当的就业准备计划,需要解决一系列问题。大学教育的目标众多,教师应该花多少时间帮助学生准备就业? 如何让职业性课程与传统文理课程相互促进,而不是相互脱离,甚至相互冲突? 使用传统方式讲授职业性课程,是否能真正帮助本科生取得事业上的成功? 或者坚实的传统文理教育基础,是否更有利于学生的长远发展? 如果一所大学多数学生毕业后会立即进入工作岗位,学校就不能回避此类问题。大学拒绝开设职业性课程,或拒绝帮助学生为就业做准备,都是不合情理也不切实际的做法。

以上便是我总结的本科教育的基本目标。为了清晰地阐述，我分门别类地讨论了这些目标，但在很多重要的方面，这些目标其实是相互作用、相互重叠的。道德推理课程探讨的问题如果能引起学生的兴趣，同样有助于培养他们的批判性思维能力。写作课程也能培养学生批判性思维和严谨思考的能力。培养公民意识的课程也能拓宽学生的知识面。反过来，思考道德问题、与不同种族的学生一起生活、学习有关全球化的知识，都可以强化学生的公民意识。学生各方面的素质相互促进，非但没有为大学教育增添麻烦，反而是大学教育的福音。如果特定课程和活动能同时实现多个目标，大学便可以更好地将一些独立的目标有机地纳入四年本科课程体系中。

尽管美国的四年制大学千差万别，但这里提出的大学教育目标不仅适合于所有学生，也同样适合所有大学。没有一所大学不愿提高本科生的批判性思维能力、表达能力，以拓展他们的兴趣面，或以某种方式满足他们的职业需求；也没有一所大学不愿培养学生严谨思考道德问题的能力和履行公民责任的能力。当然，这些目标在不同大学的实现程度有所差异。学生群体、教育资源、教育理念等方面的差异，可能导致不同大学在目标选择上有所侧重。但是，大学教育的基本目标是相同的，因此各大学现在和将来努力的方向也应该基本一致。

看了我所列出的大学教育目标，一些读者会指出我遗漏了一些有价值的目标，如培养学生的想象力、创造力、领导能力、判断能力和智慧等。对于任何有能力实现这些目标的大学来说，它们肯定都是有价值的。但正如我在前一章指出的那样，许多教师采纳了很多有价值的目标，却不懂得怎样去实现这些目标。这种不切实际的努力只是在浪费学生的时间，并让他们大失所望。这种情况是每所大学应该竭力避免的。本章列举的大学目标，正是我在这一原则下谨慎提出的。之所以列出这个清单，不是因为人类智慧只能构想出这些重要目标，而是因为我个人只对这些目标有深入的理解，且确信这些目标是有价值的。

第四章

学 会 表 达

几乎所有人都会认同"有效表达"的必要性。课程改革委员会不断强调：学生应当学会清晰、准确地表达观点，如果可能的话，还应注意表达的风格差异和优雅程度。工商企业、律师事务所及其他用人单位都很看重学生的表达能力。学生们自己也持有相同的观点。在理查德·莱特对 1 600 位本科生所作的大型访谈中，被调查者提及"提高写作水平"的次数，至少是提及其他教育目标的三倍。[1]

学 会 写 作

每届学生在刚进大学的时候，其写作水平总无法让人满意。即便在 1890 年代，只有少数社会精英上大学的时候，情况也是如此。当时，一个来自校外的客座委员会对哈佛学生的写作水平有如下总结："约 25％的哈佛学生无法自如地运用母语写作，而这是学好任何大学课程的必备条件。"[2] 自那以后，进入大学的年轻人越来越多，其中许多学生来自质量一般的中学和母语为非英语的家庭，大学生写作水平低下的问题更趋严重。即使是来自优秀中学的学生，其写作水平也不理想，因为他们的中学教师只关心学生如何在至关重要的标准化测验中考出好成绩。

大学校长和教师们很早便意识到了这一问题，他们知道自己有责任教会学生如何写作。"英语写作"早在一个世纪前就是大学的必修课，即便在极力推行选修制的大学里亦是如此，至今大多数的美国高校仍然保持了这一传统。可以说，没有其他任何一门课程像"英语写作"这样，占用了本科生如此多的时间和精力。但是，在提高写作教学的质量方面，各大学的成就乏善可陈。

资深教师一方面要求学生必须参加"新生写作课"；一方面又一直不愿意亲自讲授这类课程。自然科学和社会科学领域的教授，"理直气壮"地把责任推卸给英语系的同行。随后，在各大学中，写作课的教学任务逐渐被转移至学术层次最低的教师那里——20 世纪早期，资深教师把这一教学责任推卸给资历尚浅、还未获得终身任教资

82

83

格的教师;1940 年代,这些年轻教师又把教学责任推卸给了研究生。二战后的几十年里,随着大学入学率的快速增长,英语系为了扩充师资队伍,聘用了越来越多的兼职助教(通常是急需收入、尚未出版成果的人员,或者尚未找到永久性学术工作的博士)。到了 1990 年代,在英语系设有博士点的大学中,超过 95% 的英语写作必修课由兼职助教或者研究生来讲授。只有规模较小的文理学院,才有终身教授亲自任教这类课程的情况。

写作教学是一项艰难而费时的工作。大学写作与表达研讨会(Conference on College Composition and Communication)总结道:

84
　　　　要提高每个学生的写作水平,师生需要在课堂内外频繁交流;教师需要布置比其他课程更多的作业;教师需要仔细批改作业并向学生提供指导与改进意见,而不仅仅是给出一个分数;教师需要花大量时间与学生单独交流,不仅要帮助学生提高每次作业的质量,更要让他们理解有效写作的基本原理,为他们创造终身学习的条件。[3]

与通常"上大课"的教授不同,写作课的教师应当了解每位学生的进步情况,了解每位学生遇到的困难。有时提供指导是一种乐趣,因为有的学生拥有较高的写作天赋,但毕竟这样的学生不多见。相反,许多学生在写作方面存在严重缺陷,他们不仅很难准确表达自己的思想,而且对写作课本身有抵触情绪。与大学里的许多其他课程相比,"新生写作课"更强调学生自主思考的意识,学习要求也比中学更高。学生和写作课的老师都面临相同的挑战。以下这段文字是某著名州立大学的写作课教师对一位学生的描述,我们能从这一典型的案例中体会写作教学的艰辛。

85
　　　　第一天上课,达拉(Darla)坐在教室的后排,沉默不语。当我提问她时,她笑容僵硬地看着我,摇摇头,还是不肯开口……她的作文隐晦难懂,好像烟幕遮住了她希望表达的思想。每次找她谈话的时候,她都会乖乖地来我办公室,但除此之外,她从不主动地找我交流。每次我想了解她隐秘的思想时,她都极力推托。她最爱问:"我应该在日志里写些什么呢?"我回答:"写你对材料的想法啦,什么打动了你啦,你有哪些疑问啦。"但这一回答还是让她困惑不已,因为她希望能在某本书中找到作业的确切答案。[4]

　　英语系的教授们排斥"新生写作课"并不奇怪，让他们来做这个差事实在有些"大材小用"。他们的学术成就体现在发表的文学批判作品中。即使在教学方面，他们的兴趣也不是讲授如何写作，而是开设文学方面的课程。既然可以用低薪雇用研究生和兼职助教，校长和院长们也就犯不着让英语系教授勉为其难了。

　　显然，这一做法给写作课的教学质量带来了负面的影响。许多研究生缺乏讲授基础写作课的经验。尽管与过去不同，今天的研究生或多或少会接受一些岗前培训，但培训形式可能只是为期一周的"突击训练"，充其量就是参加一学期的写作教学课程。因此，虽然经过一定的培训，研究生仍不具备指导新生写作的能力，要知道许多新生的写作功底都是在班级规模庞大、不重视写作教学的中学里形成的。此外，研究生还有更重要的事情：完成学位论文、掌握英语文学的专业知识、找一份通向终身教职（tenure-track）的工作。研究生导师经常警告研究生不要在教学上花太多时间，以免迟迟不能获得学位。研究生面临着如此多的竞争压力，而最终为此付出代价的却是"新生写作课"的学生。

　　兼职助教也存在自身的问题。尽管他们中的一些人已经著书立说，或者具有丰富的教学经验，但许多兼职助教都对这份"低薪又费时"的工作厌倦不已，而且他们对自己任教的大学毫无归属感。这也不足为奇，因为他们对课程的教学方式几乎没有发言权，教科书和课程大纲都是别人制定好的。通常情况下，他们没有工作保障，没有医疗保险，甚至没有可供与学生谈话的办公室。大学资金紧张的时候，他们是首当其冲的"牺牲品"。在大学课程表上，他们通常连名字都被隐去了，只剩下教师代号。他们中许多人被称作"吉普赛人"（gypsies）或"高速公路上的飞奔者"（freeway flyer），因为他们必须同时在几所大学兼职才能维持生计，他们"赶场式"的授课方式，使自己与学生单独交流的时间更少了。有一位"高速公路上的飞奔者"回顾了自己在 1990 年代初的生活："通常，我一周要上 16 个小时的课——两个学期和暑假都不停息，平均一年也只能拿到 26 000 美元。在大学之间奔波让我精疲力竭，而每个学期我顶多只能讲授 5 门课程。"[5]

　　负责"新生写作课"日常质量监督的，通常是一位全职主管。全职主管可能拥有写作领域的博士学位，但多数都没有获得终身教职，因而总感到自己的价值被低估了。他们的职位往往比较特殊，既不属于教学人员也不属于行政人员。但无论其地位如何，他们的工作都不是轻而易举的。尽管他们要负责聘任、管理和培训大量教师，但是写作课的最高控制权不在他们手中，却在英语系系主任或某个教师委员会那里。[6] 后

86

者从不亲自授课,却通常掌握着选择教科书、确定研究生助教人选的权力。这种管理方式自然令写作课主管深感不满。有一位写作课主管曾这样写道:"多年来,英语系选派的写作教师简直是'捣糨糊',我们这些写作课主管不得不屈服于英语系研究生课程和英语系教师的双重利益。"[7]

一些写作课主管因为不满这样的安排,便离开岗位自己独立开设新的写作课程。但这种方法也不能解决根本问题——往往只是换了个主管部门(从英语系换成了教务处),写作课照样得不到重视。无论哪种情况,多数写作课主管都不得不面对教师频繁换岗、缺乏教学动力、学生人数变化、资源不足等状况,他们在承担这一份重要"苦差事"的同时,还要长期忍受被教师和行政部门边缘化的委屈。

无论师资力量多么强大,资金多么充足,大学都不可能指望通过一门单独的课程提高本科生的写作技巧。在这方面,写作必修课类似于高尔夫球的入门课,该课程可以帮助初学者掌握基本的技术,培养他们对这项运动的热爱,教会他们继续学习并提高技术的方法。但是要真正精通则需要持续不断的练习。同样地,只有不断提供练习机会,而且教师能及时给予反馈,学生才能学会清晰、准确、优美地运用文字表情达意。这一常识性的结论得到了亚历山大·阿斯汀(Alexander Astin)的验证,他曾主持过一项有关"在大学期间学生发展"的大型研究。在控制了学生智力及其他因素后,阿斯汀发现,那些认为自己的写作水平在大学期间有明显进步的学生有一些共同特点:他们通常有机会写很多论文,他们参加的考试中通常含有许多论述题,他们的教师经常给予反馈。[8]

在意识到写作练习的必要性后,1970年代许多大学开始实施名为"课课有写作"(Writing Across the Curriculum)的计划。自愿参与这一计划的教师要参加写作研讨会,并同意在自己的课程中布置更多的论文写作任务,在评分时除了关注专业知识的掌握情况,还要专门考查写作的质量。这些努力毫无疑问提高了许多学生的写作水平。遗憾的是,实施这项计划的大学并不多。在1980年代中期达到高峰后,由于大学受到了财政方面的压力,这项计划或被放弃,或被缩减。目前,仍坚持实施"课课有写作"计划的大学只剩三分之一多一点。[9]

我们很难评价写作教学(或者整个本科阶段的学习)对大学生写作水平到底有多大影响。正如一位资深的写作课主管爱德华·怀特所言:"可证明写作教学确实能够提高学生写作水平的实证数据少得可怜。"[10]一些早期的校本研究发现,写作课程根本没有提高学生的写作水平,不过这些调查所采用的评价方法比较粗糙(例如,根据标准语法和句法规则,计算学生在论文写作中出现错误的多少),现在看来这些方法的可信度很低。要衡量学生写作能力是否进步是困难的,因为写作教师们对该课程的教学目标存在根本的意见分歧。有的教师试图教会写作水平较差的学生用规范的语法写商务信函;传统精英式的文理学院里的教师则希望学生通过接触伟大的作品,领会作家的文风与智慧。这两类教师在评判学生写作时,自然会采用截然不同的方式。

尽管存在这些困难,还是有几位研究者对"本科学习影响学生写作水平的程度"作出了估算,他们主要考察了论文的文字组织能力、清晰程度和说服力。帕斯卡雷拉(E. T. Pascarella)和特伦奇尼(P. T. Terenzini)指出,大学生在校期间的写作水平提高了 19 个百分位[11](即一年级处于第 50 百分位的学生,其四年级的写作水平有所进步,相当于一年级时处于第 69 百分位学生的水平)。① 不过这两位学者并没有说明,自己是根据什么数据得出这一结论的。而另一项针对 10 所大学共 3 000 名学生的研究,比较了大一和大四学生的文字及口头表达能力。[12]结果表明,大四学生的表达能力高出大一学生 19 个百分位。迪恩·惠特拉的研究则以一所社区学院、一所文理学院、一所研究型大学为样本,对大一和大四学生的各项能力进行了比较。[13]该研究对"入学考试成绩"和"高中班级排名"两个变量进行了控制,发现在三所高校中,大四学生的写作均"比大一学生更具说服力,逻辑性更强,句法错误更少"。不过有趣的是,当惠特拉对那所研究型大学作单独研究时,他发现该校学生写作水平的进步程度最不均衡:人文专业的学生进步显著,社会科学专业的学生有一定进步,而自然科学专业的学生则毫无进步甚至有所退步。

南希·索莫斯的研究进一步拓展了人们对这一问题的认识。她对 400 名哈佛本科生在校期间的写作情况作了跟踪研究,[14]其结论与惠特拉的类似:一些学生比其他学生进步更显著。大体上看,进步的程度取决于学生完成了多少写作练习、获得了多少具体的反馈意见、所写的内容是否是自己熟悉的、所学科目是否允许学生将自己的学术兴趣体现在写作中。多达 86% 的大四学生认为,完成本专业的毕业论文是自己提高写作水平最重要的经历。超过 80% 的学生认为,教师给予更多的反馈是提高写作水平的最有效途径。

这些研究发现有助于解释:为什么人文专业的学生比自然科学专业的学生进步更

① 美国教育中常用"百分位"来评价学生在班级中的相对学业水平,比如,处于第 69 百分位,表示该学生的学业水平超过总体中 69% 的学生。——译者注

大。因为在多数大学中，前者完成的文字作业比后者要多得多。连本科生自己也承认，提高写作水平的最好方法就是不断地练习。

以上列举的各项研究都备受争议，因为它们对写作水平的评价标准不同。为了协调不同的评价标准，一些研究者采取了让毕业生自我评价写作水平的方法。威廉·鲍文（William Bowen）和我在一项研究中，调查了 26 所选拔性高校①（包括公立、私立、文理学院、研究型大学）的 30 000 多名学生。我们要求被调查者评估大学教育对自身各项能力的影响。调查发现［本调查旨在研究"鼓励多种族"入学政策（race-sensitive admission）的利弊］，48％的黑人学生和 40％的白人学生认为，"自己之所以能够清晰、有效地写作"，大学的影响"非常大"。15 在另一项研究中，研究者所选择的高校种类更加齐全，共 24 000 名学生参与了该调查。只有 27.6％的大四学生认为，本科阶段的学习使自己的写作水平"有非常大的提高"。16 这两项研究的结果都证实了我们的主观体验：大学确实让部分学生的写作水平有了实质性提高，但也有部分学生在"原地踏步"。

无论人们怎样解读这些研究发现，写作教学有待改进是不争的事实。用人单位不停地抱怨大学毕业生写作能力差，并把"良好的表达能力"作为聘用职员的首要条件。甚至有大型企业成立了专门的培训部门，帮助刚毕业的大学生提高写作能力。

既然写作课如此重要，为什么大学不设法让有足够业务能力、接受了适当培训的教师来授课呢？这里有些现实的原因：专职教师对写作课缺乏兴趣，并把授课机会看作为提高研究生收入的途径；校长和院长们聘用低薪教师能省下不少开支；刚进大学的学生还缺乏对劣质写作教学抱怨的勇气。当然我们还能找到其他一些原因，但是这样的解释未免太悲观厌世了。教师和行政部门之所以采取这样的"教师聘用政策"，一定还有其他的考虑。

最可能的解释是，校方或英语系把基础写作课教学视为一项相对简单的工作——只需教会学生如何避免语法错误、如何改掉粗心大意的写作习惯，让学生顺利完成本科学业即可。如果写作只是一个"把思想落实到纸上"的机械过程，如果写作教学只是为了"改掉学生的不良习惯"，那么为什么不让研究生和兼职助教来授课呢？

院长和教师们如此看待写作课不足为奇。事实上，过去的写作课专职教师也都是这样认为的。20 世纪六、七十年代以前，写作课的主要教学方法就是"改错"。17 当时关

---

① 选拔性高校（selective colleges），即学生入学时需要面临选拔，与实施"开放式入学政策"的高校相对。下文中提及的"高选拔性高校"，则是针对入学选拔的激烈程度而言的，意指入学竞争激烈的高校。——译者注

于写作教学的研究,几乎都是为了寻找一种真正客观、机械的方法,根据拼写错误、语 92
法、句型结构等简单的标准,评价学生的写作水平。

　　不过,近几十年来,研究写作的专家开始对如何教好写作课有了全新的认识。[18]研
究者发现,仅仅强化"改错"训练对提高写作水平毫无帮助,甚至可能扼杀学生的创造
力,使学生丧失自然的写作风格。[19]写作专家不再把写作视为"把思想转化为合适文
字"的机械过程,而是认为写作与思维本身不可分割的。学生们也认同这样的观点,他
们通常把写作看作激发自己思考的重要手段。玛丽莲·斯腾格拉斯(Marilyn
Sternglass)曾这样描述:"学生不断反映说,独自阅读或者听讲座并不能充分调动自己
的思维,他们自然也没法记住知识点和思想或对它们作出分析。"只有在写作练习中
(通过总结分析课堂笔记,或撰写理论与实践相结合的论文),学生才有机会思考比较
复杂的问题,并形成有洞见的观点。"[20]

　　索莫斯对本科生的研究证实并发展了这些观点。她发现,超过70％的大四学生
认为,写作练习对提高归纳能力、养成批判性思维的习惯、深入掌握某领域知识、有效
表达思想等方面,起着"重要"或者"非常重要"的作用。

　　随着写作专家们逐渐认识到思维与写作间存在紧密的联系,他们也开始意识到,
写作教学的难度比他们过去想象的要大得多,更何况现在不少学生接受的基础教育是
如此糟糕。米娜·肖内塞(Mina Shaughnessy)根据自己在纽约城市大学多年的写作 93
教学经验,对写作教学面临的新挑战作了最精彩的描述。肖内塞发现,写作课程绝不
是一个简单、机械的改错过程,相反"写作是一个极其复杂的问题,其解决之道也不一
而足(而我们在教学中忽视了写作问题的复杂性)。仅仅在基础写作课上寻找'正确答
案'是徒劳无益的……面对纠缠不清、令人无可奈何的教学误区和低效劳动,教师必须
透过失败的表象,发掘学生潜藏的智慧及语言才能"。在这一过程中,教师们必须克服
"书面语言本身是勉强为之和充满玄机的想法,因为这样的观点会蒙蔽我们的眼睛,让
我们的教学无的放矢、毫无章法,于是我们也无从解释学生写作成败的真正原因"[21]。

　　尽管存在这些困难,肖内塞仍坚持认为,学生的写作错误存在某种规律,通过分析
这些规律教师可让学生最终避免这些错误。她的结论为研究者和有关的教师注入了
一针强心剂,从此这一领域出现了大量相关的研究成果。随着"交际英语"
(Communication)成为研究生专业,以及越来越多的博士选择"修辞与写作"这一研究
方向,有关写作教学的专著与论文开始大量涌现,并出现了专职的写作问题研究专家,
他们开始探究"问题的复杂性和可能的解决途径"。今天,对写作教学的探讨已经呈现

"百家争鸣"的局面,同时与 30 年前相比,该领域更显庞杂、更富争议。

几十年来,关于写作课程有两派观点:一派将写作视为用于商务等实践工作的技能;另一派则认为学生应该通过阅读文学名著学会写作。然而,到 1970 年代,又出现了另一种观点,即认为写作教学应该从强调"结果"(即完成作业)转为强调"过程"(包括一系列步骤——从构思到初稿,到再稿……直至最终定稿)。[22] 根据这一新认识,写作教师的角色不再是评论者和纠错者,而变成了教练员或服务者。写作教学开始更加强调真实性与创新性,而不是死板地遵守形式化的语言规则。要写好一篇文章,需要经过反复修改和推敲。[23]

在强调写作是一种"过程"后,诸多学科的理论被引入写作研究中:认知心理学、文化学、人类学、语言学,等等。人们进而提出了各种各样的教学方法:一些写作专家认为教师应该围绕话题布置作文,而另一些认为应该让学生自选话题;一些人倾向于"自由式写作"——将头脑所想的事情随时随地记录下来;还有一些人进行了"小组练习"的实验,让同一小组的学生互相评价各自的作文。[24]

与教学方法一样,人们对写作课的课程目标也没形成共识。教师们仍然在争论:写作课应该是让学生的写作更具风格、更加优美,还是教会他们撰写商务信函等实践性、职业性较强的交流技能?一些人认为应当强调议论文的写作,而另一些人则希望学生尝试不同学科的话语表达方式。一些人只教授"怎么写",另一些人认为写作课也应该培养"口头表达能力"甚至"听力"。

随着时代的变迁,深受后现代主义文学理论影响的写作专家们,甚至提出了更加宏远的教学目标。女性主义学者开始呼吁"女性书写"(écriture feminine),以抗衡"男性至上"的文学。左派理论家认为,写作必修课可以用来教会学生认识并抵制强权思想的"渗透"(强权势力会在不经意间发挥语言文字的作用,使公众接受女性、少数族裔、穷人等群体的弱势社会地位),以便把他们培养成积极参与社会活动、具有批判精神的公民。例如有一位左派教师曾这样说道:写作教学应该成为"改变商品资本主义制度中社会不平等现象的有效手段"。[25]

遗憾的是,尽管学术界提出了诸多写作教学理论,却没人去考察不同方法的有效性,理论家似乎对这类实证研究缺乏兴趣。资深的写作专家华莱士夫妇(Ray and Susan Wallace)曾抱怨过这一现象:"我们有了许多针锋相对的理论,却缺乏训练有素的学者检验这些理论的假设是否成立。"最终,"可怕的事实摆在了眼前:直到现在我们还是不知道该如何上好写作课,与这场'写作教学大讨论'开始时相比,我们的认识并未前进多少。"[26]

　　人们能从这些关于写作课教学与管理的讨论中得出什么结论呢？我们很容易被那些参与讨论者(尤其是那些后现代主义理论家)的夸张言辞所吸引。[①] 但是,他们的观点似乎并未对现实课堂教学产生多少实际影响。许多写作教师可能根本不了解各种写作理论是如何针锋相对的。多数教师并不是在"强调过程"和"强调结果"中二择其一,而是试图两者兼顾。而另一些教师仍在强调拼写、语法、标点规则——尽管绝大多数研究者都对这一方法持否定态度。

　　一个更严重的问题是:一方面,写作专家们把写作课看作一项艰巨的教学任务,"包括训练学生的思考能力和创新意识(这对所有学科的学习都很重要)";另一方面,行政部门和其他学科的教授们仍然将写作教学视为"传授标点、拼写、语法规则的简单机械活动"。[27]许多真正从事过本科生写作课教学的人都会认同前一种观点。但是,只要后一种观点仍然有其市场(对行政部门和英语系来说,持这种观点对它们都有实际好处),写作课就不可能获得足够的支持,写作课对本科教育的贡献也会大打折扣。此外,如果多数大学仅通过开设基础写作必修课来鼓励学生写作,那么许多学生的写作水平仍无法在大学期间取得进步。

　　那么大学究竟应该如何改进写作课呢？合理的方式是在教学之初就尽量明确教学目标。尽管这一点已经是老生常谈,但资深写作专家仍反映说:"多数写作课,乃至整个写作课课程体系(entire writing programs),都很少有清晰的课程目标,并根据这些课程目标确立课程结构、布置课程作业、选择教材。"[28]

　　明确教学目标并不像看上去那么简单。如前所述,人们在这一问题上的观点分歧很大——从简单的"避免语法错误"到复杂的"抵制强权思想"。到底选择怎样的教学目标,不应该由个别教师决定,也不应该由写作课管理者来决定,甚至不应该由英语系来决定。整所大学都应该对毕业生的写作能力负责,学生写作水平的提高对每个院系

96

97

[①] 例如,詹姆斯·柏林(James Berlin)将后现代主义写作教师的特点总结为"具有改革精神的知识分子……是推动社会各方面向前发展的一股势力"。*Rhetorics, Poetics, and Cultures* (1996), pp. 112—13. 帕特里夏·比塞尔(Patricia Bizzell)认为:"我们的教学任务不仅包括传授知识,还要改变学生的世界观。"引自 Elizabeth Sommers, "Political Impediments to Virtual Reality," in Gail E. Hawisher and Paul LeBlanc (eds.), *Reimagining Computers and Composition: Teaching and Research in the Virtual Age* (1992), pp. 3—4. 苏珊·米勒(Susan Miller)认为写作课课堂是"积极摒弃羞辱、压抑、不公平等霸权'常识'的场所"。*Textual Carnivals: The Politics of Composition* (1991), p. 187. 安德里亚·伦斯福德(Andrea Lunsford)总结说,写作专家是"危险分子,因为他们要打破平衡,改变现状。"引自 Sommers, p. 44. ——作者注

都有好处。大学可以组织所有教师参与讨论,应该防止个别教师在教学目标上自行其是。组织这种讨论的另一个好处在于:教授和行政部门可由此体会到写作教学的困难,进而采取各种方式帮助提高写作课的质量。

明确教学目标后,接下来关键一步便是组织一批有能力的教师。要保证写作课的质量,并非一定邀请专职教师来授课。英语系的教授其实也并未接受过写作教学方面的培训,即使他们接受了这样的教学任务,也不大可能投入多少热情。与其强人所难,还不如高薪聘用一流的写作专家、经验丰富的作家或学者,重要的是他们应具备足够的写作教学能力。

98　　在理想情况下,所有的基础写作课都应该由专职教师负责。考虑到该课程所需教师的数量庞大,至少短期内,许多高校要实现这一目标可能会有经费上的困难。尽管如此,每所大学都可以建立一个由经验丰富的专职高薪教师组成的核心工作小组,负责培训那些从事教学的研究生和兼职助教,向他们传授写作教学的理念与技巧。

无论大学聘用谁来讲授写作课,其课时量都必须控制在合理的范围之内,以便让教师有充足时间为学生提供个别辅导。此外,所有的新教师都必须参加岗前培训,明确教学目标、教学方法、教学内容及教学难点。教学活动开始后,负责监督课程的相关人员应对任课教师仔细评价,取消不合格教师的任教资格,或至少安排他们进修,直至达到标准。

如前所述,良好的写作就像批判性思维一样,没有哪门单独的课程能帮助学生养成或维持这种能力。无论基础写作课上得多么成功,学生要想持续提高写作能力还需不断地练习。所幸的是,许多人文和社会科学专业的学生并不缺乏练习的机会,每个学期他们都得完成大量的小论文和期末的课程论文。但是对于自然科学专业的学生来说,情况就不大一样了。他们发现文章写得好并没多大用处,他们甚至认为,用一个完整的句型来表达思想是浪费时间,他们完全可以用这些时间来解决专业问题。毫无疑问,缺乏练习正是本科生(尤其是理科生)在校期间无法提升写作水平的主要原因。

99　　即便是那些有许多练习机会的学生,如果教师不就其专业内容与写作质量提供及时、充分的反馈,他们能取得的进步也是有限的。人们可能认为提供作业反馈是教师理应做到的,但在现实中,有许多教师对学生的写作重视不够。他们没接受过严格的培训,很难发现学生写作中的细小问题。他们还经常把学生作业交给助教批阅,而后者通常更不能胜任这些工作。

要求教师向学生提供充分的反馈，不是校方用几句语重心长的劝诫就能实现的。大学还必须采取实质性的措施，让各学科的教师积极批阅学生的文章。但大学面临的实际困难是，除非教授们既接受过足够的培训，又能获得适当的回报（额外的工资或教学经验积分），否则很少有教授愿意长期承担（或一丝不苟地完成）这一任务。既然提高学生的写作能力如此重要，多花点钱也是值得的。①

同时，如果学校不能对以上教学工作的成效定期进行评估，那么再多的努力也很难持续提高学生的写作能力。目前，很少有大学知道本校的教学是否切实提高了学生的写作水平，甚至很少有大学知道各院系、各年级的学生接受了多少写作训练。但实际上，教师们完全能确知各院系的学生究竟接受了多少写作训练、获得了怎样的反馈、四年大学期间取得了多大进步。在明确了教学目标后，教师们可以开始评估不同教学方法的效果。研究者们发现，现在仍有许多写作教师在沿用早被证明效果不佳的教学方法。教师们可以采取"试误"（trial and error）的方式，在实际教学中考察不同教学方法的效果，最终推广效果最好的方法，同时废除那些效果明显很差的方法。

事实上，很少有大学落实了以上这些基本工作环节，这也是美国高校写作教学糟糕状况的写照。尽管有一些大学的写作课开展得很出色，一些教师在努力地帮助学生进步，但总体上看，写作教学因为广泛的敷衍塞责现象而举步维艰。爱德华·怀特（Edward White）曾说："一所大学的写作课管理是否对学生负责，是对这所大学诚信的考验，事实上很少有大学能达到这一考验的及格线。"²⁹许多大学的教务处主任、英语系及任课教师仍然认为写作教学是一件简单的事。结果他们把教学任务交给研究生和兼职教师，不为写作课制订明确的目标，没有提供足够的资金支持，没有为任课教师提供足够的培训机会，也不评估教学的效果。于是，大学里司空见惯的一幕出现了：因为某个重要的目标，学校开设了有关的必修课，但之后却不愿为这样的课程投入必要的人力、财力，眼看着原先的努力付之东流。

①　无论基础写作课多么成功，其他学科的教师对学生写作水平的帮助多么大，总有一部分学生会不断地遇到写作方面的问题。因此，大学可以成立一个专门的办公室或者写作中心，让此类学生接受单独辅导。为某个学生的写作问题"把脉"并"开出良方"，需要有相当的洞察力、经验和技巧。因此，这一任务必须由经过严格训练的专家来完成，而不能交由希望赚外快的研究生或者承担有其他重要任务的教师。再一次强调，写作能力非常重要，多花点钱是值得的。——作者注

口头表达能力

修辞术（rhetoric）被称为是有效口头表达的艺术，其历史渊源甚至早于书面表达。早在古希腊时期，演讲便是公民生活的重要组成部分，也是领袖人物必须掌握的技能。亚里士多德把公众演讲视为一种说服民众的方法，他提出的演讲基本原则至今仍值得我们学习。演讲的传统一直持续到了古罗马时期，此时"修辞术"一词的定义已不仅局限于说服他人，而且要"讲得漂亮"。在西塞罗、西尼加（Seneca）、昆体良（Quintillian）等人的努力下，修辞术成为教育的七大基本科目之一（包括"三艺"与"四艺"）。到了文艺复兴时期，不但"公众演讲"得以复兴，甚至更小范围的交谈形式也受到了人们的重视。马基雅维利（Machiavelli）总结了统治者掌权所需的言语策略。[30]后来，其他作家还探讨了在法庭、沙龙甚至宴会等场景中得体的表达方式。还有其他人对雄辩术展开了研究——"如何在演讲时正确而优美地控制自己的声音、表情、手势"。[31]

在殖民地时期的美国，公众演讲也是本科教育的核心内容。早期的殖民地学院旨在培养周边社区的"教师与传教士"，此时公众演讲的重要性不言而喻。事实上，18 世纪的本科生所接受的公众演讲训练，比现在的大学生要多得多。那时的学生在教师的监督下，每天都要完成课堂背诵和辩论的练习，因而学生逐渐养成了在他人面前表达并维护自己观点的习惯。许多学校的辩论俱乐部和文学社团都广受欢迎，这给本科生磨练辩论技术提供了新的舞台。

19 世纪末，公众演讲开始引起学术界的关注，心理学家们开始用科学方法探究言语对听众的影响。行为主义学者开始研究"威胁性和恐吓性的言语会对听众产生什么影响"、"言语表达的顺序对其说服力有何影响"这样的问题。

一战前不久，负责"公众演讲课"的 17 位教师脱离了全国英语教授协会（National Association of English Professors），建立起自己的专业组织。从此，"口头表达"的学科领域逐渐壮大，囊括了所有与言语相关的学科。一些大学还成立了传播学院（school of communication），为各类与言语相关的行业输送人才——电台、电视台、戏剧表演，甚至政治顾问。布莱恩·斯皮茨伯格（Brian Spitzberg）和威廉·库帕克（William Cupach）曾不无得意地宣称："'口头表达'相关的领域既包括传统的说服技巧，也包括心理障碍、问题解决、关系维护、身份管理等多个研究领域。"[32]

过去 25 年里，修习公众演讲课的本科生人数在迅速增长，这主要应归功于校友和用人单位对大学的双重压力,尤其是后者对许多大学毕业生的表达能力颇有微辞。一项针对几百所文理学院的调查发现,86％的高校自称开设过某种形式的"口头表达课"。[33] 1975 年,有 25％的四年制私立大学将"口头表达课"列为必修课,而到 2000 年时这一比例增加到了 40％。[34] 一家教育认证机构——"南部大学和学校协会"(Southern Association of Colleges and Schools)①——要求其下属院校成员必须培养学生的"口头表达能力"。[35]

　　尽管近期内"口头表达课"有所发展,但与写作课相比,"口头表达课"在整个课程体系中的地位还很低。大多数美国高校都要求学生至少学习一门写作基础课,但只有一半本科院校将口头表达训练作为必修课。我们尚不清楚造成口头语言训练地位低下的原因,其实在现实生活和工作中,口头表达的重要性绝不亚于书面表达,甚至比书面表达更重要,因为前者通常包括人际交流、团队交流和公众演讲等多方面内容。写作教学之所以更受重视,或许是因为教师给学生打分时,主要看平时论文和考试成绩,而很少考虑课堂发言的情况。当然,更可能的原因是:书面表达比口头表达更强调严谨、探究式的思维,而这一思维过程正是现代大学安身立命之本。

　　尽管口头表达与书面表达的教学似有共通之处,但两者的发展道路截然不同。写作教师强调怎样把作者的思想与感情用清晰、动人、真实的语言表达出来,怎样通过反复修改草稿,把文章润色到最好。与之相反,自古希腊时期开始,训练口头表达的教师更关注听众的角色及听众对不同表达形式的反应。因此与书面表达相比,口头表达被更多地视为一个互动的过程——它不仅强调表达的清晰度和说服力,也强调表达者要照顾听众的需要、认真倾听、根据听众的言语或其他反应随时调整自己的表达方式。因此,尽管训练书面表达与口头表达的教师都把各自的科目视为一个过程,但前者是一个主观性的过程,要求个体学会思考再将其转换为文字,而后者则把这一过程看作说话者与听众之间的互动。

　　由于强调说话者与听众之间的关系,口头表达的研究范围比书面表达更加广泛。语言时时处处渗透于人类生活中,因此与人际关系沾边的研究领域几乎都属于口头表达的研究范围:种族问题、冲突和解、谈判、咨询、婚姻关系,等等。手势、表情及其他非言语的表达形式理所当然地成了研究对象。此外,学者还将社会科学的研究方法用于"口头表达效果"的研究,为该领域奠定了实证研究的基础,这在书面表达的研究中是

---

① 美国共有六家类似的教育认证机构,负责各自管辖的区域的大学认证。——译者注

少见的。

　　"口头表达课"在不同大学的地位差别很大。舍尔温·莫里莱（Sherwyn Morreale）和菲利普·巴克伦德（Philip Backlund）曾这样写道："如果你随便找一群（口头表达领域的）专家，让他们说出自己理想中的课程设置方式，那么，有多少个专家就有多少种不同的答案。"[36]尽管许多大学要求所有学生至少修习一门"口头表达"的基础课，但也有不少大学未作强制性的要求，或者只要求相关专业的学生参加。一些大学的"口头表达"基础课几乎只涉及"公众演讲"的内容，另外一些大学则将人际关系、聆听技巧也包括在内。与写作教学的情形类似，一些大学意识到，要想让这样的基础课程在大学中立足并取得长效，就必须发挥其他课程的协同作用，于是这些大学发起了"课课有演讲"（Speaking Across the Curriculum）的计划。但与写作不同的是，部分大学不是将"课课有演讲"计划视为对基础课程的补充，而是用其取代基础课程。这一方法自然招致"口头表达"领域教授的抗议。他们称自己的科目对授课教师的专业能力要求甚高，因此不能被其他课程取代，就像没有大学用"课课有化学"的计划来代替化学课一样。[37]

　　"口头表达"基础课教师使用的教学方法林林总总。一些人强调技巧训练，给学生提供大量的练习机会，并喜欢使用录音和录像设备；另有人爱讲一些修辞理论，讨论不同表达方式对听众的影响。实证主义的教师将此科目当作一门科学，着重讲解实证研究者的研究成果；受人文学科影响的教师更多地将其视为一门艺术。一些人喜欢"完整地"讲授公众演讲课；另一些人则喜欢先把演讲过程分解为几部分来讲授，最后再将几部分内容组合起来。尽管教学方法各异，所有的"口头表达"基础课程有一个共同点（同时也是困扰写作课教学的特点）——大部分教学任务都不是由终身教授承担，而是由研究生助教或年轻教师负责。[38]

　　口头表达训练的效果是难以判断的。大学和教育研究者很少评估学生写作能力的进步情况，对口头表达能力进步情况的评估则更少，这或许是因为，要客观、公正地测试口头表达能力并非易事。最全面的一项研究借用"ACT 大学学习成效测试"（ACT College Outcome Measures Program）的数据，比较了 10 所大学 1 589 名大一和 1 336 名大四学生的口头表达成绩。该研究发现，大四学生的口头表达能力上升了 24.5 个百分位（即大一处于第 50 百分位的学生，到大四时口头表达能力有所提高，相当于大一时处于第 75 百分位学生的水平）。[39]阿斯汀及其同事的研究采用了主观性更强的评价方式，他们比较了 1980 年代末和 1990 年代末的调查结果。这两项调查要求大四学生对本科期间各方面的进步程度作自我判断。结果有 24.6% 的学生认为自己在公共场合的表达能力有实质性提升。而且在此期间,该能力的提高幅度高于几乎任何其他能力。[40] 显然,这一增长主要是因为修习公众演讲课的学生人数在快速增加,而不是因为突然出现了某种有效的教学方法。

尽管接受口头表达训练的学生在增加,但与写作课一样,该领域在许多大学始终未被重视。我们需要仔细分析这一现象的原因。毕竟,清晰、有说服力的口头表达能力对学生具有重要的意义。《华尔街日报》(*Wall Street Journal*)曾对一些大公司作了调查,发现这些公司最看重的,就是表达能力,而且雇佣者还不时地抱怨说,他们聘用的大学毕业生口头表达能力太差。[41] 还有研究表明,害怕在他人面前讲话是成年人最普遍的焦虑症状。[42] 既然好的口头表达课程既能有效克服学生的恐惧心理,又能有效满足用人单位的需求,人们可能会想:能教好该课程的教师是一定能在大学赢得更多的尊重。[43] 但事实恰恰相反,这一领域的教授渴望的,正是来自同行的尊重。

人们一定会纳闷:口头表达领域的地位为什么会如此低呢?这一问题可能源于学术界的一种观点,认为该领域缺乏独特的学术研究方法,或者说缺乏自身的学科体系——口头表达技巧大都借用了心理学、语言学及其他成熟学科的研究结论,最重要的学术突破都是由其他院系的教授完成的。另一个原因可能是,学者们怀疑口头表达训练缺乏严密性和学术性,尽管从该领域发表的学术成果看,理论框架和实证研究应有尽有,但是许多教科书和课堂教学更多地依赖于基本常识,而不是最新的研究成果和富有启发的独到见解。可以理解的是,公众演讲课最有效的教学方式莫过于手把手地传授技巧,但这种教学方式实用性太强、太缺乏学术深度,因而很难赢得学术界人士的太多尊重。即便一些教授为该研究领域贴上了"印象管理"、"关系维护"、"谈话管理"等标签,这些术语还是让自尊心极强的人文学者颇感不满,因此无助于改善"口头表达"领域的现状。

因此,尽管"口头表达"领域的历史更悠久、研究范围更广泛、实证基础更厚实,但其最终的学术地位还是与"书面表达"一样低下。这两大领域的教师都认为自己的价值被其他文理学科低估了,其原因是:人们普遍觉得"表达"缺乏学术的严密性和深度。[44] 为此,这两大领域都在积极地开展学术研究,以求赢得独立的地位。在这方面,"口头表达"领域的教授可能比"书面表达"的教授取得了更多成就。但是学术目标的达成也牺牲了基础课的教学质量。随着这两大领域的教授从基础课教学中抽身,转而从事更多的科研工作和高级研讨会的讲授工作,许多大学迫于财政上的压力,也只好

107

108

牺牲学生的利益，同意让一些缺乏经验、缺少监督的教师来承担这些基础课程的教学任务。

这一现状让人失望，它歪曲了现代大学应有的重要职能。但是，所有大学生都需要学会在说话和写作时充满自信、独具一格。如果能获得有效的指导，几乎每名学生都能朝这一目标稳步迈进。人们很难找到其他哪门大学课程能像口头和书面表达课程那样，让如此多本科生终身受益。正是由于这个原因，无论基础演讲课和写作课的教师是否具有教授资格，他们都应该经过精心的遴选、适当的培训，能获得丰厚的报酬，并以自己富有价值的工作而受到尊重。大学若能做到这些，并愿意尝试新的教学方法、评估其教学效果，逐步找到帮助学生进步的更好方法，学生的表达能力就一定会更上一层楼。

第五章

学 会 思 考

围绕大学课程问题有许多争议,但几乎所有教师都认同:培养学生的批判性思维 109
能力是本科教育的重要目标。① 教师形成共识的原因显而易见:仅仅学会记忆信息对
学生来说意义不大,因为信息很快就会被遗忘,何况知识总量不断膨胀,没人可以掌握
所有重要的知识,人们甚至无法判定哪些知识是最重要的。概念和理论的价值也不
大——除非学生学会将它们应用于新的情境之中。批判性思维能力——提出相关问
题、认识并定义问题、分辨各方观点、寻找并使用相关证据、最终作出严谨、合理的判
断——是有效利用信息和知识的不可或缺的手段,批判性思维既可以服务于实用性目 110
的,也可以是纯思维性的。这样看来,教授们如此强调批判性思维能力也就不足为奇
了,但令人不解的是,他们只是纸上谈兵,很少付诸实践(后文有详述)。具有讽刺意味
的是,之所以他们如此爽快地认同"批判性思维能力"在本科教育中的重要性,可能恰
恰是因为他们很少仔细思考自己应该为培养这种能力承担怎样的责任。

批判性思维的教学

大学采取了多种方式来提高学生的批判性思维能力。在讲座和阅读训练中,学生
能体验训练有素的学者解决难题的过程。讨论课上学生有机会就难题表达自己的想
法,并聆听教授和其他同学的意见。课程论文和平时作业中学生需要严谨地思考问
题,随后知识渊博的教师还会作出点评。在课外,学生们可以一起讨论阅读中遇到的、

---

① 遗憾的是,人们并未就"批判性思维"的定义达成共识。一个比较精确的定义来自美国哲学协会
(American Philosophical Association):"一种有目的性的、自我调控的判断过程,包括解释、分析、评价、推
理等形式,以及提出判断时运用各种证据、概念、方法的理由。"*Critical thinking: A Statement of Expert
Consensus for Purposes of Educational Assessment and Instruction* (1990). 但是,人们在使用这一术语
时往往比较随意,用其指代分析思维、问题解决、反思判断、应用逻辑、实践推理等多种能力。由于我们无
法寻找到适用于任何问题的思考方法,不同学科通常有定义和分析问题的独特方法,而这些方法可能并
不适用于解决其他领域的问题,因此要对"批判性思维"给出准确定义就更困难了。——作者注

教授提出的或其他一些问题。学生还可以参与校报和文学杂志社的工作、加入宿舍管理委员会和辩论队、参加政治俱乐部和学生自治组织。总之,学生有很多机会参与讨论,在这些活动中他们必须自主思考、各抒己见、并接受他人的点评。参与者不同的背景、价值观及视角,让学生们有机会思考问题的前提条件,了解各种新颖的观点,在新知识、新观点面前检验自己思考过程的合理性。

111　　　探寻大学教育成效的研究者们发现,这些活动确实产生了积极的效果。各项研究得出了类似的结论:在大学期间,多数本科生的批判性思维能力有了大幅提高。帕斯卡雷拉和特伦奇尼在回顾了几十项关于"大学教育成效"的研究后总结道:"与大一学生相比,大四学生……更善于抽象推理或批判性思维;更善于运用逻辑推理和事实证据回答'松散结构问题'(loosely-structured problems);思考的灵活性更强;更容易看到复杂问题的多面性;在分析复杂问题时能建立更成熟的思维框架。"[1]

　　　帕斯卡雷拉和特伦奇尼在考证了研究数据后,估算出本科生在批判性思维方面的进步约为 0.5 个标准差[2](更准确地说,如果一个大一新生的批判性思维能力处于整个新生群体的第 50 百分位,那么到他毕业时该能力将提升至这一群体的第 69 百分位)。许多大四学生在回顾大学生涯时,也感受到了自己的进步。阿斯汀的研究对象包括了来自各类大学的 24 000 名学生,其中 38.8% 的学生认为自己的批判性思维能力"提高了很多",32.5% 的学生认为自己的分析技能"进步了很多"。[3] 在一项规模更大的研究中(调查对象包括来自 26 所选拔性高校共 30 000 名左右刚毕业的学生),近一半学生认为,大学教育对他们掌握分析技能的帮助"非常大"。①[4]

112　　　学生要学会有效地思考,仅掌握一些认知技能是不够的,[5] 还必须具备努力解决课堂问题的强烈动机,因为勤奋努力对提高批判性思维能力至关重要。[6] 道理虽简单,但美国大学在这点上却存在严重的问题。有证据表明,许多本科生并未认真投入学业,而且这一群体的规模还在增加。"全国学生参与度调查"(National Survey of Student Engagement)搜集了几百所大学学生的数据,发现本科生的平均学习时间远低于教师建议的时间——平均每一小时课堂学习时间应当配以两小时课外学习时

---

① 一些调查者发现,学生发展何种推理技能,可能受他们所选择专业的影响。根据他们的研究,社会科学专业的学生运用概率推理(通过预估风险或某一特定事件发生的可能性进行决策)的能力有大幅提升,因为他们通常需要学习和应用统计学知识;人文专业和自然科学专业的学生则在条件推理能力(如果存在 x,那么 y……)方面有显著提升。例如可见,Darrin R. Lehman and Richard E. Nisbett, "A Longitudinal Study of the Effects of Undergraduate Education on Reasoning," 26 *Developmental Psychology* (1990), p. 952. ——作者注

间。[7]1990年代的一项全国性研究发现，28％的大学生要么完全不参与学校的各项事务，要么不顾学业沉溺于社交和课外活动之中。[8]另一项针对全国本科生的研究发现，与1980年代的学生相比，1990年代末的学生用于完成课后作业的时间减少了，而花在看电视上的时间增加了。[9]这两个趋势都会导致学生学术水平的下降。[10]现在有越来越多的本科生在校外住宿，每周还要从事长时间的兼职工作，这样他们更加无暇顾及学业。随着电脑游戏、iPod等分散学生精力的新兴高科技产品进入学生的日常生活，如何激发学生花足够时间完成必要的课业，将成为大学培养批判性思维能力时的重大课题。

113

学生的批判性思维能力和问题解决能力，还与他们处理"松散结构问题"的方式有关，这类问题是人们日常生活中经常遇到的，往往没有明显的正确答案。[11]研究者发现，个体在发展早期往往认为所有问题都有唯一的答案，寻找答案的方法便是询问专家，或者从其他权威处获取信息。当学生发展到中级认知阶段时，他们开始意识到，哪怕专家在面对许多"松散结构问题"时，也无法找到明确的解决方案——他们只能提出一些个人的看法，这些主观看法反映了个体的价值观、经历和信仰。处于这一阶段的本科生是幼稚的相对主义者，他们认为不同人持有不同的观点，每个人都不能随意评判他人的观点。在认知发展的最高层次，学生才意识到许多问题并没有肯定的答案，至少暂时如此。但人们仍须作出评判，而且可以比较各种评判的优劣程度——基于现有的信息，某些评判更具说服力、推理过程更有逻辑。达到这一层次的学生深知，即使经过严密的逻辑推理得出的结论也是暂时的，一旦出现强有力的相反事实和观点，这些结论将被推翻。

研究者发现，认知发展阶段与批判性思维能力之间存在一定的关系。[12]批判性思维能力较弱的学生，几乎总是处于认知发展阶段的早期，不善于对"松散结构问题"作出全面的思考。当学生步入更高的认知阶段时，其批判性思维能力会随之提升。处于高级认知阶段、具备较高批判性思维能力的学生，几乎总能对问题作出合理的评判。

114

不过，认知发展阶段与批判性思维能力的关系并非完全对称。有些学生具备了较强的批判性思维能力，但仍处于较低的认知发展层次。具有这类特征的学生往往在解决有确切答案的问题时得心应手，但在面对"松散结构问题"时可能束手无策。其原因不难理解：批判性思维能力只是解决"松散结构问题"的必要条件，但不是充分条件。此外，学生还需要相信，批判性思维能力对解决这类问题很有帮助。如果学生只处于"幼稚的相对主义者"阶段，认为每个人的答案都不比别人的更好，恐怕他们就不会经常运用思维技能,对问题作出更合理的评判了。

使用认知发展阶段的理论框架,研究者发现许多大学生在刚进校时尚处于"盲目信从"(ignorant certainty)阶段——相信所有(或多数)问题都有唯一的答案,如果不知道答案,那是因为自己无知,要找寻正确答案,必须先找到合适的专家。[13]多数学生在大学就读期间取得了显著进步[从"盲目信从"阶段向"有智慧的迷惑"(intelligent confusion)阶段迈进],但大多数学生最终停留在了"幼稚的相对主义者"阶段。他们虽然懂得许多问题没有唯一答案,却又极端地认为不存在最佳答案。[14]只有少数本科生能在毕业前懂得,解决"松散结构问题"需要在找寻事实依据的基础上进行逻辑推理,总有一些答案比其他答案更加合理。

115　　　还有一些研究者发现,学生之所以无法有效地思考课堂内容,或无法将所学的内容运用于新的问题和情境,是因为他们并没有真正理解这些课程的基本概念。[15]一些学生之前的认识与新学的概念之间存在冲突,另一些学生则完全没有理解所学科目的基本原理。许多教授在授课时对基本概念一笔带过,因为他们对此实在太过熟悉,以至于忽视了学生理解起来可能似是而非,学生之前的错误认识也可能干扰到对新问题的理解过程。遇到这种情况时,"聪明"的学生通常会凭借"死记硬背"的方式来通过课程考核。事实上,他们并没有真正理解该科目的基本原理。只要教授布置的作业与课堂上讲解过的题目类似,学生就可以凭借记忆找到正确答案,而此时教师绝不会意识到,学生对知识的理解原本是如此肤浅!

1985年,易卜拉欣·霍伦(Ibrahim Halloun)和大卫·赫斯特内斯(David Hestenes)两位教授对此问题有过生动的阐述。[16]他们测试了学生掌握牛顿力学基本原理的情况,被试包括刚修习基础物理课和已经成功通过该课程的两组学生。结果表明,多数已经通过该课程的学生,对牛顿力学基本原理的理解非常肤浅,而且这些理解还是靠自己摸索,不是从老师那里学来的。这些学生能够凭借记忆来应付考试,但他们并没有真正理解物理学的基本原理。一旦"应用力学"的考试与老师上课时讲解的题目有所差别,即使最简单的题目也会让学生一筹莫展。

116　　　总的说来,尽管现有研究"清楚地"表明,学生的逻辑推理和问题解决能力在大学期间取得了一定进步,但这些研究结论的说服力不强。虽然从整体上看,本科生的批判性思维能力确实有显著提高,但帕斯卡雷拉和特伦奇尼的研究表明,这一进步仅仅体现在新生的思维能力测试从第50百分位上升到第69百分位而已。[17]同样让人忧心的是,阿斯汀在其全国性的调查中发现,还有三分之二的学生认为,自己的分析技能在大学期间并未获得实质性的进步。霍伦与赫斯特内斯更是明确指出，那些通过考试甚至获得高分的学生，并不一定真正理解所学科目的基本原理，或不一定能灵活运用这些基本原理。更令人不安的是，大多数学生直到毕业时仍然认为，要对"松散结构问题"下结论是不可能的，他们不懂得可以在已有信息的基础上推理出较为合理的答案。多数学生至少知道，不是所有问题都有一个"对"或"错"的答案，但是他们觉得对"松散结构问题"进行严密推理用处不大，他们也不相信有人能够严谨地评判他人的观点。

认知心理学家解释了本科生推理能力进步不大的原因。他们的思想受到了皮亚杰（Piaget）理论的影响，得出的结论与许多专业学院的教师不谋而合：被动的"填鸭式"教学和作业练习固然有助于学生记住一些规则和概念，并让学生运用所学知识解决与新习得知识的背景类似的问题，但无法教会学生将知识迁移到新的问题情境中。[18] 如果课堂互动形式仅仅是让学生提问，或者毫无组织地让学生随意讨论，这样的教学效果之差可想而知。相反，教师需要为学生创造一个主动学习的环境，其方式包括向学生提问、对他们的答案提出质疑、鼓励学生用所学知识去解决各种新问题。[①]

主动学习并不意味着教师必须学会苏格拉底式的"产婆术"提问法。许多调查者发现，向学生提出问题，让他们在小组内互相教学，可以有效提高学生的批判性思维能力和一般的学习能力。[19] 不过，仅仅把任务布置给小组成员是不够的。如果要达到最

117

118

---

① 有一项著名的调查对其他学者的研究结论进行了综述："有些学者用实验法，比较了'填鸭式讲座'和'互动讨论式'两种教学方法的效果：有的通过考查一门课程结束后残留在学生记忆中的信息量，有的通过考查学生将所学知识迁移至新情境的能力，有的通过考查学生的问题解决能力、思维能力、态度变化、继续学习的动力。结果发现，'互动讨论式'方法的教学效果优于'填鸭式讲座'方法。"Wilbert J. McKeachie，Paul Patrick，Y. Guang Lin，and David A. F. Smith，*Teaching and Learning in the College Classroom：A Review of the Research Literature*（1986），p. 70. 帕斯卡雷拉和特伦奇尼在近期的报告中指出：基于可靠的研究，"我们估计，主动学习方法优于被动学习（即'填鸭式讲座'）方法约 0.25 个标准差（10 个百分位）。"*How College Affects Students*，Vol. 2：*A Third Decade of Research*（2005），p. 102. 同时，另一篇文献综述写道：有若干实证研究比较了"提问讨论式"和"填鸭式讲座"方法对学生批判性思维能力和掌握课堂知识的影响，但它们的结论并不一致。见 Michael Prince，"Does Active Learning Work? A Reivew of the Research，" *Journal of Engineering Education*（July 2004），p. 223. 多数研究发现"提问讨论式"方法优于"填鸭式讲座"，但也有一些调查者发现两者的效果没有差异。这些研究没有得出一致结论的原因很多。或许使用"提问讨论式"方法的教师接受的培训不够，还不能熟练掌握这一方法；或许使用"提问讨论式"方法的时间还太短，尚无法发挥出这一方法的优越性；或许学习能力较低、中小学教育质量较差的学生对"提问讨论式"方法不太适应；或许评价学生"批判性思维能力"的方法存在问题，事实上，一些研究评价的并不是"批判性思维能力"，而是记忆效果。现有研究并未形成一致的结论，各项研究也存在这样那样的缺陷，但这不应该成为我们忽视这些研究的理由，也不应该成为我们继续坚持"填鸭式讲座"的借口。相反，这些研究的结论差异和不足之处正说明，各大学都有必要认真地进行校本研究，探究主动的"提问讨论式"教学方法对学生学习产生的实际效果。——作者注

佳学习效果,参与的学生都需要认识到:只有大家互相依靠才能收获更多;团队合作必须是面对面的;每个小组成员都必须承担一定的责任(以避免"坐享其成"者混水摸鱼);小组应该定期讨论每位同学对小组的最终成果作出了哪些贡献,怎样做才能更有成效。[20]绝大多数的研究都发现:当满足以上这些条件时,学生取得的进步比各自独立学习或相互竞争学习时取得的进步要大得多。[21]小组学习还有其他好处:它能教会学生如何有效地合作;如果成员来自不同的种族,小组学习还有助于纠正种族歧视思想;它甚至有助于让学生喜欢上学习,降低本科生的辍学率。

教师通过强调问题解决过程也能帮助学生进步。研究者发现,让学生尝试用不同方法解决同一问题可以提高其思维能力。[22]更通俗地讲,鼓励学生用各种思考方法,当第一种方法失败后,接着尝试第二种方法,这将显著地提高学习成绩。[23]

最后一点,除了通过调整教学方法来鼓励学生主动学习外,教师还需要经常考查学生的认知技能,并及时将结果反馈给学生。[24]如果不作定期的评价,学生就无法知道自己学得怎样、犯了哪些错误、进一步提高还需要做些什么。学生获得反馈的形式可以是多样的——定期考试、平时作业、随堂小测验等,关键是教师不仅应当在课堂中鼓励学生严谨地思考问题,也应当不断为学生提供练习机会以强化这一能力,并通过认真仔细的评价,让学生知道自己错在哪里、哪些地方需要改进。

综上所述,擅长于培养批判性思维能力的教授往往会遵循一些指导原则。他们不是一上来就确定具体的课堂教学内容,而是先思考自己希望学生学到什么——应该掌握哪些推理技能;需要了解哪些知识,以便能解决课堂中提出的问题。他们花很多工夫思考如何激发学生的好奇心和主动学习的愿望,避免学生只为追求分数而缺乏内在兴趣。他们试图了解学生对该学科固有的错误认识,想方设法地让学生意识到以前的认识是错误的,并最终帮助他们克服这些错误认识。他们通过有趣的提问,让学生认识到自己思考过程的缺陷;通过组织课堂讨论、小组合作项目及其他形式的"主动学习"活动,培养学生"批判性思维"的习惯,鼓励学生对问题作严密的推理与分析。他们设计的平时作业和测验与课程目标紧密相关,这样可以考查班级成员的学习进展情况;他们及时地给予学生反馈,以帮助学生了解自己的学习进展、还需做些什么才能提高推理和分析能力。最后,他们为学生们设定高标准,并让学生相信自己可以实现这些高目标。

尽管教师们一致将"培养批判性思维能力"视为本科教育的首要目标,但多数教授并没有采取上述教学方法。他们不是通过组织课堂讨论、小组作业来鼓励学生主动学

习,而是仍然将几乎所有的课堂时间用于讲座式的填鸭教学。一项针对各类大学共
1 800位教师的调查发现,73%至83%的教师仍然在采用"填鸭式讲座"的教学方法。[25]
许多有关课堂教学的个案研究也证实了这一结论,这些个案涉及规模较大的学校,也
有小规模的文理学院。例如,一项研究使用录音方式记录了德州大学奥斯丁分校
(University of Texas at Austin)各科目共19次课堂教学的内容,发现其中88.5%的课
堂时间都是由教授亲自讲授,学生仅有5%的发言时间。[26]在教授们为数不多的提问
中,大部分还是出于课堂管理的需要,或是让学生回忆之前讲解过的知识,真正用于激
发学生深层次思考的问题极少。

有证据表明,如今更多的教授不再将"填鸭式教学"视为唯一或主要的教学方
法。[27]即便如此,最近的研究还是发现"填鸭式讲授至今仍是大学最常用的教学方法",
平均每位教授用于讲授的时间超过了三分之二,这一情况在学生众多的大学中尤为普
遍。[28]即便是鼓励学生参与课堂互动的教授,一般也只是让学生就自己的讲授内容提
出疑问,或者让学生回答参阅书目中所包含的知识点。

教师们评价学生的方法同样存在问题。众所周知,学生在学习时总是对考试中可
能出现的问题更加关注。[29]既然如此,教师就有必要用心地设计考试题目,通过考查自
己最推崇的思维方式来强调和实现课程目标。但是,如果教师设计的考试题型仅仅是
选择题、简答题,或者直接将命题工作交由未经训练的研究生负责,那么学生便会采取
"死记硬背"的方法来应付考试。如果教师对学生平时作业和测验的反馈不及时,或者
计算总成绩时只考虑期末考试的分数,那么学生的学习效果将更加糟糕。这样的评分
方式毫无教育意义,纯粹是将学生排出座次,为用人单位和研究生院选拔学生提供
便利。

尽管这些都是常识性的见解,但多数大学的考试题型仍以简答题或选择题为主,
而且主要考查的是知识点的记忆而非分析能力。[30]约翰·布拉克斯顿(John Braxton)
分析了40所层次不一的研究型大学的试卷,发现其中36.98%的题目是纯粹考查知识
记忆,25.38%是考查对课程内容的理解,只有17.71%是考查批判性思维能力。[31]在这
方面,较高选拔性的大学并不比其他大学做得更好。类似地,有一项研究对伊利诺伊
大学(University of Illinois)的试卷进行了分析,发现仅有17%的教师在命题时采用论
述题(essay questions)的形式,同时有82%的学生称:多数科目的总成绩都是根据着重
考查知识记忆的考试分数计算得来的。[32]另一项调查以全国范围的大学教师为研究对
象。在被问及主要采用何种考试题型时,26%的被调查者称自己主要使用选择题,

121

35.2％的被调查者称主要使用简答题。[33]尽管自称主要使用论述题的教师比例达到了43.6％，但这一数字无法说明其中有多少论述题是考查学生的批判性思维能力，又有多少是考查学生对所学知识的简单归纳总结。

122 令人惊讶的是，教师们如此依赖的教学和评价方式，却与他们一致推崇的教育目标相悖。在多数专业学院早就放弃了"填鸭式讲座"教学方法，而采用"提问讨论式"方法的时候，为什么仍有如此多的本科教师抱残守缺呢？如果是为了讲解该学科的基础理论，为以后的课堂讨论奠定基础，或者偶尔有知识难点需要解释，采用讲座法无可厚非。现在的问题在于，教授们站在讲台上滔滔不绝已成了多数大学课堂的家常便饭，这就没有多少申辩的理由了。

  卡尔·雅斯帕斯（Karl Jaspers）为教师们提出了一种辩解。在他看来，好的讲授者有一种可以激励学生的独特能力，他可以让学生感受到讲授者对该学科的热情，让学生认识到一个真正受过教育的人能够取得怎样的成就：

> 杰出学者的讲授将伴随听众一生的记忆。用笔记下的内容即使一字不漏，也是苍白的。的确，很多有价值讲授的内容都是以书面方式呈现出来的。但是讲授的方式也颇具价值，它可以全面展示讲授者投身于本领域研究的动因。通过语调、手势和自己思想的真实流露，讲授者在无意识间传达了自己对该学科的"感情"。[34]

  雅斯帕斯的描述不无道理——一个真正有天赋的讲授者可以深深地影响学子。然而，无数的大学毕业生可能反驳说，许多教授无法达到雅斯帕斯所谓"杰出学者"的水平，而在那些取得杰出成就的教授中，有许多并不擅长演讲，激励学生也无从谈起。

123 因此，雅斯帕斯的说法只是针对少数讲座课程或杰出教师的个别课堂教学而言的，它无法替习惯于"一讲到底"的教师们辩护。

  许多大学教授似乎认为"填鸭式讲座"是必要的，因为他们需要讲解复杂的知识点，其中涉及大量的重要信息。① 但是，我们不清楚为什么教师要把宝贵的课堂时间

---

① "评论者发现，即便教师们意识到培养批判性思维能力的重要性，他们也会围绕本领域相关的内容来组织课堂教学。"Joan S. Stark and Lisa R. Latucca, *Shaping the College Curriculum：Academic Plans in Action*（1997），p. 147. 教师希望在课堂教学中囊括更多的知识点，这一思想不仅导致了"填鸭式讲座"的盛行，也阻碍了学生认知能力的发展。学生一方面失去了应用概念的机会，一方面失去了反思自己"问题解决"策略（即元认知）的机会。——作者注

用于知识讲解,而没有把讲课内容以参考资料的形式布置给学生们自行阅读。那些认为必须亲自讲授基本知识的教师,显然高估了学生的记忆能力。大约 150 年前,哈佛校长埃利奥特在就职演讲上说道:"填鸭式地传授知识,就好像奋力把水撒到筛网里,即便水的质量再好,还是哗哗流走了。头脑只有越用才越灵光。"[35] 许多研究证实了埃利奥特的观点。有一项研究发现,学生在一堂课结束时只能记住 42% 的课堂信息,一周后仅能回忆起 20% 的信息。[36] 一个月或者一年以后,学生保留的记忆内容会更少。

另外一些研究发现,如果学生在学习时伴有一定认知实践活动,那么他们对这些知识的记忆会更加长久。[37] 因此,当学生必须将所学的概念和知识用于解决实际问题时,他们对概念和知识的理解才会比被动接受信息时更深刻。批判性思维所涉及的各种基本技能,尤其需要通过恰当的教学方式加以维持,因为这些技能必须通过不断练习才能掌握,而且需要在学生毕业后的日常生活中被反复使用。[38]

一些教授坚持着自己的"填鸭式讲座"教学方式,他们的理由是"提问讨论式"方法只适用于讨论课,而不适用于大班教学。然而,许多大学里一般的班级规模不到 20 或 30 名学生,教师们有很多机会让学生参与主动讨论,但结果却事与愿违。法学院早就用事实证明,150 名学生的大班同样能成功地运用"提问讨论式"方法。的确,在大班教学情境中,多数学生只能间接参与课堂讨论。但是,如果教师能够提出有启发性的问题、针对学生回答的漏洞提出质疑、设计试卷和布置作业时训练学生严谨的推理能力,那么,在很大程度上,大班教学同样能达到小班教学的效果。

之所以教师们广泛使用"填鸭式讲座"方法,最有说服力的解释是:这是他们最熟悉的教学方法。多数教授在学生时代接受的便是这种方式的教育,他们脑中只记得这一方法,觉得自己只会"一脉相承"。此外,苏格拉底式的"产婆术"教学法对教师来说是很大的负担,即便他们熟练掌握了这一项技术,也还需要花许多时间与精力备课——要想准备好一堂讨论课,仅仅翻一翻前一堂课的教案、对去年的授课内容稍作调整是不够的。因为讨论可能会朝事先无法预料的方向发展,学生可能会提出任何问题,所以无论教授的教学经验多么丰富,都必须为每堂课做好充分准备。经常性的作业和论述题考试的命题加大了教师的工作量,何况教师还必须及时给予学生反馈,以便他们能从练习中获得最大的收益。尽管(在可能的情况下)一些评阅工作可以交由研究生来完成,但是认真负责的教授必须从课程目标出发,用心设计考试题目,同时还必须精心培养和监督助教,以保证他们打分公正、评语实用。

教师们很少使用"提问讨论式"教学方法,还因为这一方法会让他们意识到自己的不足,这让教师们感觉不自在。采用"填鸭式讲座"方法时,教师尚可以自欺欺人地认为授课质量不错。但如果采用"提问讨论式"方法,一旦教师无法调动起学生的兴趣,学生不愿积极参与讨论,课堂气氛死气沉沉,那么授课的成败便一目了然。让兴致不高的学生参与课堂讨论,无异于为没有胃口的朋友准备晚餐,是徒劳无益的。为了避免尴尬,即便擅长"苏格拉底式教学法"的资深教师也不敢怠慢,他们也必须花足够的时间备课。而对那些不熟悉"苏格拉底式教学法"的教师来说,一提起"讨论式教学",就会让他们联想到课堂气氛压抑、学生无动于衷的一幅幅可怕场景。

就教学方式而言,学生通常与教师感同身受,他们也不喜欢"主动学习"。当然,一旦适应了"提问讨论式"的教学方法,他们往往更喜欢这一方法,并愿意积极准备,参与到课堂讨论之中。[39]但是开始使用新方法时,学生往往更愿意接受"填鸭式讲座",因为在这样的课堂中,他们只需要端坐在座位上,不必为上课做任何准备。在那些处于认知发展阶段初期的学生看来,鼓励课堂讨论的教授简直是在"浪费时间",还不如直接告诉大家正确答案。

126　　尽管改革困难重重,许多专业学院的经验还是表明,让所有教师改变教学方法以培养学生的批判性思维能力是可能的。[40]在19世纪的最后25年里,随着各州法律的差异越来越大,法学教授已经不可能讲授所有州的法律规定和程序,于是他们逐渐放弃了"填鸭式讲座"的教学方法,转而组织"苏格拉底式"的讨论,让学生探讨怎样制定实际的"法律意见书"。这样,教学重点变成了培养法学推理的基本技能,具体的地方法律,则由学生自行查阅。几十年后,几所顶级的商学院同样放弃了详细讲解行业内部事务的教学方法,转而组织一些课堂讨论,目的在于教会学生对真实的企业管理问题作出决策。再后来,随着生物学研究的发展,学生不再可能掌握关于人体的所有知识,于是医学院觉得有必要像商学院、法学院那样限制讲座课程的数量,开设基于实际问题的课程,教会学生诊断与治疗的推理过程,让学生自行查阅有关具体病症的知识。

多数传统文理学科并没有受到"知识膨胀"带来的强烈冲击,这些学科的教授仍然沿用"满堂灌"的做法,而不是鼓励学生思考如何解决各种实际问题。不过,医学院、法学院、商学院的成功案例说明:任何学科采用"问题讨论式"的教学方法都是可行的。课堂讨论、小组教学等鼓励主动学习的教学形式有着明显的优势,而且这些优势正在得到广泛的认可,即便之前充满怀疑的教授,恐怕也必须考虑改变自己的教学方式了。用人单位越来越强调毕业生解决问题和迁移知识的能力;国家研究理事会(National Research Council)呼吁理科教授们更多采用能鼓励学生主动学习的教学方法;[41]大学

里致力于改善教学质量的研究中心也开始推广以课堂讨论为主的教学方法。在这样 127
的大背景下，人们有理由期望：大学教师最终也会像专业学院的同行一样，减少"填鸭
式讲座"教学的时间，让学生更多地参与到主动学习过程中，学会如何有效运用知识解
决实际问题。

数 理 推 理

以上提及的批判性思维能力，并非当代生活唯一必需的思维能力。许多问题需要
更为复杂的分析技术才能解决，这就要求学生接受一些专门的训练。这些分析技术大
都只适于有限数量的问题，只有小部分人经常使用，因此不必要求所有本科生都掌握。
但是，其中一些基本数理技能，却被广泛运用于各种场合与职业，缺乏这些技能的学
生，必将在未来竞争中处于不利地位。企业行政主管必须会使用电子报表，能看懂资
产负债表，精确地估算利润与成本。医生需要掌握统计学的基本知识，以便理解特定
治疗方案的危险系数，或评价临床试验的效果。建筑师需要使用电脑绘图设计房屋。
农民则需要使用电脑分析产品的市场出路，分析土壤的状况。甚至棒球俱乐部的主管
也需要巧妙地运用统计学知识，以使自己的球队受益：在畅销书《魔球》(*Moneyball*)
中，作者迈克尔·刘易斯(Michael Lewis)介绍了奥克兰竞技队(Oakland Athletics)总
经理比利·比恩(Billy Beane)利用统计学知识帮助球队发展的经历。[42]

基本数理技能还可以帮助人们理解围绕税收政策、预算赤字、国际收支等问题的
讨论。去国外观光的旅客必须把美元兑换成外币，并计算自己的消费数额。即使在个 128
人生活中，人们也需要计算各种提前退休方案孰优孰劣，估算购置不同房产、汽车的成
本，计算个人所得税数额，操作个人电脑，了解个人行为危及健康的严重性。

那么在这方面，学生们需要学习哪些内容呢？哪些数学、统计学、电脑技能是学生
在日后生活中可能使用的呢？国家教育与学科委员会(National Council on Education
and the Disciplines)组织的一批专家认为：要具备一定的数理素养，学生必须掌握以下
内容。

- 算术：具备简单的心算能力；估算；推算比例；计算排列组合。
- 数据：利用数据表中包含的信息；利用数据作出推断；懂得因素分解是解读数据
  的方法之一。

- 计算机：使用电子报表，记录数据，计算数据，创建图表，使用外推法，根据点数据计算曲线方程。

- 建模：用公式表示问题、寻找模型并得出结论；懂得在复杂系统中各因素的相互关系；理解线性模型、指数模型、多元模型、模拟模型；理解不同增长率的影响。

- 统计学：理解差异量的重要性；理解因果关系与相关关系的区别；理解随机实验与观察研究的区别；理解无影响和无统计意义上显著影响的区别（尤其在涉及小样本数据时）；理解统计显著性与实际重要性的区别（尤其在涉及大样本数据时）。

129

- 概率：认识到看上去巧合的小概率事件并非偶然；根据现有数据计算风险概率；理解随机样本的价值。

- 推理：运用逻辑思维；认识到不同推断方式的严密性程度；检验假设；谨慎地推导结论。[43]

　　所有这些技能都已被广泛使用，而且根据以往的经验，这些技能将在未来几十年中越发重要。如果学生在大学中掌握了这些技能，并学会将其用于解决各种实际问题，那么他们就不会对数字发怵了。掌握这些技能的意义不仅在于它们的实用价值，还在于它们可以帮助学生随时学习新的数理技能。因此，如果还有学生没有掌握以上部分或全部基本技能，就应当抓紧时间在大学毕业前学会这些内容。

　　当然，在迈进大学校园之前，学生通常在中小学学过几年数学，但是传统意义上的数学与数理推理有一定区别。一般来说，中小学的数学课主要讲授抽象的数学定律，学生很少有机会把所学的数学知识运用于生活实践。多数学生只是记住了数学定律，而并没有真正理解其背后的原理。等到需要运用这些数学知识时，他们可能就不知所措了。他们接触统计学和估算的机会也不多，玩电脑游戏、收发电子邮件的水平倒是不错，但要使用电子报表、进行复杂计算或研究数据库时，他们就傻眼了。[44]

　　1995 年举行的一项国际测试〔即"国际数学与科学教育成就趋势调查"（*Trends in*

130 *International Mathematics and Science Study*），简称 TIMSS〕清楚地暴露出美国中学数学教育的弱点。该测试的主题是"考查学生将所学的数学和科学知识运用于日常生活的水平"[45]，来自 40 个国家共 50 万名学生参加了该测试，其中包括三、四年级的小学生，七、八年级的初中生和十二年级的高中生。美国的小学生表现得相当不错，初中生则跌落至中等上下的水平，而高中生的成绩只比塞浦路斯和南非两国略高。导致这一结果并不只是办学质量低下的城市学校的错。在比较最好的 5％和 10％的学生成绩时，美国高中生的成绩仍然位列排行榜的末尾。

进入大学后，新生的"数理推理"领域没有运用数学技能的科目。许多人文专业和社会科学专业的学生根本不会选修任何数学课程，他们的数理技能也因此止步不前了，甚至还有所退化。[46]对医科、理科、工科感兴趣的学生，通常会学习一门基础数学课程（一般是"代数"或"基础微积分"）。但是，这些课程的教学往往强调抽象规则，呈现方式古板而抽象，学生很少有机会思考怎样将这些规则运用于生活实践。数学家伯纳德·麦迪逊（Bernard Madison）把这样的课程描绘为"效率与效果都极差的大学基础数学课体系"。他写道：

> 过去，理科和工科的教师通常根据自己学科的特点，掌控着大学基础数学课体系的教学方向。但现在，这一体系将帮助更多的学生学习数学——更准确地说，是在给他们帮倒忙。为了提高效率，为微积分学习做准备，我们将许多抽象的代数方法拼凑在一起。而微积分是数学运用和深造的关键。那些无法通过这道关卡的学生便被抛弃在"华容道"边，他们只学会了些许零碎无用的数学方法和技能。这样的教学体系每年都在"制造"大批这样被遗弃的学生（至少占学生总数的四分之三）。[47]

传统教学方式下的"数理推理"类课程往往让本科生备感困难，他们无法很好地理解数学基本原理，也很难将其运用于生活实践。一名来自加州大学伯克利分校的教师尤里·特雷斯曼（Uri Treisman），就对自己讲授的基础微积分课程有这样的担忧，于是他做了一次有趣而富有成效的调查。[48]特雷斯曼最担心的问题是班级中黑人学生的不及格率偏高，他便对黑人学生与亚裔学生学习习惯的差异进行了比较，因为后者在该课程中往往表现优异。

特雷斯曼很快发现了二者的差异。黑人学生习惯于独自学习，而亚裔学生则喜欢集体探讨。当黑人学生遇到难题时，他们不愿意寻求帮助，学习自信心不足，课后不交作业，成绩自然每况愈下。而亚裔学生遇到难题时，同伴们会帮助他理解自己错在哪里。这一过程使所有学生都有所收获——遇到困难的学生解决了疑问；提供帮助的学生也通过解释难题理清了思路，加深了对问题的理解。

在发现这一差异后，特雷斯曼便特意让黑人学生组成学习小组，鼓励他们共同学

131

132

习进步。这一方法的效果是显著的：黑人学生的成绩提高了；退课率显著下降；更多黑人学生进而选择了理科专业。此后，许多教授都效仿了特雷斯曼的做法，并且在不同科目中都取得了成效。

还有些教师发现：有的学生即使能熟练运用数理方法解答课堂问题，仍不一定真正地理解基本数理概念，一旦遇到不同于教师讲解的问题，哪怕再简单也可能不会作答。哈佛的物理学家埃里克·马祖尔(Eric Mazur)就遇到了这样的问题。[49]多年来，马祖尔讲授基础物理课的方式，与讲授理科入门课程的多数教师并无二致——课堂讲授、分发课堂笔记、指定参阅书目让学生自己扫清疑惑。他的学生评教结果非常好，一切似乎都进行得很顺利，直到有一天他偶然看到了霍伦与赫斯特内斯的研究报告。此二人使用了一项简单的测试就发现，参加一门物理课(该物理课恰好与马祖尔讲授的物理课类似)的本科生是凭借记忆去解答考题，而并没有真正理解基本的物理学原理。

马祖尔一开始对二人的研究结论表示怀疑，认为至少这一结论不能推及到自己的学生。不知出于什么原因，他还是给自己的班级实施了同样的测试。测试结果让他异常惊讶与失望，以至于他决定彻底改变自己的教学方法。

他采取的新策略与老方法完全不同。以前他允许学生课后再阅读教科书，现在则改为要求学生在上课前一两天提交一份小作业，回答两个与阅读内容有关的问题，并指出自己认为难以理解的部分。通过这种方式，马祖尔不仅能确保学生完成课前阅读和思考的任务，还明确了课堂教学的重点，以保证每位学生都能理解教学内容。

在课堂教学过程中，马祖尔不再60分钟讲到底，而是只讲10至15分钟，然后给学生出一道有关"基本物理原理"的选择题。一小段思考时间后，他要求学生用电子记录器作答。而后，他要求学生分小组讨论他们的答案，持不同观点的学生便会努力说服对方为什么自己的答案是正确的。几分钟激烈讨论后，学生再次用电子记录器作答。如果大多数学生都选择了正确答案，马祖尔就只简单地解释一下结果，便继续讲授其他内容。如果相当多学生回答错误，他就会多花些时间讲解有关的"基本物理原理"。在一个小时里，学生可能会以这样的方式回答三个不同的问题。在由助教组织的每周小组学习中，学生还有机会深入讨论所学的内容，并做一些"问题解决"的题目。

为了对新教学方法的效果作出评估，马祖尔比较了自己的学生与接受传统教法的学生的成绩。如他所愿，新教法让学生的进步幅度比传统方法增加了一倍。即使采取传统教法的教师反复强调了考试中将出现的题目，接受新教法的学生表现仍明显占优。[50]

新教法取得成功的原因显而易见。通过学生课前完成的预习作业,马祖尔可以发现学生在物理学知识上普遍存在的困惑和误解,根据学生的需要他调整自己的教学重点。课堂上讨论的问题,又能让学生进一步思考物理学的基本原理。这样的小组讨论之所以如此有效,不仅是因为小组成员的各种困惑有助于大家更好地理解题目,还因为回答正确的学生比任课教师更了解同伴的困惑,于是能更有效地帮助其他同学意识到自己的错误。

马祖尔在学术期刊上发表了新教法的成果后,很快就引起了教师们的兴趣——不光是物理学教师,还包括化学、天文学等领域的教授。现在共有几百位教师采纳了他的教学方法。即便如此,这类课程在全国所有大学的"数理推理"课程中只占很小的比例,多数学生仍然依靠"死记硬背"勉强过关,而并不能真正理解所学的知识。

与写作能力和外语会话能力一样,数理能力也不是通过单一课程就能掌握的。学生要提高数理方法的实际应用能力,需要通过不断练习,建立知识体系,培养洞察力和直觉。因此,与数理知识有关的内容需要贯穿到所有课程中——不仅在自然科学课程,也应该包括社会科学课程,适当情况下甚至包括人文课程,让学生不断有机会操练数理技能,意识到数理技能可以用来理解各类问题。于是,"数理推理"可以成为跨学科学习的核心内容,通过植根于数学的方法论框架,把大量学科联系在一起。

至少在理论上,不同课程完全能够强化数理技能。经济学、物理学或社会学专业的学生,在作业和考试中需要大量使用数理方法,这些专业的教师也是使用这些方法的专家。应用数理方法原本就是许多学科研究的组成部分,因此教学中强化这些方法并不会给教师增添额外的负担,事实上他们对这些方法早已烂熟于胸。因此,各院系教授在教学内容、课后作业、考试命题中加入"数理方法应用"的内容并非难事。如果每位学生学习一门"数理推理"必修课,在其他课程中又有机会操练数理方法,那么教授们完全可以放心地提高数理知识的难度,不必再担心学生会听得云里雾里。

但是在实践中,让其他课程参与训练学生的数理推理能力是有困难的。其他领域的教授有时会担心自己是否有能力传授数理方法,或者他们不希望数理方面的内容挤占本学科知识的讲授时间。要在教学中穿插适当的数理问题,许多课程都必须作出调整,还需要许多教授的集体配合。教授们必须就一些问题达成共识:数理推理能力到底是指什么? 为什么它很重要? 它与传统的大学数学课程有何区别? 数学系教授可

134

135

能会抵制这一方式,因为他们害怕自己的学科变得不伦不类,或者害怕代数、微积分这样的传统课程丧失一些学生。即便反对意见不成为主要障碍,学校也必须说服好几个系——统计系、计算机系、数学系通力合作,开设新的"数理推理"必修课。

136　　　所有这些问题都不会轻易解决。但从长远来看,专业组织需要不断改革。用人单位的实际需要将迫使教师们加强那些基本技能的培养。这一压力已经迫使一些大学作出了改变。毫无疑问,类似的改变还将继续。因此,最终的关键问题可能不是"数理推理"课能否推广,而是教师是否具备相应的授课能力。令人担心的问题是:这些课程是否会重蹈其他基础课程的覆辙——由研究生和兼职教师承担教学任务,缺乏监督力度,教师报酬不高,缺乏定期的实验与评估,致使无法提高教与学的质量?

专 业 课

　　　教育者早就明白一个道理:要培养学生严谨的思维方式和解决问题的能力,就必须让他们深入钻研某一复杂学科——不仅要会分析问题,还要能合理地解释解决问题的过程。因此,进入 20 世纪后,越来越多的高校要求本科生在某一领域或学科中选修一定数量的课程,让他们有机会深入探究该领域的知识,而不是漫无目标地胡乱选修一些入门课程。最初,学生只需要学习几门专业课。随着师资规模的逐步扩大和学科的不断分化,专业课的数量也增加到本科所有课程的三分之一,甚至一半。

137　　　现在,专业课已经成为整个课程体系不可或缺的部分。由于专业课与教师的学术兴趣紧密相连,人们甚至忘记了这些课程的价值。各大学长期进行课程评估,但对专业课的讨论往往敷衍了事。在许多大学,没人清楚地记得设置专业课的目标,也没人知道什么是新专业设立的标准。

　　　大学要求学生选择专业的最初目的,是让他们深入探究某一学科。专业课上训练的思维和问题解决能力,是任何其他课程无法比拟的——例如,学习某一领域的知识体系,学习搜索信息、用独特视角分析信息的特殊技巧,最终运用这些方法解决复杂问题。因此,专业课的目的是培养学生的思维习惯,使学生能在日后生活中受益。

　　　为此,专业课教育应当满足四条标准。[51]其一,应该让学生掌握与某一重要问题或领域相关的一系列知识。其二,应该让学生学会本领域学者获取相关信息时通常使用的研究方法。其三,需要让学生掌握最有效的分析方法,用所学知识回答本领域的常见问题。其四,让学生完成不同难度的任务,以检验他们深入探究的能力,最好让学生完成一项毕业设计,以考查整个专业学习的成果。①

人们常说,每个专业的课程设置应该有一定的顺序,前面出现的课程应该为后面的打下基础,课程的深度和难度应该逐步增加。虽然不是所有学科的课程都能循序渐进地设置,[52]但通常需要根据学科自身的逻辑合理安排顺序。专业基础课可以让学生熟知本学科的主要分支领域、区别于其他学科的基本概念和思想。中级课程可以让学生掌握本学科获取信息、分析信息的方法。高级课程可让学生把之前所学的知识与方法用于解决本学科的重要问题。最后,通过撰写研究论文,学生在所学内容的基础上搜集、分析信息,独立完成一项学术研究,以展示自己深入探究问题的能力。

以上是一些指导性的原则,那么人们应该如何看待"拉丁美洲研究"、"妇女研究"、"世界和平研究"、"环境问题研究"这一类跨学科专业的教学目标?跨学科专业可以实现传统专业课的目的吗?事实上,跨学科专业除了教会学生不同学科的知识外,还可以让学生理解不同学科间是怎样联系起来的,用单一学科的观点理解现实生活的重要问题存在什么局限。有意思的是,有几项研究甚至发现,与同等数量的单一专业课程相比,跨学科课程更能提高学生的批判性思维能力。[53]不过想要达到这一效果,仅仅将几个学科的课程拼凑在一起是不行的,学生必须努力将不同学科的知识融会贯通,才能获得对普通问题的独到见解。

对一个适当的跨学科专业来说,重要的是不同知识要紧密相连,每一门新课程都能有助于加深学生对其他课程知识的理解,或者有助于加强学生运用知识分析本领域问题的能力。因此,假设有一个叫做"棒球问题"的研究想申请成为新的专业,其课程设置包括:分析旋转球的物理学、分析盗垒心理的心理学、分析票价和球场建设的经济学、用于分析球员交易的统计学,那么学校可以理直气壮地驳回这一申请,因为这样的"专业"中每一门课程,不利于理解其他科目或分析其他问题。与之相反的是,环境问题专业的各门课程能起到相互促进的作用,例如"环境科学"课的内容就与"环保政策研究"课联系紧密。

无论是传统专业还是新兴的跨学科专业,许多院系在安排课程顺序时都缺乏研

---

① 一些学者还提出了其他标准,例如让学生熟知本领域常遇到的道德问题。但是,许多院系都缺乏能教好这类课程的师资,教师们自己不熟悉这类问题,也没接受过专门培训。况且,专业课的核心教学目标中是否应该包含道德问题尚无定论。因此,将"道德推理"的教学任务交由更擅长于此的教授,恐怕是更为明智的选择。——作者注

138

139

究——并未保证课程的深度和难度逐级提升。一些专业的学生可以随意选修各院系的相关课程，只需让课程数达到规定即可。在另一些专业中，学生必须在专业内的不同分支领域选修至少一门课程，但却不必在某一分支领域深入学习。我们固然可以解释：这样做是为了帮助那些希望继续读博的学生打下坚实的基础，但计划读博的学生毕竟是少数①，因此这样的专业课要求不尽合理。更令人担忧的是，多数院系允许学生不撰写毕业论文。例如，美国大学协会曾报告说："只有7％的经济学系要求学生完成真正意义的研究论文。"⁵⁴大学很难为这一做法找出借口，因为完成研究论文是学生进行深入学术探究的重要机会，这也正是专业课的根本目的。

有学者调查了专业课在培养学生认知技能方面的效果，上述关于专业课缺陷的分析，正好印证了这一调查的结论。该研究表明，学生确实掌握了不少本专业的相关知识，在解决与本学科紧密相关的问题时，确实胜出其他学生一筹，但是这些优势只对希望继续深造的少数学生有意义，而专业课对其他学生的裨益乏善可陈。在综述了大量研究后，帕斯卡雷拉和特伦奇尼总结道："我们从现有证据中发现，专业课学习只能对学生的学术水平和认知能力产生微不足道的影响。"⁵⁵学生批判性思维能力（教师们如此推崇这一能力）的进步似乎主要体现在大学的头两年，而此时许多学生还没有开始学习专业课。⁵⁶此外，研究者还发现了一个与人们普遍认识相左的现象：如果排除入学初始能力影响的话，选择哲学、数学等专业的学生在批判性思维方面的进步并不比其他学生的进步更大。⁵⁷

研究者们还发现，许多专业课能对本科教育的其他重要目标产生意料之外的影响——理想情况下，良好的专业课教学能够强化这些目标。例如，至少部分教授会在专业课中强调写作能力。在自然科学和社会科学领域，教师能为学生提供许多应用数理技能的机会。人文专业和社会科学专业的教师会涉及一些国外的信息，这不仅能增长学生的知识，也能培养他们的全球化意识。

遗憾的是，许多专业课远没有对本科教育的其他目标起到"拾遗补缺"的作用，反而产生了负面效果。阿斯汀针对24 000名本科生的研究就发现，工程学专业的学生在写作能力、文化意识、政治参与意识和种族宽容等方面的表现反而不及以前。教育学专业的学生也承认，自己在分析技能和问题解决技能、批判性思维能力、公众演讲能

---

① 例如，经济学专业中只有3％的学生继续念经济学博士。即使在物理学专业中，继续深造的学生也只有三分之一。——作者注

力和知识面等方面均有所退步。其他专业的学生也在不同方面——批判性思维能力（艺术专业）、公民意识（自然科学类专业）、写作能力（自然科学类专业）——有所退步。[58]

这些研究发现应当引起所有教师的重视。尽管只有相关院系才有权决定专业课的教学内容，但是学校还是有必要从宏观上监督专业课程的实施，确保专业课不妨碍本科教育的其他重要目标。但事实上，许多大学缺乏这样的监督体系，专业课成了相关院系的"自留地"。

当代的文科专业还存在一大问题：一些院系要求学生上大量的专业课，理由是能让学生深入地探究本学科。但就多数专业而言，"深入地探究本学科"大约只需用一年多一点的时间就能完成，而现实所花的时间却远不止于此。过重的专业课要求对教师来说是好事，因为一方面他们有机会讲授自己钟爱的课程；另一方面有助于为未来的博士生打下扎实的基础。但过高的要求也让许多学生无法选修感兴趣的其他课程，还干扰了本科教育其他重要目标的实现，如培养公民意识、培养道德、拓展知识面等。

教师们可能会辩解说：专业课是大学里最受师生肯定的课程。的确，本科生对专业课的评价要高于专业之外的课程。[59]但是，这并不能成为专业课占据过多课程空间的理由，其他有价值的教育目标理应在课程体系中占有一席之地。实证研究已经表明：一般的专业课并未切实提高学生的认知能力。学生如果自愿在专业领域学习更多课程（如那些希望攻读博士的学生），可自由选修相关的学分。大学很难解释为什么让学生在专业课上花三分之一以上的时间，因为专业课的教育目标原本可用更少的课程来实现。

尽管存在这些问题，"深入探究问题"这一目标仍颇具吸引力。如果课程设置得当的话，一个专业不但能提高学生的探究与分析能力，提升学生的写作和研究水平，还能明显地扩大学生的知识面。它甚至能为学生未来继续涉猎该领域打好基础——或者仅仅出于个人的兴趣爱好，以丰富未来人生。

上述这些好处成了专业课的"立身之本"，但许多教师仅仅关心制定怎样的课程要求，忘记了设置专业课的目的是什么。结果，专业课要求要么太过肤浅，无法培养学生深入思考的能力；要么太过宽泛，强迫学生学习了一些没有必要的课程。通常的结局便是：某些专业的学习，反而会导致学生写作能力的下降、公民责任感的削弱……而这些正是全面的通识教育的重要目标。有必要改革专业课程以弥补这些缺陷。各院系需要评估专业的设置结构，确保学生真正学会如何深入地探究问题。而所有教师应该

142

143

肩负起集体监督的责任,确保所有专业的课程要求都合理适度,不与其他重要的教育目标相冲突。

遗憾的是,这一改革的前景仍然扑朔迷离——这已是最乐观的估计。院系学术自
144 治的传统根深蒂固,加上多数学生对专业课甚为满意,这使得专业课的变革比其他任何课程都更加困难。不管怎样,要想提高本科教育的质量,最好的办法莫过于:教师队伍愿意与各自的院系展开建设性对话,探讨如何让每个专业都恰当地服务于本科教育的所有目标。

结　　语

在大学培养认知技能的过程中,最让人惊讶的是,教育者的实践与教育研究者的发现存在巨大差异。尽管几乎所有教师都声称,自己最重视的事就是培养学生的批判性思维能力,但他们进行课程改革时,却花大量时间讨论应该开设哪些选修课和哪些必修课。相反,研究者们却发现,课程设置本身对批判性思维能力的发展影响甚微,重要的是教师采取怎样的教学方式,以及师生在教学过程中付出了多少努力。

多数研究都表明,批判性思维能力的提高与以下方面直接相关:其一,学生花在学习上的时间有多少;其二,学生参与课堂讨论是否积极;其三,学生课后与教师或同学探讨学术问题的时间有多少,尤其是与有不同观点和背景的师生讨论的时间有多少。[60]至于教授方面,影响学生学习成效最重要的因素是:花多少时间备课;教学内容组织得如何;是否采用"问题讨论式"教学方法,是否鼓励主动学习;考试以何种方式命
145 题;是否愿意给学生及时提供反馈;课后用多少时间与学生进行非正式的学术讨论。[61]通常,在本科教育改革中,以上这些行为都没有引起注意,最多被轻描淡写地一笔带过。

对于"什么是培养批判性思维能力的最佳方式"的问题,研究者的结论恐怕比教师的更可靠。研究者的结论是基于学生在读期间认知能力发展的大量研究;而多数教授对学生的批判性思维能力提高与否缺乏了解,对这一领域的研究成果也知之甚少,于是在备课和改革课程时,他们只能依靠个别经验和个人印象,其结论难免过于主观。

教师们固然可以对教育研究不屑一顾,或质疑现有的研究结论是否适用于自己的学校和学生,但挑剔归挑剔,教师们还是应当针对如何有效培养"批判性思维能力"的问题进行校本研究。就短期意义而言,校本研究有助于教师了解什么样的教学方法是

最适当、最有效的；就长期意义而言，校本研究可能触发下一次教学方法的大变革，并有助于教师明白应当如何评价每位学生，如何根据不同学生的认知风格、知识基础、认知发展水平因材施教。[62] 如果放弃了这些工作，大学便可能继续依赖传统的教学方法和课程政策，学生的认知能力就不能切实提高，教师们强调的大学教育的重要目标就无从实现。

第六章

培养品德

"接受过良好教育的年轻人,各方面都接受过规范、教导和监管,但有一个重要方 146
面例外,那便是品德的培养。多数大学对培养品德的态度都是'事不关己,高高挂起'。
学生们发现,这个世界充满了前所未有的不确定性,似乎没有任何事情是绝对正确
的。"[1] 这一意味深长的论断出自大卫·布鲁克斯(David Brooks)在《纽约时报》上的一
篇社论。我们应当怎样评价他的观点呢? 他对大学的评价准确吗? 还是大学确实为
培养学生品德作出了努力,却又鲜为人知?

大学至少在一个方面确实放松了对学生品德的培养。现在约束学生行为的校规
比50年前更少,对违规者的处罚似乎也没那么严厉了。在有些人看来,现在的大学堕
落了,而培养品德的最佳方式是制定明确的规则,并严格、及时地惩罚违规者。18世
纪大学对学生严格约束的传统,在过去半个世纪里渐渐消失了——以往的大学精心制
定行为规范,而且所有教师必须严格执行这些规定。

但是从另一个角度看,布鲁克斯的观点又值得推敲。在经历了几十年对道德教育
的排斥和漠视后,现在的大学教师重新开设了不少有关道德问题的课程,其数量超过
50或100年前。[2] 当然这些新课程有别于南北战争以前由校长向大四学生讲授的伦理 147
学。如今的教授们不再向学生传授道德、政治问题的权威答案,而是尝试通过让学生
讨论日常生活和工作中出现的道德两难问题,教会学生如何严谨地思考道德问题。目
前全国各地的大学已经开设了成千上万门这样的课程。应用伦理学系、研究中心和课
程等如雨后春笋般在医学院、法学院、商学院及其他学院建立起来。

此类课程数量剧增的一大原因,是1960年代人们开始围绕道德问题(如种族融
合、堕胎、妇女权利等)展开激烈的争论。另一大原因是,在经历了"水门"丑闻、城市暴
乱、反对招收跨区学童的暴力事件①、吸毒率上升、反传统价值观的文化攻击等一系列

---

① 一些学校为了硬性维持校内学生的种族比例,招收了部分跨区学童,并使用校车接送这些跨区学童,这一
做法引发了一系列暴力事件。——译者注

恶性事件后,公众对社会的道德标准日益关注。谁也不知道美国人的撒谎、欺骗、蔑视法律等行为是否真的越来越多,但许多人都认为答案是肯定的。随着美国人逐渐接受这一判断,他们开始把拯救美国社会的希望寄托在教育机构上。律师协会、商学院校友会和其他有影响力的组织,纷纷开始向大学(尤其是大学下设的各专业学院)施加压力,要求它们在课程体系中突出"伦理学"的地位。

但是,这场"实践伦理学"运动主要出现在(只招收研究生的)专业学院,而不是本科学院。虽然反对外界干涉自身的学科体系,商学院、法学院、医学院还是纷纷开设了有关道德问题的课程,而且往往将其作为必修课。本科层次的情况就没那么明朗了。尽管为本科生开设的应用伦理学课程也不少,但这些课程以选修课居多。授课教师多使用"上大课"的方法,很少组织课堂讨论;他们使用"道德两难问题"主要是为了检验学生对道德理论的掌握状况,而不是为了教会学生解决实际问题。在教师队伍内部,还不时有人质疑道德教育的必要性和合理性。

但在了解了大学新生的道德水平后,或许这些人不会有质疑了。与 20 年前相比,现在的年轻人吸烟更少了,承认吸毒的人数也更少了。但是,在平均成绩达到"A"的高三学生中,却有 80% 承认自己实施过某种形式的学术欺骗。所有中学生的作弊行为似乎在 1990 年代明显增加了。[3] 约瑟夫逊伦理学研究所(Josephson Institute)2002 年的一次调查发现,43% 的中学生认同"为了获得成功,有时候必须欺骗作弊"(2000 年调查时这一比例只有 34%)。[4] 在同一项调查中,近 40% 的学生承认:为了找到一份好工作,自己愿意撒谎或作弊。[5] 许多大学报考者还打"擦边球",例如让别人代写(或请人重写)小作文[①],谎报自己有不良病症,以争取更多参加 SAT 考试的机会。

研究调查还发现,中学生对道德问题的认识模棱两可。例如,2004 年进行的一项对约 25 000 名学生的调查发现,超过 90% 的学生对自己的道德水平表示满意,98% 认为品行优秀是重要的。但与此同时,有 82% 的学生承认自己曾在重大事情上向家长撒谎,62% 承认曾向老师撒谎,62% 承认曾有过作弊经历,22% 承认曾偷窃过亲戚的物品,27% 承认曾偷窃过商店的物品,54% 承认曾"因为自己生气"而出手打人,并且以上行为都发生在过去 12 个月里。[6] 尽管这项调查没有具体区分哪些学生将进入大学就读,但是无论公立中学、私立教会中学或私立非教会中学,都同样存在严重的道德

---

① 一些大学在招生时要求报考者提交一篇小作文,其目的一般是更好地了解申请者的兴趣、个性等在其他材料中无法反映的情况。——译者注

问题。

如果认为学生一踏进大学校门这些道德问题会自然消失,这样的看法未免太轻率了。调查发现,许多本科生承认自己在大学期间有过作弊行为。[7] 更为严重的是,一项针对同一大学、不同年代(1962—1963 年、1990—1991 年、1995—1996 年)本科生作弊行为的研究发现,几十年来作弊问题日益严重。[8] 正如大卫·卡拉汉(David Callahan)在其新书《作弊文化》(*The Cheating Culture*)中指出的,整个社会环境发生了变化,学生步入社会后便会发现,不道德的行为能为自己赢得诸多利益。[9] 现在,高层经理能获得丰厚的报酬,这强烈诱惑着年轻管理者为升职而寻求捷径。激烈的竞争迫使人们靠行骗来出人头地。在这个企业大裁员的时代,员工产生了日益强烈的下岗危机感,对企业的忠诚感也日渐消退,这使他们坚持高道德标准的决心日渐动摇。同时,政府对执法机构的拨款在减少,不法分子被绳之以法的危险性降低了。① 种种趋势共同作用,导致了严重的后果。根据"安永全球"会计公司(Ernst & Young)的研究估算,所有公司每年因员工欺诈和盗窃的损失高达 6 千亿美元。[10]

在这样的社会环境下,大学很难推卸道德教育的责任。当今学生的道德信仰更少受到父母、宗教及其他外部势力的影响,因此大学越发有必要对他们实施道德教育。在走访了数百名来自不同社区的对象后,阿兰·沃尔夫(Alan Wolfe)对美国人的新伦理观作了恰如其分的描述: 150

> 在回答神学家和伦理学家提出的那些永恒问题时,当代的美国人不再遵从上帝或大自然的指示,反而思考上帝是谁、世间是否还有其他行为准则、某种行为的后果是什么……因此,美国人道德观的根本特征可以被称为"道德自由原则"。道德自由意味着:关于"什么是好与善",人人都可以有自己的理解。[11]

如果年轻人习惯于养成自己的道德观,而不是遵循已有的道德准则,那么大学就应该为他们提供最有帮助的阅读资料和最能引发道德思考的机会。教师们不用强迫

---

① 卡拉汉通过许多个案说明"白领犯罪"率正在上升("白领犯罪"是大学毕业生中常见的犯罪类型)。最近出现了一些广为人知的企业丑闻,其实还有许多丑闻未予披露。"律师们经常漫天要价,因为这既能增加律师事务所的收入,又能体现身价以赢得长期合作的机会。医生们开始接受来自医药商的贿赂,因为'健康维护组织'医疗保险(HMO)的推出使他们收入骤减。"过去十年里,编造假新闻、剽窃他人成果的报社记者也大大增多了。尽管卡拉汉列举这些案例具有一定启示性,但要证实"白领犯罪"率在上升还缺乏足够证据。——作者注

学生认同"什么是善",但应当竭尽所能地帮助学生形成自己的道德判断。

道德推理的教学

151　　直到最近,多数教育者似乎还是相信,良好的通识教育加上坚实的人文学科功底,就足以完成道德培养的目标。被反复讨论的哈佛 1945 年报告——《自由社会的通识教育》(*General Education in a Free Society*)就曾写道:"要让学生养成学术诚信的习惯,最佳方式便是他们与无私追求真理的教师在一起。"[12]该报告而后总结说,大学可以培养学生"合理分辨各种价值观"的能力,其方式很简单:让学生广泛地接触人文知识、社会科学知识和自然科学知识,我们相信"苏格拉底的名言——久学善则行善"。[13]

　　苏格拉底的论断似乎过于乐观,但不可否认,虽然传统的博雅教育中没有专门的道德课程,但它还是通过各种方式提高了学生解决道德问题的能力。正如本书第五章指出的,大学生活能帮助学生学会如何分析复杂问题,无论这些问题是否与道德有关。阅读伟大的文学作品能让学生思考重大的道德问题,更加关心他人的需要和感受。伦理学和哲学史的课程能让学生熟知古今道德思想家的思想。在课堂内外接触各式各样的观点,能让学生摒弃原有的教条主义观念,重新思考自己的道德立场。

　　但是,以上提及的只是大学传统课程的副产品,这些课程的主要目标并非道德教育。除天主教大学和其他教会大学外,教授们让学生接触的阅读材料,很少与日常生活和工作中的道德两难问题有关。让学生在文学、自然科学等科目中探讨重大道德问
152　题则更为少见。新的道德课程正是要弥补这一空缺①,它有以下几个好处。

　　首先,通过讨论生活和工作中的道德两难问题,学生能尽早地意识到道德问题的存在。越早养成道德意识,就越容易处事得当,付出的代价也越小。随手翻翻报纸上的报道人们就能了解到,当那些在生活、工作中触犯道德的人意识到问题的严重性时再想到解决问题,通常为时已晚。一旦到了这种覆水难收的阶段,他们只好选择欺骗、掩饰及其他逃避过错的行为,但这只能使问题变得更糟。

---

① 一些学者反对专门开设"应用伦理学"课程,他们认为应该将道德问题的讨论贯穿到所有课程之中。这一论断的问题在于,其他学科的教授并未接受过伦理学教学的培训,他们不愿在自己的课堂上讨论伦理问题。所以,虽然要求伦理学贯穿所有课程的呼声不断,但在实践中却鲜有成功的案例。如果想让这一方法取得成功,可能需要与单独开设的"应用伦理学"课程结合起来,这样至少可以让许多伦理学专家指导并鼓励其他教师的伦理学教学。——作者注

新课程的另一大好处在于,它能让学生接触一些探讨日常生活道德两难问题的哲学著作。以往多数伦理学和哲学史课程都比较抽象,一般围绕一系列问题来组织课程。学习这类课程的学生很难有机会把所学知识与实际生活联系起来。新课程恰好相反,其出发点就是让学生从哲学中汲取智慧,学会更深刻地思考实际的道德问题——如何就某个问题作出推理、推理的结果是什么、不同行为选择的原因是什么、不同行为对他人有何影响。通过展示如何严谨地分析问题、哪些论据更具说服力,有能力的教师便能帮助学生形成并强化严谨、有原则地处理道德问题的能力。

153

道德问题归根结底是价值观的问题,而不是可被证明的事实,因此并非所有的道德问题都有确切的答案。不过,所有社会和主流的宗教持有一些共同的基本道德信仰,如反对撒谎、欺骗、不守承诺、对他人使用暴力等。在肯定这些共同价值观的基础上,可以通过严谨的分析得出合理明晰的结论。即使有时道德冲突看似无法解决,但通过进一步的思考,仍能找到巧妙的方法化解道德争端,同时不损害各方利益。

也有时候,道德矛盾确实无法调和。在讨论此类问题时,如果让学生相信所有道德问题都没有确切的答案,那么他们严谨思考问题的意愿就会深受打击。但是,教师只要确保在课堂中探讨的"道德两难问题"呈现不同的难度,便可以轻易地协调这一矛盾。即便遇到非常棘手的问题,通过严谨的分析至少能找到各方观点的诸多漏洞,并由此认识到该道德争端的本质。本科生在讨论道德问题时,往往容易陷入简单的相对主义,但随着他们意识到某些观点更符合事实、推理更具逻辑性,他们便会逐渐地摆脱相对主义的认识。这样,即便他们无法最终形成共识,也至少能加深对道德问题的理解。

目前已有许多实证研究分析了道德推理课程对本科生思维和行为的影响(也有学者分析了对整个大学经验的影响)。与对过去一两代人研究的情况不同,近期的研究结论比较鼓舞人心。霍华德·鲍文(Howard Bowen)述评了 1930、1940 和 1950 年代(此时应用伦理学课程尚未大量涌入大学课堂)的研究成果:"值得注意的是,大学教育对学生发展'产生负面影响'、'无影响'或'不能确定影响'的影响因素,通常与个人品德的不同要素有关。"[14] 而此后的研究却发现,道德推理能力的提升是学生在大学期间取得的最大进步之一。[15] 还有研究者发现,大学期间学生在道德推理能力上取得的进步"并不会随着时间的推移逐渐消退,反而还会逐步提升"。

154

尽管道德推理能力的进步不能完全归功于应用伦理学课程,但研究者们还是认为大部分功劳属于大学,而不是学生自然成熟的结果。[16] 此外,"这些研究发现说明,大学通过有目的地设计课程,如果能对学生的道德判断能力带来一定影响的话,其影响一定是正面的。"[17]在这方面,有几项研究都发现,与传统灌输式的教学方法相比,鼓励学生讨论道德两难问题的教学方法,能更有效地提高学生的道德推理能力。[18]不过有趣的是,研究还发现,如果将"有关道德两难问题的讨论"同"蕴含其中的道德理论的传授"结合起来,其教学效果是最好的。[19]

155　　　　道德课程固然能提高学生的道德推理能力和道德问题意识,但它是否能真正改善学生的行为、让他们更好地为人处事呢? 日常经验告诉我们,"知道哪些事应该做"和"真正做该做的事"之间有很大的差距。各式各样的危险、诱惑及人性的弱点,都可能导致人们无视自己的道德判断,转而选择不恰当的行为。正如《威尼斯商人》中的主人公鲍西娅所说:"如果做该做的事,像知道什么是该做的事一样简单,那么小礼拜堂早已变成大教堂,穷人的村落早已变成王子的宫殿……要我告诉二十个人什么是对的,并非难事;要我成为那二十人之一,遵照我自己的教诲行事,却难如登天。大脑可以让法律意识渗透至每一滴血液,但急躁的脾气可能把冰冷的法典抛诸脑后。"[20]

　　　　不过,道德推理能力的提高和道德意识的增强,还是能对学生的行为产生一些积极影响。多数本科生仍然处于"确定自我身份"的人生阶段,尚不知道自己应该如何诚信处世。如果他们有机会思考为什么做事应该讲道德,或者站在受害者的角度想象其疾苦,又或者思考一下如果每个人都自私自利地行事,整个社会将变成怎样,他们可能会更加重视自己的行为是否合乎道德。在参与过有关道德两难问题的严肃讨论后,学生便羞于像过去那样为自己不道德的行为寻找借口。在安全的课堂环境中思考道德问题,学生不必为可能的错误付出过多的代价。与那些工作后才遭遇道德问题的学生

156　相比,经过道德思考训练的学生更能保证自己行为的道德性——面对来自客户和上司的双重压力,未经道德训练的人更可能忘记思考工作中的道德问题,更可能对不道德行为视而不见。

　　　　学生之所以会做错事,往往并非因为他们不讲道德或意志薄弱,而是因为他们要么意识不到道德问题的存在,要么不能完全明白为什么要讲道德,不讲道德的后果是什么。例如,《华尔街日报》上曾有文章对一所顶级大学的课堂教学作了描述。教师提出的问题是:为了阻止一项糟糕的立法议案通过而向国会议员撒谎,这样做是否合乎道德? 据教师反映,学生们似乎"主要以'成本—收益比'的视角来看待这一问题。撒谎是为了支持好政策吗? 谎言被揭穿的几率有多大? 如果谎言被揭穿,会遭受怎样的惩罚?"[21]持这样态度的学生如果仔细思考一下:假如所有政府官员都根据自己对公众

利益的理解而撒谎,我们的世界将变成什么模样,这些学生恐怕就会改变自己的立场了。我们有理由认为:一旦他们意识到上述做法的问题所在,至少有部分学生会改变自己的立场。

类似地,分析其他不道德行径的借口,也能使学生的行为有所改善。学生们经常为自己的作弊行为辩解道:"大家都是这么做的。"会计在小偷小摸之后喜欢解释说,与那些顶级行政主管的高薪收入相比,他们使企业蒙受的损失是微不足道的。医生们纵容骗取保险金的行为,理由是自己不过是在帮助病人。类似的借口在当事人自己看来似乎很在理,但通过全面的讨论和分析就会发现这些借口的漏洞。学生将学会综合考虑各方的利益,而不是仅从单方面出发考察某个行为是否合理。"如果周边所有人都这样做,我是否能够接受呢?""我是否能满怀信心地在我尊敬的人面前公开解释自己的行为呢?"同样地,我们有理由认为:如果学生们有机会面对这些问题,并意识到违背基本道德准则的许多借口都存在漏洞,那么他们当中至少有部分人会改变自己的行为。

也可能有部分学生极为缺乏道德意识,一旦遇到出人头地或获得其他利益的机会,便会不择手段地去争取。伦理学课程非但不能让这类学生学好,反而可能让他们更狡猾地为自己不负责任的行为辩解。不过,这类学生毕竟不会太多。事实上,调查者也发现这类学生并不多见。[22] 只要多数本科生希望自己讲道德(至少在讲道德不会导致过多麻烦和利益牺牲的时候),那么更清晰地理解道德问题和道德观点,就一定有助于他们改善自己的实际行为。道德推理课程至少能提高多渠道解决问题的能力——在条件允许的前提下,学生必须设法寻找解决方法,既要实现自己的目标,又要避免道德错误的发生。

综上所述,教授们所做的一切并不能保证:道德推理能力和道德意识有所提升的学生,就一定会在实际行为中更讲道德。但是,我们有理由相信:如果应用伦理学课程讲授得好,至少能对学生的行为产生一定影响。这正是研究道德推理能力与道德行为关系的学者得出的结论。帕斯卡雷拉和特伦奇尼在对几百项采用不同方法的研究成果进行述评时写道:"现有的研究结果足以表明,大学生的道德推理能力与道德行为之间,存在系统的正相关关系。"[23] 但是,如果考虑到学生面对道德两难问题时有10%—15%的行为差异,他们描述的正相关关系其实比较微弱。[24]

增强道德意志

看着子女我行我素,关心孩子道德发展的父母普遍认为,大学仅仅开设道德推理课程是不够的。1986 年,时任美国教育部部长的威廉·贝奈特曾在一次校园讲话中坦率地表达了自己的担忧:"当需要培养学生的道德意识时,我们的高校到哪去了?"有人提醒他各高校都要求学生选修一门道德推理课程,他却回应说:"课堂里讲的道德两难问题,都是冠冕堂皇的东西。我想要的是让毒品远离校园。"[25]

贝奈特对道德推理课程的否定或许太过轻率,他对校园禁毒的实际困难视而不见。不过,他提出的毒品问题还是有一定启发性的。应用伦理学课程不是改善道德行为的唯一途径,大学应当能通过课堂以外的途径,培养学生关心他人需要的意识,让学生把正确的道德观念付诸实际行动。

159　　"道德意志"——根据自己信奉的道德原则行事的意愿——可以通过几种紧密联系的方法来培养。[26]第一种方法是教会学生换位思考——即站在他人的角度,真正体会其需要、情感和疾苦。换位思考需要学生从不同的角度审视问题。借用克林顿总统的话来说,就是"体会他人之苦"。

第二种方法是保证自己的行为不引起身边重要人物的反对。父母便是"身边重要人物"的典型例子。同学也可以算作重要人物,但强调这点,也可能出现学生合伙调皮捣蛋的情况。

第三种方法是避免与自己的行为准则(希望成为怎样的人的内心感受)相冲突。例如,当一位衣着体面的绅士在高档餐厅意外遗失了十美元后,有就餐者会追上并将钱归还给他。或许周围人没发现美元是那绅士遗失的,绅士也可能不在乎这点小钱,但这位就餐者已经养成了一种道德意志:如果把别人的钱揽入怀中,或者哪怕没有物归原主,都会让他心里不舒服,比自己丢钱还要不舒服。

不同的教育机构可以根据自身特点,为培养学生的道德意志创造良好氛围。寄宿制中学对学生道德意志的影响比文理学院要强,文理学院又比城市大学要强,因为城市大学里多半是半工半读的走读生。但是,无论什么高校都能或多或少地强化(或者弱化)学生的道德意志。

160　　首先,大学里的权威人士应当以身作则,以此鼓励和强化学生注重道德行为的意识。为此,大学的校长、院长及其他领导应当强调道德原则和关心他人的重要性,为学校和学生的形象率先垂范。迎新仪式上的欢迎辞和毕业典礼上的送别辞,都是公开表达校方立场的良机。但是,除非学生对演讲者充满了敬畏,否则仅口头教育学生,其影响是有限的。如果学校政策及其执行与校领导的训导背道而驰,无论多么振奋人心的演说,也不会对学生产生影响,甚至会让学生有幻灭感。

大学有许多方式传达自己的道德标准：坚持严格的学术标准、公正得当地处理学生和员工的事务、关注所在社区的发展。说起来容易做起来难，只有亲眼目睹校领导为自己宣扬的道德信仰作出牺牲，学生们才能体会到最大的震撼——拒绝含有可疑附加条款的捐赠、顶住外部压力捍卫学术价值。相反，学生特别反感那些"说一套做一套"的校长——他们一方面口口声声要坚持学术标准；另一方面却在"破例"录取有体育特长，或父母位高权重、承诺为学校提供赞助的学生。

除了确保自己的行为合乎道德，学校领导们还应当对可能引起争议的行为作出解释。当然，他们无法公开地解释所有事情：校长可能对体育特长生的招生"黑幕"有所了解，却无力改变这一局面；行政人员不能透露有争议处分背后真正的原因，因为他们有责任对外界保密。但是，在大多数情况下，校领导还是应该做到言行一致，因为言行一致不仅是道德教育的一部分，同时也能增强自己的道德权威，并让学生意识到了道德问题的重要性。

有时候，当大学的实践不符合道德原则时，院长或校长反而能将其作为教育学生的宝贵机会，其方法不是去解释为什么实践出现了偏差，而是在发现问题后竭力去改变现状。麻省理工学院校长查尔斯·韦斯特（Charles Vest）曾在研究了有关女教师问题的报告后，公开承认学校的政策存在性别歧视，这使他立即赢得了人们的尊重。而后他开始努力解决这一问题，为全校师生树立了良好的榜样，并产生了深远的影响。

大学为自己设定高的道德标准，需要在政策的制定与维持方面体现道德准则，因为一所大学的价值观能从各个部门（经济资助办公室、宿管科、学生事务办公室等）的每件小事中体现出来。这些小事往往比学校高层宣扬的政策更能传递出学校的价值观。

设想一下大学运动队教练的角色。体育特长生很容易听从教练的指示，因为他们很想提高自己的竞技水平，同时也希望获得尽可能多的上场时间。因此，教练就有了许多影响学生的机会：他们可以严于律己，成为学生的道德楷模；也可以表现出软弱的、逃避责任的、甚至可耻的行为，以消极的方式影响学生。如果明星球员触犯了队规，该如何处理？为了招收一名极具天赋的队员，是否可以不惜违反全国大学体育联盟（NCAA）的规则？如果队长建议在官方赛季开始前"自愿"加练以赢得先机，是否应当接受这一建议呢？大学校长或许根本没有意识到这些问题，更别提如何解决它们了。尽管如此，由于高层领导不时传递着大学的价值观和指导原则，同时因体育主管负责选拔并监督各体育项目的教练，因此教练的每一个决策体现的其实也是学校的意志。如果教练感觉自己的收入多少、职位稳定与否主要取决于竞技成绩，或者年终评价完全以队伍赢得的奖金数额为尺度，而从不考虑教练为队员树立了怎样的榜样，那么教练为了队伍获胜而不惜放宽规定、违反规则也就不足为奇了。

纪律规则的制定与执行，不仅有助于维持校园秩序、恪守学术诚信，同时也能传递并强调学校道德标准和价值观。校长和院长们不可能去了解每次纪律事件的原委，更不可能去追踪其处理的全过程。但是，他们还是可以采取措施，改善行为准则的制定和执行过程，从而培养学生对道德标准的敬畏感。

163　　首要的一步是解释规则制定的目的，至少应该解释那些目的不甚明晰的规则。这样做能起到以下作用：其一，它有助于规则制定者正确地诠释特定情况下（可能引起歧义时）规则应当如何应用；其二，它有助于管理人员发现哪些规则已经不再适用；其三，最重要的是它有助于让学生懂得，规则并非长官意志的体现，而是为了群体中所有成员的利益。

除了解释规则，大学还须尽量公正、认真地执行这些规则。这一"简单"的任务有时实现起来比想象中要难。例如，严禁低龄人群饮酒和严禁吸毒的法律，就给大学带来了极大困难：这些法律难以执行，许多学生对此怨声载道，而且这些规则并非大学自己制定。即便如此，学校的一举一动仍能向学生传递强烈的信号。大学不能也不应像"警察局"那样，无时无刻地监视学生是否有违规举动，因为这样做会让学生感到不被信任，在学生与校方之间造成隔阂。但是，如果校方完全放任自流，对明显的违规行为置若罔闻，那么学生自然觉得没必要遵守那些"毫无必要"、"碍手碍脚"的法律。

当教师、明星跑卫①或学校其他"重要人物"犯错时，对其包庇、轻罚则是更严重的
164　错误。遗憾的是，此类案例比比皆是。体育特长生犯了错可以被悄悄地原谅，而普通学生犯同样的错就会被处罚；同样是性虐待，终身教授所受的惩罚就比普通的研究生助教要轻。这些使用双重标准的做法，最可能削弱学生对法律的敬畏感及正义感。

大学很少让学生监督彼此的道德行为，也有一些大学让学生干部与校领导层合作，共同抵制种族主义的风气。另一些大学通过成立学生组织，反对部分男生的"大男子主义"态度。这些做法似乎只具有暂时的价值，因为来自同学的压力在毕业后就不复存在了。但是，通过父母管教和其他短暂经验所形成的习惯，却根深蒂固，能影响人的一生。

———————————————

① 跑卫，橄榄球运动的一种场上角色。——译者注

在学生间创造互相监督的氛围,最有趣的做法是防止学生考试作弊。许多大学靠监考教师来阻止和监督作弊行为。大学通常解释说,使用监考教师是能找到的最有效的方法。由于研究生入学资格的竞争非常激烈,学生通常希望学校严格考试纪律,以确保考试的公正性。不过有趣的是,研究者们发现,使用监考教师这一传统方法的效果还不如引入"诚信保证书"制度(honor codes)①27。显然,"诚信保证书"本身并无多大意义,重要的是由此形成了学生之间互相监督的氛围,并让他们学会了尊重诚信、唾弃任何形式的作弊行为。② 全校范围内针对学生责任的探讨,不仅有助于创造诚实守信的氛围,还为学生提供了宝贵的反思机会,让他们认识到遵守法规、坚持高诚信标准是每个人的道德义务。

165

无论大学是否采用"诚信保证书"制度,在处理作弊事件时都应该秉公处理。尽管这是显而易见的道理,但调查显示,许多大学的教师在处理作弊时都心慈手软。有一项研究调查了16所高校的教师处理作弊事件的做法,发现严格按照规定将作弊事件上报到学校相关部门的教师不到一半:31%的教师给予当次考试成绩不及格,9%的教师只是作出口头警告,9%的教师直接给予该门课程成绩不及格,还有1%的教师当什么都没发生。28另一项类似的研究发现,只有20%的教师严格遵照学校规定秉公处理,8%的教师当什么都没发生。29这一问题的权威学者认为,这种广泛存在的教师不严格遵照学校规定处理的现象,对学生的作弊行为产生了直接的影响,因为许多学生在"铤而走险"之前,都会对一旦"东窗事发"可能遭遇的惩罚作出预估。30

这些研究发现说明,校方面临的最重要问题并非是否采纳"诚信保证书"制度,而是是否应该鼓励师生探讨作弊违纪行为,从而保证大家都守纪律、讲道德。如果不努力让学生理解,只有遵守规定才符合每个人的利益,那么即使安排再多监考教师,也无法让作弊行为销声匿迹。如果不设法让教师意识到校规的重要性,那么在遇到违纪事件时,许多教授就不愿秉公处理。在这两种情况中,大家都会怨声载道。因为随意处理违规者,学生尊重基本校规的氛围遭到了破坏,而这些基本校规本是学校公正严明的保证。

166

---

① 一些大学要求学生在正式入学前,郑重其事地在"诚信保证书"上签字。"诚信保证书"中的内容主要是规定哪些行为属于学术腐败行为(如作弊、剽窃等),哪些行为是值得尊敬的。"诚信保证书"一般是由学生自发制定的,或至少是学生参与制定的。——译者注

② 迈克尔·麦克弗森(Michael McPherson)还告诉我另一种可能的解释:在被告知学术诚信值得尊敬时,和在接受监考教师严密监督时,学生看待作弊行为的态度自然是不同的。——作者注

除了树立榜样和秉公处理违纪事件外,大学还可以通过教会学生关心他人的需要,来培养他们的道德行为。习惯于站在他人的角度思考问题,是人们自觉遵守道德的最强动力。正如西塞拉·博克(Sissela Bok)所言:"就像孟子和康德等哲学家所说的那样,换位思考是道德的基础,如果对他人的需要和感受缺乏基本了解,对他人的责任感就无从谈起。"[31]

大学可以通过各种方式,培养学生关心他人利益和需要的意识——可以是阅读名著,也可以是照看患重病的室友。尽管许多经历无法人为安排,大学还是有办法让学生在各种情境中练习换位思考,事实上大学也确实是这样做的。探讨多元文化的课程和研讨会便是最常见的例子。这些课程的核心目的,就是帮助学生站在其他群体的立场来看待世界,并由此学会更加宽容地处世。研究发现,参与此类探讨确实有助于增强学生的道德意识。[32]

校领导可以充分发挥想象力,寻找增强学生换位思考意识的方法。例如,在某所大学里(当然许多大学都存在这样的情况),学生回家过暑假了,寝室里却一片狼藉。一位校领导敏锐地用照相机记录下了最糟房间里的情形,将照片送到了该寝室学生的手里,并留下了一段礼貌的文字,提醒他们看看自己为学生宿舍管理人员留下了怎样的麻烦。这些学生迅捷作出了明确的反应。许多学生写了诚挚的致歉信,还有一些学生向宿舍管理人员作了经济补偿。显然在这一案例中,与苦口婆心的课堂教学相比,一张照片更有效地教会了学生注意自己行为对他人的影响。

培养学生换位思考最常见的做法是社区服务活动,活动的目的是让学生在现实中了解弱势群体的疾苦,学生们需要关心无家可归的人、为贫困儿童提供教育、拜访老年人和病人等。总的来说,这些努力取得了成功,例如,有一项调查访问了 1 100 名参加过社区服务项目的本科生,其中 57% 的受访者认为参与该活动的最大收获是"开始享受为他人服务的快乐";85% 认为这类活动至少是自己人生经历中"非常重要的部分"。[33]

尽管近几十年里,各高校为学生提供的社区服务项目有所增加,但仍需要扩大覆盖面。一项大型研究发现,"频繁地"参加社区服务活动的大学生比例,比中学生少了一半多;从未参加过社区服务活动的大学生比例,比中学生多了一倍多;曾在中学阶段频繁参与社区服务活动的学生中,有 40% 进大学后不再参与此类活动。[34]

要为学生提供更多的社区服务机会,并提升这些活动的价值,校领导们能做的工作还有很多。校长和院长们只需不时地强调服务活动的重要性,为新项目提供必要的启动资金，便可以吸引更多的参与者。要提升社区服务活动的质量同样并非难事：确保各项活动并非"走过场"，让学生作出有意义的贡献、切实地帮助那些真正需要帮助的人，便能强化关心他人的意识；请有经验的前辈来提供建议和反馈，将有助于学生在活动中学到更多；组织学生相互讨论活动的经历，共同反思参与活动的收获，或者将服务活动与常规课程结合起来，也能使学生受益匪浅。如果都能做到这些，社区服务活动的效果就能更上一层楼。[35]一项大规模的研究表明，大量本科生认为自己通过参与社区服务，学会了"用全新的视角看待社会问题"。在另一项以 1980 年代大学生为对象的大型研究中，研究者在控制了干扰变量后发现，参加过社区服务的学生更愿意主动帮助他人，"具有更强的推动社会变革的使命感"。[36]

尽管本章分两部分探讨了道德思维与道德行为，但其实二者是紧密关联的。人生早期形成的换位思考意识和公平感，是人们克服自私倾向、做事讲道德的最原始动力。同时，学校教育也能促进人们换位思考的意识，拓宽换位思考的范围。在常规的道德课程里，学生通过讨论与阅读，可以懂得讲道德的原因；通过了解其他群体的文化，学生就可以超越一己或亲朋好友的利益圈。通过这些方式，"道德推理"与"换位思考"两种教育方式便能够互相促进，共同帮助学生更具道德感。

过去 30 年里，大学作出了各方面的努力。成百上千的应用伦理学和道德推理课出现在大学的课程目录里。社区服务项目蓬勃发展，越来越多的本科生参与其中。许多学校还将社区服务项目与课程有机结合。数十项研究均发现，大学的这些努力确实对学生思考道德问题的方式产生了影响，也帮助学生培养起关心弱势群体的意识。

如此看来，本文开头布鲁克斯认为大学没有培养学生品德的观点就大错特错了。有充足的证据表明，大学的努力对学生的道德意识和行为都产生了积极的影响。与此同时，学术领袖和教师们仍然任重道远。还有大批学生在校期间未曾选修过一门道德推理课程。在全国范围内，只有少数本科生参与了社区服务项目。而且，诸多项目缺乏校方监督，学校也很少组织学生反思自己的收获、很少将服务活动与课程结合起来。目前我们还很难总结大学为学生树立榜样方面的信息，但针对大学体育活动、学生作弊行为、低龄人群饮酒执法状况等方面的研究提醒我们：大学的示范作用尚有待加强。

总之，平心而论，在当今的许多大学里，"道德培养"只是可供学生选择的诸多发展方向之一。学生可以自己决定是否选修"道德推理"领域的课程，也可以选择是否参与社区服务项目，如果他们不感兴趣，大学也不会强迫他们。（遗憾的是人们普遍认为，

169

170

放弃这些机会的学生,往往是最需要这些机会的。)大学自身也有选择的余地。例如,大学可以为了坚持一贯的招生标准和学术标准,选择牺牲运动队的成绩;大学可以选择放弃在烟草股票上的投资;大学还可以选择坚决执行有利益冲突的校规,严禁教授为有经济牵连的公司做产品临床试验。但是这些都只是选择而已。如果大学依然从"投入—产出比"的角度出发,不愿冒损失金钱、得罪校友或激怒教授的风险,那么大学也可以选择对道德问题听之任之。

在这样的情况下,最重要的问题并非是否批准新的伦理学课程,或者是否增加社区服务项目的数量,而是在于澄清这样的观念:道德培养在通识教育中到底处于什么地位。教师们对这一问题的认识存在很大差异(至少在非教会大学里是如此)。全国范围的大学教师中,认为"培养学生的品德"是大学的"根本任务"或"非常重要的任务"的仅占半数多一点(55.5%)。[37] 学术领袖们或许会在口头上表示强烈的支持,但愿意主动付诸实践的却寥寥无几。

因此,各大学都需要探讨的一个基本问题是——"道德培养"是否只作为供学生选择的发展方向之一?(对学校而言,这只是在不会付出过高代价、不会引起太多争议的情况下的一种选择?)或者应该是所有学生接受的本科教育中不可或缺的一部分,需要大学各级行政部门的关注与努力,有时甚至需要付出勇气、作出牺牲?经历了多年对道德教育的犹豫和漠然后,现在是我们认真思考这一问题的时候了。

第七章

培养合格公民

　　从早期的托马斯·杰斐逊(Thomas Jefferson)时代到现在,美国政府的历代领导 172
人反复强调:"教育是美国民主健康发展的关键。"诚然斯言! 公民的责任感不会自发
形成,但我们也不是无所作为。我们必须通过教育培养公民的责任意识。告诉公民在
公共选举中投出自己理性的一票,实属不易;而要让当选的政府官员制定英明的政策,
更是困难重重。公民只有理解选举对于民主制度的重要性,并且具备一定公民的责任
意识,才能投出自己的神圣一票。借用爱德华·班菲尔德(Edward Banfield)的观点,
若出于纯粹的个人兴趣,民主投票就是一种非理性的行为,因为任何个人投票影响选
举结果的可能性,比投票人在前往投票站的路上偶遇车祸的可能性还要小。教育则以
一种直接的方式,培养公民有效参与公共生活的责任感和能力。正如约翰·杜威
(John Dewey)所言:"民主的内涵在每一代年轻人中都会获得新生,而教育是民主在青
年一代中重获新生的催化剂。"[1]

公民责任感缺失带来的挑战

　　在过去 40 年里,美国人参与公共生活的热情日益消退,这显示了公民教育的迫切
性。从 1960 年代初到 21 世纪,美国总统选举的投票率从近 65％滑落到现在的不足
50％,下降了大约 15％。[2] 而在国会及地方政府的换届选举年,公民的投票率更是从 173
48％减至 36％。[3] 类似公民参与热情的减退也出现在其他方面:政党志愿服务、市政事
务、学校事务讨论、请愿签名或政治集会、演讲等。[4]

　　美国的年轻公民在参与政治生活方面显得尤为消极,他们的投票率远远低于年长
者。例如,18 至 24 岁的美国公民参加总统选举的投票率一直低于 40％,这一情况直
到 2004 年才出现反弹。[5] 年轻人在投票积极性方面一直比年长者要逊色。在总统选举
的实际投票人中,不同年代的年轻人(18 至 24 岁)的投票率在过去几十年中持续走
低,从 1970 年代 50％以上的投票率,下降到 2000 年的不到 40％;相应地,在国会和地

方选举中,从 1970 年代将近 40％的投票率,下降到 1998 年的不足 20％。[6] 而美国年轻一代参与其他公共事务及政治的积极性消退速度比年长者更甚。[7] 现在 65 岁以上的人群是所有年龄段中投票率最高的,而年轻一代终将逐步取代年长一代,因此,除非我们采取措施,扭转长期存在的政治热情下降的状况,否则未来美国公民的政治参与状况很可能继续恶化。

现在,美国年轻一代与他们父辈及祖父辈比,不仅投票率方面大大降低了,而且对公共事务的了解也在减少。在 1960 年代,美国 18 至 29 岁公民阅读有关全国选举的新闻报道的比率与 65 岁以上公民的比率持平。而在 2000 年,年轻一代美国人阅读关于政治活动报纸的比例与年长者相比,骤然下降了一半多。[8] 年轻人对政治知识的了解也是如此。在全美选举问答测试中,1960 年代,30 岁以下年轻人得分与 65 岁以上年长者的分数一样;而在 2000 年,年轻人的得分只有年长者的三分之二。[9]

174 我们应该如何分析年轻一代出现的这种趋势呢?假如,一名来自新罕布什尔州的女青年在全国电视上对记者说,自己在即将进行的总统选举中不打算投票,因为“政治选举不是我的最爱”,对此我们有什么可以担心的呢?虽然放弃投票的公民占到潜在投票者的一半或者三分之一,但不是依然有上百万民众走向了投票箱,他们选举出的官员不是照样在为民服务吗?

通过进一步分析,我们发现,公民责任感缺失带来的后果,可能比这一问题要严重。事实上,它将影响到美国政治的方方面面。对投票群体进行分析,我们发现“放弃投票”者在整个投票人群中的分布并非随机:激进的自由派和保守派人士的政治热情往往较高,他们更乐意参与一轮又一轮投票;而那些持温和观点的人则对选举活动漠不关心。公民对选举的低参与度(low turnout)导致了政治分化和党派斗争的加剧,各党派之间的协商与合作变得更加困难,也不利于民主政治的发展。随着公民政治兴趣的下降,为了维持观众和读者的数量,媒体不得不减少公共事务方面的新闻报道,增加了暴力、家庭悲剧以及其他“娱乐化新闻”(infotainment)的报道。此外,为唤醒公民对政治的兴趣,一些新的竞选策略应运而生——如攻击性的竞选广告。这些策略令人反感,因为它们的目的并不是为了提高候选人的支持率,而是为了怂恿竞选对手的选民放弃投票。与此同时,对那些很少参与投票的穷人而言,公民的低参与度将大大削弱他们的政治影响力;而那些有组织的机构,如国家枪支协会(National Rifle Association),则可能将自己的成员渗透进选举过程。在选民人数较少的情况下,尤其是在选举的初期(通常只有 15％—20％的潜在选民参与投票),这些组织便可趁机轻

而易举地影响投票结果。事实上,由于公民的低参与度,民间组织很难团结普通老百 175
姓的力量以维护自己的权利,而那些代表特殊利益集团的政客们便可以从中获利,轻
松地推行有利于自己的法案。

数年后,"美国政治"的研究者们终于醒悟过来了,他们开始关注"公民政治参与"
问题。正如威廉·加尔斯顿(William Galston)所言:"与过去的学者相比,今天的学者
更强调公民素质。他们认为一个组织完备的政体,仅仅依靠一套设计完善的制度是远
远不够的,还应该要求民众具备相应的知识、技能和人格。"[10]由美国政治学教授组成
的"美国政治学协会公民教育特别工作组"(American Political Science Association
Task Force on Civic Education)也曾发表声明,宣称"当前美国公民的政治知识、政治
参与度与政治热情都非常低下,这严重影响到了美国民主政治的稳定和活力"。[11]

所幸的是,最近有迹象表明,美国公民的政治参与意识有所增强。在总结 2000 年
总统竞选的经验和教训后,各政党纷纷出招,鼓励支持者参与到选举活动中来,因此在
2004 年的总统选举中,公民投票率陡然上升。[12]在新增群体中,以 30 岁以下的年轻人
居多,从 2000 年的 1 630 万人增至 2004 年的 2 090 万人。[13]其中,大学生占了很大的比
例,这为大学重振公民教育提供了契机。在大学生的参与下,公民投票率有望持续
走高。

由于教育与公民政治参与之间存在密切联系,中小学和大学应该义不容辞地承担
公民教育的职责。[14]大量研究表明,在影响"公民参与投票"的众多因素中,学校教育起
到了决定性的作用。研究者还发现,个人年轻时形成的政治态度,对他今后的政治观 176
有持续的影响。[15]选民对政府和公共事务越了解,就越能投出明智的一票——因为这
样的投票更准确地反映选民的利益和政治取向。①研究者还发现,对政治越了解的人
对政府也越信任,他们更乐于支持民主的价值观,更愿意包容不同观点,更倾向于投出
自己的一票。山姆·波普金(Sam Popkin)和迈克尔·迪莫克(Michael A. Dimock)总
结道:"美国公民之所以'放弃投票',最主要的原因在于他们缺乏对政府的了解,而不
是因为他们不信任政府、缺乏政治兴趣,或者媒体的宣传力度不足,或选民认为自己的

---

① 见 Michael X. Delli Carpini and Scott Keeter, *What Americans Know about Politics and Why It Matters*
(1996)。一些政治学家认为,信息不充分下的"盲投"不会影响选举结果,因为投票结果会互相抵消。然
而卡皮尼(Michael X. Delli Carpini)和基特(Scott Keeter)认为,"盲投"结果不一定能相互抵消,因为"盲
投"或由此而产生"判断错误"的人,在整个人群中的分布是随机的。关于这个问题更详细的解释,见
Derek Bok, *The Trouble with Government* (2001), pp. 378—81。——作者注

一票'无足轻重'。"[16]

由于大多数年轻人最终都将成为合格选民,因此学校是实施公民教育的最佳场所。遗憾的是,在克服学生对政府和公共事务漠然方面,中小学教育并没有尽到应有的职责。[17]相反,学校官员所关注的是如何培养训练有素的专业人才,以适应经济全球化的需求。随着学校教育重心的转变,公民教育的地位逐渐下降,学生的政治兴趣也与日剧减。尽管美国已有超过 40 个州要求学校开设公民课程(至少作为社会科学课程的一部分),效果却不尽如人意。这些课程只强调有关政治制度或运作流程的事实性知识的记忆,并没有要求学生真正理解我们政府运作的内在机制及其所发挥的作用。在公民教育中,社区服务项目发展迅猛,美国已有一半以上的公立学校开设了此项目,但是质量参差不齐。[18]

随着公民课程地位的下滑,高中学生的政治知识测试成绩在过去几十年里也呈现不断下降趋势。[19]与此同时,高中生对公共事务的兴趣也在不断下降。根据大学每年对新生的调查,关注政治动态的学生比例,从 1960 年代的 58% 降低到了 2000 年的26%;而经常讨论政治的学生比例,也从 1968 年的 29% 降低到了 1998 年的 14%。[20]所幸的是,自 2000 年之后,这些比例略有回升,但与 1960 年代相比,认为"了解时事政治是重要的"学生比例只回升了 8%。[21]

大 学 的 回 应

在可预见的未来,美国的中小学校教育还不足以培养称职的公民,因此大学在这方面将起到举足轻重的作用。在今后的生活中,大学毕业生将更频繁地参与投票活动。与低学历的人相比,大学生知识面更广,更能影响选举的结果。此外,如同过去的情形,这些大学生完全有可能通过被选举或任命,而成为公共部门的官员。所有这一切表明,大学有责任培养开明的公民,这对整个民族意义重大。

令人不解的是,尽管大学在其宣传册上频频提及公民职责的培养目标,但是各院系对公民教育却置若罔闻。间或有大学宣称,要安排有针对性的公民教育课程和形式多样的课外活动,[22]然而这样的大学风毛麟角。在对本科课程定期评估的过程中,很少有教师会关注公民教育的问题。美国学院与大学协会(the Association of American Colleges and Universities)主席卡罗尔·施奈德曾在报告中说道:"五年来,我对多所院校进行了调查……我不得不承认:现在的大学不仅忽视向学生传达'美国的民主原则',而且还抵制这方面的教育。"[23]

为什么大学对公民教育如此冷漠呢？几十年前,教师们相信,一套完善的博雅教育体系足以为学生参与政治活动和公共事务做好准备。尽管在总体上当时的大学生对政治选举漠不关心,但是在大学毕业生只占总人群的5％的年代里,多数大学还是相信,它们的毕业生们有能力参与选举或其他地方性公共事务——事实上,凡是参与这些活动的人都成为了各个社区的精英。

二战之后,情况发生了巨大变化。随着大量年轻人涌入大学,人们不会天真地认为,大学生能够免受社会大环境对政治参与漠然态度的影响。此外,随着政府在国内外事务中扮演越来越重要的角色,公民和政治问题也变得日趋复杂,要想全面了解这方面的信息更加困难了。这就更需要大学特别关注公民教育。然而,大学还来不及对此做出充分回应,1960年代的学生运动席卷了美国大学校园。学生开始公然对抗政府,他们反对传统文化,对父辈们对种族、性别歧视及贫困现象宽容有加的态度不屑一顾。在这样的社会背景下,没有人会认为"公民对政治态度冷漠"是个大问题。此外,美国民众的反越战情绪日益高涨,"爱国主义"和"公民义务"之类的理念遭到怀疑,大学生们认为那些都与"军国主义"有关,是对国家安排"唯命是从"的表现。

然而,有人不禁要追问：为什么在社会动荡结束30年后,大学依然在忽视公民教育？虽然有些教师仍对公民教育的必要性持怀疑态度,调查研究表明,绝大多数教授认为："把大学生培养成一名负责的公民,是大学教育'最基本'或至少是'非常重要'的目标之一。"[24]同时,大多数教师依然认为,普通的本科课程已经足以实现公民教育的目标。①

这一观点并非空穴来风。毕竟,几乎所有普遍被认可的本科教育目标——批判性思维、交际能力、种族宽容心、道德观发展、全球视野以及广博知识——都有助于学生公民责任感的养成。此外,各类课外活动也是公民教育的重要组成部分。学生自治组织和其他社团活动为学生了解民主决策过程提供了机会;校内民主党和共和党俱乐部则为学生讨论政治问题、与政府官员直接对话搭建了平台;社会实践活动,如在"无家

---

① 一些教师之所以对公民教育缺乏关注,是因为人们对公民教育的理念还存在很大争议。主要存在以下几个方面的分歧：(1)公民教育应强调公民的权利还是义务？(2)公民教育的目标是培养国家公民还是世界公民？(3)是培养忠于国家和政府的公民还是动员学生积极反抗现有的制度,使少数族裔、妇女和穷人摆脱压迫？虽然这些分歧可以部分解释教师不愿开展公民教育的原因,但这些理由并不能成为放弃公民教育的托辞。观点上的差异只意味着教育者需要注意这些问题,然而,我们还是需要直面有争议的观点,并设法解决这些争议。——作者注

可归者避难所"(homeless shelters)做义工,可以使学生更多了解人类的基本需求以及当今法律和政策的不健全。以上这些课外活动都与公民素质养成有关,因此人们很容易得出这样的结论:在培养合格公民方面,大学已经"仁至义尽"。

此外,研究表明,大学在培养合格公民方面确实取得了很大成绩。帕斯卡雷拉和特伦奇尼写道:"大量研究表明,经过四年的大学教育,学生的政治态度和政治价值观发生了一定的变化……他们对社会和政治问题更感兴趣,更乐于参加政治活动。"[25] 更准确地说,"在排除其他影响因素(包括先前是否有参与过政治的经历)后,在经常参与政治活动方面,具有大学学历的参与者是高中学历者的 1.8 倍;在社区福利组织中,大学学历的义工是高中学历的 2.4 倍;在社区活动中,大学学历的领导者是高中学历的 1.5 倍;在国家、州以及地方的选举活动中,大学学历的选民是高中学历的 2.5 倍"。[26] 此外,近些年来,随着社区服务项目在大学的展开,学生的公民参与意识得到了进一步发展。琳达 · 萨克斯(Linda Sax)和亚历山大 · 阿斯汀在对 1985—1989 年入校的 24 000 名学生进行调查后指出:"在严格控制学生入校前的'社区服务倾向'这一因素后,那些在大学期间参与过义工活动的学生,比他们的同伴更具公民意识和领导能力;他们更相信个人的力量能够改变社会;更觉得自己有责任促进社会的进步。"[27] 在当今大学校园里,将近一半的学生参与了各种形式的志愿者活动。以上的研究向我们预示:美国正在向真正的民主社会迈进。

181　　另外,威廉 · 诺克斯(William Knox)、保罗 · 琳德赛(Paul Lindsay)和玛丽 · 库博(Mary Kolb)曾选取了 5 409 人(这些人均于 14 年前完成高中教育)作为研究对象,专门研究他们的政治和公民参与度。结果表明,大学教育对学生的"政治参与"有持续的影响。此外,随着教育年限的增长,受教育者参与政治讨论、选举、社区义工活动的频度也随之增加。即便是在严格控制学生的社会经济地位、父母受教育程度以及先前的性格特征等变量后,以上结论仍具说服力。[28] 另一项与 1988 年总统大选相关的研究表明:公民受正规教育的程度,与他们了解总统候选人以及他们的政治主张呈高度相关性。[29]

虽然以上这些研究的结论令人鼓舞,但是通过进一步分析我们发现,与其他本科教育目标相比,大学的公民教育原本可以做得更好。很少有教师将公民教育列入课程要求,这表明教师们并不认为,特定的知识体系有助于培养学生开明和负责任的公民意识。此外,在课外活动中,虽然学生会、民主党和共和党俱乐部等社团组织广泛存在,但是加入这些组织的学生数量极为有限。即便是最近流行的社区服务项目,参加人数也不及本科生总数的一半。

　　真正重视公民教育的大学为数很少,这一现象已经影响到了学生公民责任感的发展。2004 年,美国学院与大学协会在本科生(包括已经取得大学入学资格的高中生)中选取了部分学生作为调查对象,研究他们的公民意识。在回答"为什么上大学"这一问题时,每组学生都认为"公民政治参与"是最不重要的或重要性倒数第二的理由。 182"总的来说,学生并没有这方面的概念,他们并没有意识到,学校可以帮助他们更好地应对民主社会或全球社会中的一些重大问题。事实上,在与他们的对话中可以看出,在学生的'字典'里还没有'公民责任感'一词。"[30]

　　以上态度在学生选课过程中得到了淋漓尽致的反映。正如政治学家们一再强调的那样,公民需要对政府、政治和公共事务有所了解,这样在选举时,他们才能投出自己明智的一票,也才能有效地履行其他公民职责。然而,大量事实表明,许多大学毕业生在四年期间并没有选修过一门相关方面的课程(哪怕是最基础的课程)。根据美国教育部(Department of Education)的统计数据,只有不到三分之一的大学生选修过"美国政府和政治"方面的概论课程;只有不到十分之一的学生参加过"政治哲学"或"国际问题"课程的学习;超过 40％的学生甚至没有选修过经济学方面的基础课程。[31]尽管与高中学历的人相比,大学毕业生在政治知识测试中略胜一筹,但是据研究者估计,今天的大学毕业生的政治知识水平只与 1940 年代末的高中毕业生的水平相当。[32]

　　最近,诺曼·奈尔(Norman Nie)和桑珊·希里格斯(Sunshine Hillygus)的一项研究同样令人震惊。他们发现,一些深受学生欢迎的课程,实际上不利于学生公民责任感的发展。[33]学生对社会科学领域了解越多,他们就更有可能参与选举或其他社区活动。与此相反,学生修学自然科学或工程学领域的课程越多,他们的政治参与热情越 183低。更让人深感震惊的是,在最受学生欢迎的商科方面,学生学习商业课程越多,就越不愿意参与社区活动或选举活动,也越不相信自己的参与将影响到政治进程(即使严格控制了其他变量——如高中的成绩、入学考试成绩、父母受教育程度、种族、性别等——之后,结论依然如此)。但是,在进一步分析之后,我们也许不会对这一结论如此惊讶了。在大多数大学里,很多自然科学领域或专业教育方面的学生,几乎没有选修过任何公民教育方面的课程,而这些课程可以唤起学生对公共事务的兴趣,帮助学生了解国家的政治制度和政府运作流程。

　　即便是社区服务项目,也没有如人们所期望的那样切实提高学生的公民责任感。诚然,那些参与社区服务的学生确实比他们的同伴更乐于参与政治活动。然而大量研究表明,大多数学生仅仅认为社区服务可以替代政治和政府活动,却没有把社区服务当作深入参与公共事务的起点。[34]对多数年轻人而言,政治是黑暗的,政客是不可靠的,而向政府请愿更是浪费时间。因此,他们认为在"无家可归者避难所"做义工,或为贫困孩子补课,是直接参与社会问题的唯一有效的途径。

很显然,学生的观点是缺乏远见的。诚然,为无家可归的人提供帮助是值得称道的行为,也是解决当前社会问题的权宜之策。然而,它并不能从根本上解决美国的贫困问题。尽管造成"无家可归"现象的原因纷繁复杂,然而许多参与社区服务的学生并没有意识到,这些现象与政府有关公民心理健康、贫困问题和提供经济适用房方面的政策不力有关。此外,学生还错误地认为,公民参与政治是徒劳无益的,他们并不能通过参与政治,说服政府更好地满足社会的需求。因此,就社区服务本身而言,尽管它备受称赞却不能为学生提供适当的公民教育。学校应该从其他方面加强对学生的教育,帮助他们更好地了解政府的职能以及公民参与对整个民主社会的重要性。

确实,与那些没有受过高等教育的人相比,大学毕业生更乐于参与公共事务。然而,严格地讲,他们的参与程度还远不够理想。在过去40年里,美国公民的政治参与度逐年递减,在大学毕业生群体中,也出现了同样的趋势。[35]此外,根据威廉·诺克斯、保罗·琳赛和玛丽·库博的研究,尽管中学毕业后14年并取得本科文凭的人,比那些没有获得大学文凭的人更乐于参与政治活动,却只有不到10%的大学毕业生积极参与到政治活动、社区事务或志愿者活动中来,只有不到5%的大学毕业生自称经常参与政治讨论。[36]

在公民教育方面,大学的表现是失败的。它没有帮助学生更高效地参与政府和社区活动。随着实用主义价值观的泛滥,本科教育在很大程度上逐渐丧失了其公益性。在今天,多数学生将大学教育视为谋求高薪职位的晋身之阶;很少有人将其作为推进政府和社区发展的手段。虽然大学教育能为社会经济发展提供人力资本,但是人力资源只能提高学生个人的教育收益率,不能提供大多数人所认为的有价值的公共服务。一直以来,大学享有各种形式的优惠待遇,如免除税收、获得财政资助或其他直接或间接的补助,因此大学有责任利用教育资源,更好地满足法定的公共需求。然而,与上述大学失职一脉相承的是,当州立法部门将越来越多的财政负担从纳税人转嫁到学生及其家长身上时,大学居然也没有任何抱怨。总之,大学越忽视学生的道德教育和公民责任感的培养,大学教育就越容易从"公共产品"转向"私人产品"。

更具体的公民教育计划

接下来,大学应如何实施公民教育呢? 第一步,明确大学所能达成的公民教育目标。基于上文的分析,大学不应该试图向学生灌输特定的政治主张。凡是涉及政策问题的地方,大学的作用在于提出问题,而不是提供答案。同时,维持政治上的中立态度,并不意味着大学可以放弃公民教育的责任。诸如"如何投票"、"投票支持哪一方"之类的决定是学生自己的事情。但是在我们的政府体制下,一个得到广泛认同的基本价值观是:投票是公民应尽的义务,公民应该理智而积极地承担这项义务。没有一所大学有理由把培养学生这方面公民素养的任务转嫁给别人。

至少,大学能够为学生提供一个智力基础,使学生能尽可能地在参与投票和其他公共事务中表现得更有思想和智慧。很显然,这一目标囊括了其他我们熟知的本科教育目标——增强学生分析问题、解决问题的能力;发展他们的道德良知和道德推理能力;养成他们对不同观点的包容和尊重之心。然而,这些品质不仅是社会公民的基本素养,即使在学生不行使公民义务的时候,它们也是很重要的个人品质。公民教育的独特功用在于:启蒙学生的公民意识,帮助他们掌握在理性选择中必须具备的知识。①在总结了目前大量研究的基础上,威廉·加尔斯顿指出:"民主社会中的合格公民并不需要成为政策问题专家,但是他们应该达到基本的知识水准,否则就没有能力完成一系列政治决断。"[37]

界定这些基础的核心知识,的确是一个艰难的过程。公民应该具备的素质包括了广泛的内容,因为政府工作涉及美国民众生活的各个方面——科学、医疗、犯罪、教育、艺术等等。很明显,为了理解政府最重大的政策问题,而让每一位大学生掌握所有这些方面的知识,是不现实的。即便有可能做到这点,教师们也无法预料哪些问题是最

———————————

① 一些作者已经讨论了受教育者应该更多接受世界公民教育,而并非某一国的公民教育,详见:Martha Nussbaum: *For Love of Country*: *Debating the Limits of Patriotism* (1996)。虽然世界公民教育对于大学生在未来的全球化经济(见第九章)环境中更加独立地工作、生活非常重要,这样的目标也不应该等同于公民素质的培养。全球公民教育不能帮助学生积极参与本国投票和有见地地参与本国的公民生活。美国政府和它的众多下属分支机构,几乎是大学毕业生一生接触到的民主机构的全部。与此相反,对于其他国家来说,不管它们现在或未来的政体是什么,美国人都不太可能通过影响他国政策或选择他国领导人,来参与他国的治理。毫无疑问,美国公民应该了解国际关系和其他国家和文化方面的知识。但是,将大学生培养成为积极的、开明的本国公民,是美国大学应该追求的最重要的公民教育目标。——作者注

186

187

迫切的,可能会影响到大学生的一生。

然而某些知识体系对于成为积极公民来说至关重要,因而每位学生应该熟知它们。这里有四门课程可以帮助实现公民教育的目标。第一门课程是"美国民主概况",它的内容远远超过中学的公民教育课程。通过学习这门课程,学生能够从政策确立的现实视角,基本了解政府组织、公民权利及自由的内涵,同时了解民意、媒体、利益团体、政党政治、选举财政和司法监督等力量在政府决策过程中扮演的角色。通过这门课程,我们不仅要告诉学生美国民主的优越性,而且要揭示我们长期以来存在的问题:金钱对政治的影响;中低收入人群在政治上的弱势;全国和地方议会选举中真正公平竞争氛围的削弱;等等。第二门重要的课程是"政治哲学",内容包括这样一些基本的、规范性的问题:议员对于选民的义务的本质;平等、机会均等、社会公正这些术语的内涵;关于社会再分配的争论;公民自由;少数族群的权利;等等。第三个重要的知识领域涉及经济学的基本原理,因为诸如失业、经济增长、通货膨胀和贸易,对公民个人和公共政策都是非常重要的;还因为经济问题——如,预算赤字、贸易平衡和货币价值的动荡等——是政府的头等大事。第四方面的内容是关于美国参与世界事务方面的——美国在世界军事和经济中的地位;与其他国家打交道时遵循的国际制度(international institutions)①;美国在打击恐怖主义、促进贸易利益、全球变暖和其他国际问题上遇到的困境;等等。

如何把政治学、经济学、政治哲学和国际问题等学科的内容融入公民教育课程中?这些学科应该在全部课程中占有多少比例? 此类问题最好留给各院校自己解决。现在大多数院校把这类课程作为选修课,但我们很难解释为什么要把它们列入选修课。公民身份可不是学生想选择就有,不选择就没有的。实际上,所有大学生都有资格参加选举,社会大环境也非常有利于大学生充分了解选举,并做出深思熟虑的选择。让人不解的是,我们要求所有的学生学习自然科学或外语,却没有采取任何措施,帮助学生认识我们民主制度的基本问题和基本程序。很多学生一辈子都不会用到他们在大学学习过的外语,更多的学生只是偶尔会用到化学、生物或物理的入门知识。然而,几乎所有的学生都将履行公民的义务,因此所有的学生都需要了解他们政府的运作方

---

① 按照基欧汉(Robert Keohane)的观点,"国际制度"就是国际关系中一系列约束行为、塑造预期、规定角色的规则,包括三个方面的体系:正式的政府间国际组织(IGOs)及国际非政府组织(INGOs)、国际机制和国际惯例。参见叶江,殷翔. 国际机制与欧美反恐合作[J]. 国际问题论坛. 2007(夏季号):31—41. ——译者注

式,及其每个现代民主社会所面临的共同问题。

公民教育的目的不仅在于传授相关知识,甚至不仅在于提高学生政治参与的认知水平。如同塑造优秀品德一样,公民教育不仅要帮助学生增长知识和能力,以做出明智的选择,还必须培养在履行公民基本义务和参与公民生活时的责任感。对于一些学生而言,这些责任感可以通过参与学生社团组织或政治活动来培养。但是,在日常生活中,很少有学生会喜欢参与这类政治活动。大部分学生上大学时,一定程度上受到了全国性政治冷漠氛围的影响。因此,学校必须采取积极措施,提高学生在民主社会中的公民责任感。

最近的证据显示,凡是大学教授在课堂上倡导公民参与意识的,学生对政治及公共事务的兴趣和责任感也强烈。调查者考察了多所大学开设的 21 门课程,结果发现:尽管课程涉及不同的知识领域,但都包含了激发学生公民参与的内容。有一半的受调查学生原本就对政治有浓厚兴趣,另一半学生对政治本身并没有兴趣,他们学习这类课程仅仅是为了获得学分或者其他外在的原因。而在课程结束后的调查显示,那些原先对政治没有兴趣的学生,开始对政治有兴趣了,他们更积极地参与到政治和公共事务中,也显示了了在政治能力方面的信心。有些人可能怀疑公民教育具有"政治灌输"的危险,对此调查给出了一个有趣的结论:参与调查的学生并没有因为参加课程学习而改变自己的政治倾向或党派信仰。[38]

在最近的几十年里,大学领导们采取了各种措施,如,成立校园契约(campus compact)组织①,通过扩大和促进社区服务项目,培养学生的公民参与责任感。研究者们相信,参加这样的活动对大学生的公民参与意识具有积极影响。琳达·萨克斯和亚历山大·阿斯汀对 1980 年代末的大学生进行了广泛研究,他们认为:在排除学生最初的态度和个性差异因素后,社区服务对"学生积极参与志愿者服务和社区事务有长远的影响"。[39]

学校领导者可以采取多种方式扩大和改进社区服务项目。他们只需要表达出对这些项目的支持,就会传递出这些项目重要性的信号,这将激励更多学生参与社区服务。只需有限的启动资金,就能推出新的社区服务项目,聘请有经验的顾问指导学生有效地开展活动,学生们还可以"额外"地从这些顾问那里学到有益的经验。同时,学

---

① 校园契约组织成立的最初目的,是美国大学校长们为消除公众对大学生的错误印象,并进一步促进学生参与社会服务活动。现在这类组织的主要目的,是提升学院和大学在改善社区生活和培养学生的公民和社会责任方面的能力,推进这些院校实现其公共目标。——译者注

校必须把课堂学习与社区服务紧密联系起来,比如提供关于贫困问题的背景知识,或在保健、安居和福利政策的课程中结合社区服务的内容。[40]我们高兴地看到,这样的服务项目近些年在不断涌现。这样的项目不但开阔了学生在服务方面的视野,而且能够回击这样一种流行观念:社区服务和政治参与仅仅是个人的选择,不能与学业"相辅相成"。

大学的管理者还可以通过鼓励学生组织的发展,并在所有课外组织中运用民主程序,培养学生积极的公民责任感。几乎所有大学都有形式不同的学生社团组织,但它们在学校中的重要性因校而异。在一些大学里,大学生拥有自己选举产生的管理机构是一件非常荣耀的事,同时他们也承担相应的责任;而在其他学校,这样的事则是天方夜谭。不幸的是,对政治活动持冷漠态度的问题愈来愈严重。根据亚瑟·莱温(Arthur Levine)和简奈特·克雷顿(Jeannette Cureton)的调查,与 1978 年相比,1997年大学生参与学校社团选举的百分比下降了一半多,只有 11%到 15%。[41]

虽然,大学生对社团组织的态度并不完全在大学的控制范围,但大学生完全可以在这方面承担更多的责任。如果学生代表只能提出建议(事实上,这些建议很少得到关注),学生社团就很难引起其他学生的注意。但如果学生代表能制订出活动预算,并在一些事务上发挥重要的作用,那么他们在学生中可以享有更高的地位,参与者也能从社团服务中获得更有价值的经验。这并不是说学生们应该成立一个永久性的委员会,或者参与一些他们缺乏必要经验的工作。但很多工作对学生来说是很重要的,比如涉及宿舍安排、校内体育活动和其他课外活动,完全在学生的能力范围之内,学生领袖可以承担起这些工作。学校应该相信这些学生组织可以做得比人们想象的更出色。根据西德尼·维巴(Sidney Verba)、凯·施洛兹曼(Kay Schlozman)和亨利·布莱迪(Henry Brady)的研究,大学生民主地参与学生社团组织,要比学习"美国政治"和政治学等课程,更能影响他们未来参与政治活动。[42]

最后,大学校长们可以充分发挥他们的领导作用,用语言和行为向学生明示:参加投票是公民一项重要的职责。当然,大学的领导者们必须格外注意,不能让社团组织染上政治党派的色彩。大学完全可以招收学生志愿者,以带动所有学生参与登记和投票,并帮助这些学生熟悉他们家庭所在州的投票程序,以便让他们参加"缺席投票"①。

---

① 参加缺席投票的人包括:离开所在州的人,也包括在本地由于病、老、体弱、残疾、事假等,而不能前往投票站者。对于以上人士,政府以邮寄的方式将选票送达选民。——译者注

在《高等教育法》中，有一条被广泛忽略的内容，它要求凡是在该法案下享有"好处"的大学，至少在联邦选举前 120 天领取学生登记投票的表格，并分发到全日制学生的手里。[43] 根据 2004 年一项全国性的民意调查，只有 17％的大学完全依法让学生登记了。[44] 三分之一的大学没有领取登记表格，或没有在校内开展有关的宣传活动。另外，19％的大学对是否开展此类活动的回答是"不置可否"。显然，大学在帮助学生参与投票方面可以做得更好。

另外，大学领导人还可以通过组织辩论赛、与选举候选人见面、模拟集会和其他相关活动，增进学生对有关政治活动的了解，激发他们对即将举行的选举的兴趣。学校可以在校园设立投票站，这样学生就不必到附近城市寻找投票点了。对于那些阻止学生参加登记和投票的地方官员，学校应该组织学生提出反对意见。学校甚至可以鼓励学生参加社区的投票服务工作，深入中学帮助年满 18 岁的学生登记投票，或者在选举日担任投票站的"观察员"。通过这些途径，大学可以教育学生公民参与选举的重要性，帮助他们养成履行公民义务的习惯，并将这种习惯延续至毕业以后的人生。

上面提出的这些措施没有特别的新奇之处，也并非难以落实。但是在美国大学校园里我们很难见到这方面的实际行动，这充分说明，目前公民教育的主要挑战并非是如何采取积极的措施，而是如何说服大学教师及领导人充分认识到实施公民教育、加强学生公民责任感的重要性。学校上下应该明白，在一个充满勃勃生机的民主社会里，学生必须掌握相当的公共事务知识、养成公民责任的意识，而传统的人文教育已无法承担如此重任。

令人费解的是，我们还要在这里不断向大学强调上述行动的必要性。毕竟，公民教育不仅是最古老的教育目标，而且对于教育者自身也具有重大意义。因为大学的发展有赖于一个充满活力的社会民主制度，我们无法设想大学能够在一个专制政体下茁壮成长。正如罗伯特·赫钦斯曾经说过的："民主不会因为突如其来的打击而死亡，却可能在公众的麻木不仁、后继乏人中销声匿迹。"[45] 现在，美国的公共生活质量因公众对政治的漠视而遭到了破坏，此时，无论是从个人利益出发，还是出于公民责任的需要，教育者都需要竭尽全力，为改善现状有所作为。

第八章

生活在多元化的校园

今天的大学年鉴所反映的内容，已与一个世纪前不可同日而语。回顾 1906 年的大学年鉴，那时所描述的大学毕业生具有高度的同质性，几乎是清一色的白人，用美国史学家劳伦斯·维希的话说："大学只是那些带有盎格鲁-撒克逊血统和有着白皙脸蛋的白种人云集的地方。"[1] 虽然有关女性的信息已频频出现在大学年鉴上，但是在顶尖私立大学的年鉴上却没有女性的一席之地。在美国大学中，虽然移民、天主教徒和犹太人的数量稳步上升，但很少有黑人或亚裔的面孔出现在年鉴上，西班牙裔更是寥寥可数。

在过去 100 年里，尤其是近 40 年，早期同质化的校园已逐渐消逝，取而代之的是在种族、宗教、性别和国籍方面愈加趋于多元化的学生群体。现在美国大学生中，女性占了一半以上；此外黑人所占比例约为 10％，亚裔占 8％，西班牙裔占 7％，其他国家的学生占 3％。

随着女性和少数族裔数量的增加，他们比过去更敢于表达自己的需求。女权主义运动鼓励女性站起来为受教育权和平等的职业权利而斗争。此外，黑人、西班牙裔和亚裔迫切要求提高教师群体中少数族裔的代表性，并要求开设更多有关"非西方文化"和少数族裔在美国经历方面的课程。总之，在校园里，任何贬低或有悖于平等对待原则的行为，都将激起这些群体的反抗。

近些年来，女性和少数族裔的地位日趋上升，如何创建一个多元化的校园成为人们关注的焦点。与 20 世纪前三分之二时期的大学校园相比，现在的校园环境更让人兴奋，也更受争议。多元化带来的差异有时会引发冲突和矛盾，造成不愉快的结果，但是差异性也给教育带来了"红利"。研究者发现，将学生置于一个多元化的环境中，通过与不同价值观和不同观点的对话，学生不仅可以开阔视野，而且还可以锻炼思维。[2] 也有研究表明，在严格控制学生背景和信仰等变量的基础上，那些具有跨种族交往经历的学生比其同辈群体更具公民意识，更乐于帮助他人，也更热忠于社区服务。[3]

不同背景的学生在同一校园里共同学习、生活，将有助于和谐社会的发展。在一个

194

195

真正的民主社会里,不同族群间需要互相包容、互相尊重,以消除由宗教信仰和种族差异所造成的紧张关系——宗教和种族问题往往是造成国家分裂的首要原因。此外,随着移民和少数族裔人数的增加,用人单位也意识到,他们需要招聘更多能与不同文化背景的人共事,并能与不同种的客户有效交流的大学毕业生。这或许可以解释为什么当密西根大学"给予少数族裔优惠的招生政策"受到联邦法庭质疑的时候,世界500强企业纷纷以"法庭之友"①(amicus briefs)的身份支持密西根大学的这一招生政策。

196　　一个世纪前,在如何促进不同学生群体和谐共处方面,校方基本上没有提供帮助,只是出台了一些防止校园暴力和偷窃事件的规定,其他便是一些具体的宿舍管理条例,以保护女生利益的名义限制男女交往。除此之外,大学基本上没有采取其他措施。大学更"崇尚"让学生自己学会交往的艺术,即在宿舍生活中学会共处,在运动场上学会共享,在课外活动中学会共事。

近几十年来,随着学生群体的日益多样化,越来越多的群体开始维护自己的利益和权利,而此时,高校也不再扮演"不作为"的角色。在今天的美国大学里,种族间的诽谤、反同性恋的歧视、性骚扰等行为充斥着校园,使校园弥漫着敌对的气氛。受害者们纷纷奋起反抗,他们要求校方出台相应的惩罚措施,并期望获得更有力的保护。面对这些情况,校方感到压力重重,他们觉得有必要鼓励学生学会理解,包容不同文化间的差异。而这一举措将校方带进了人类情感的"布雷区"——在那里校方不仅需要具备非同寻常的敏感性,而且还要掌握一定的技巧,以营造一个"人人受欢迎,人人受尊敬"的温馨的校园环境。

在当今大学校园里,各种群体和关系错综复杂,我不可能在短短的几页文字里细数每一类群体和每一组关系。然而,有两种关系颇具代表性:一是黑人和白人的关系,它有着最具纷争的历史,且触动着每所大学最原始的神经;二是男女关系,它是人类历史上最古老的关系,这一关系在近些年来发生了最根本性的变化。

黑人和白人的关系

197　　1960年代,各大学纷纷招收大量黑人学生。许多大学官员甚至声称:现在所面临

① 所谓"法庭之友",通常指具有专业特长或独到见解的专业人士组成的团体,他们对特定案件的事实或法律问题发表观点,他们向法院提供的报告将有助于法庭加深对有关案件的理解,从而形成公正合理的判断。——译者注

的最大的问题不是黑人学生可能被拒招,而是如何才能招到更多有才华的黑人学生,给予他们学术和财政上的资助,帮助他们更好地完成大学的学业。然而,早期所勾勒出的美好愿景很快便消失了。人们并没有因为入学机会和财政资助的增加而深表感激,相反,新的问题接踵而至。如,为什么没有招收更多的黑人学生? 为什么没有更多的黑人教师? 为什么没有更多的黑人员工? 为什么学校里没有开设黑人历史和黑人文化方面的课程? 为什么没有成立"第三世界社交中心"(Third World Social Center)? ——因为在那里,黑人学生们可以休闲娱乐,聆听自己的音乐,远离白人学生对他们的藐视和怠慢。

从要求成立"第三世界社交中心"这件事中可以看出:仅仅创建一个多元化的学生群体,并不能让白人和黑人学生自然学会共处。事实上,白人学生和黑人学生基本上没有与其他群体共处的经历。以密西根大学为例,90％的白人学生来自纯白人的学校和社区;50％的黑人学生则来自纯黑人的生活环境,即便是那些曾就读于混合公立学校的学生,多元化的校园生活也没有给他们留下任何美好的回忆。[4]1970年代,大量黑人学生涌入了大学校园,但是在这10年里,他们饱受种族非议和白人学生的抵抗。黑人和白人学生看似和平共存,实则并不能交融共处。一位善于观察的记者发现:黑人学生往往喜欢聚在一起就餐,他们要求与白人分开居住,组织自己的社会活动,并自得其乐。

白人学生也没有配合学校的工作共同建设和谐校园。有些白人学生甚至还大肆宣扬种族隔离思想,或逼迫黑人学生离开校园。以大学兄弟会为例,他们一般不吸纳少数族裔的学生,有时甚至还会因为调侃黑人文化而冒犯黑人学生。即便是那些怀有善意的白人学生,当他们在谈论种族问题、黑人明星或黑人球星时,也总是流露出一副自命不凡的样子,好像他们的黑人同伴们只对种族问题感兴趣。

面对众多冲突和误解,大学的老师和管理者们已不能再静观其变了。各大学纷纷开设新的课程或成立新的系所专门研究美国黑人问题,并广纳黑人教师来主持新的课程。很快,校园里便出现了研究种族问题的黑人校长助理,或分管学生事务的黑人副院长等。大学也开始邀请知名的黑人人士来校讲学或授予其荣誉学位。

在早期校方所做的这些努力中,只有少数真正取得了成功。此后,校方很快便采取了新的措施,以进一步改善大学内的种族关系。类似于"黑鬼滚回家"之类的带有公然冒犯性的标语逐渐在校园消失,越来越多的大学制定了新的"言语规则":任何涉及人身攻击的言论都将受到惩罚。然而,由于这一措施过于笼统而未显成效。此外,校方最终可能因干涉言论自由而受到法院的裁决。[5] 相比之下,其他一些措施似乎更让

198

人满意。有些大学专门针对大一新生开设了"种族意识"课程,其目的是为了促进不同族群间的理解,并鼓励学生对一些微妙的种族歧视行为更加敏感。还有少数大学尝试着将白人学生志愿者安排在彰显黑人文化的宿舍里,与黑人学生一起生活,或组织学生定期阅读和讨论美国的种族问题。教师们还赞成开设一系列以多元文化为主题的必选课程:其中有些课程强调美国不同种族的历史以及不同文化的本质;有些课程则着眼于种族歧视和不公平的问题;还有些课程将美国种族问题和其他国家的文化等材料结合起来供学生阅读。到 2004 年,将近三分之二的大学开设或正在开发多元文化课程(diversity course)。[6]

美国大学在促进种族理解上究竟取得了怎样的成果呢?对这一问题,人们看法不一。校方和其他一些拥护多元化的人士认为,餐厅里"黑人另桌就餐"(black tables)的现象和带有种族歧视性的标语正在逐渐消失。毫无疑问,"种族意识"课程以及其他多元文化课程,不但有助于不同群体间的相互包容,而且还提升了学生的文化意识。随着少数族裔学生数量的攀升,黑人学生们坦言,原有的陌生感已逐渐消失,不再感觉"身在异乡为异客"。整体而言,支持者们认为,建立一个和谐的校园并不是为了同化少数族裔学生,将他们融合到白人的社会中来,而是希望在不同种族间建立桥梁,增进理解,使学生学会相互尊重,懂得欣赏不同的文化。[7]

然而,反对者对以上乐观论断持怀疑态度。在他们看来,大学里的种族敌视行为仍屡见不鲜。"黑人另桌就餐"的现象并未消失,蓄意为之的种族隔离现象仍一如既往。[8] 亚瑟·莱温和简奈特·克雷顿走访了多所大学,并于 1998 年发表了一份报告,其中写道:"多元文化问题仍是当今大学校园最为棘手的问题。"[9] 一位黑人临床心理学家曾这样写道:

> 黑人学生在自然科学课上经常被沦为实验室的帮手;在讨论课上被教授指名要求发表"来自黑人的观点";在班级里被同学好奇地盘问"黑人式的发型";他们的宿舍门上被画上种族歧视的涂鸦;在校园里广为传阅着有关种族笑话的邮件;急驰而过的车中常常传出带有种族侮辱的话语(有时甚至扔出啤酒瓶)……每当看到这些,我总感到愤怒、伤心和无助。总之,在白人主导的大学校园里,充满了种族间的敌意,我们黑人学生必须学会泰然处之。[10]

然而,白人们却认为黑人学生在夸大其辞,觉得他们对一些模棱两可的事件过于敏感,总喜欢将其归于种族问题。对种族和谐持怀疑态度的人坚持认为:某一时期的种族和谐仅仅是迫于"政治正确性"压力的结果(这种"政治正确性"在种族意识课程中得到了强化),这种现象左右了人们的思维,而事实上和谐表面下掩藏了种族敌对和怀疑情绪。

然而,真实情况又如何呢? 无人知晓! 有人曾在 1990 年代对 550 名校报编辑做了一次调查,研究结果表明,正如多元化的倡议者们所勾勒的一样,美国许多校园环境令人满意,然而,也有许多校园比持怀疑态度者想象的更糟糕。[11] 不管怎样,现有的种种证据至少为人们纵览美国校园的种族关系提供了一个可靠的依据。

许多研究者就"大学经历是否有助于增进学生间的相互包容与理解"这一课题展开了研究,然而研究结论不尽相同。曾有研究者专门对一所大学进行了系统调查,他发现从大一到大四,学生对待种族问题的态度呈恶化的趋势。[12] 但是,从整体来看,情况还是比较乐观的。帕斯卡雷拉和特伦奇尼在分析了大量文献的基础上总结道:"虽然种族歧视仍是一个社会问题,但是最近的各项研究表明,大学经历确实有助于增进学生对其他种族的理解和对其他文化的包容。"[13]

然而遗憾的是,帕斯卡雷拉和特伦奇尼在接下来的报告中写道:"大学在增进种族理解上所取得的成绩是相当有限的,也许只提升了区区几个百分点。"[14] 亚历山大·阿斯汀在调查了大规模的学生样本后得出了类似的结论,他还在此基础上提出了新的发现:与 1980 年代相比,1990 年代的大学在改进学生种族态度方面表现平平。[15]

在鲍文和我撰写的有关《基于种族背景的招生政策》一书中,我们分别于 1976 年和 1989 年对 26 所重点大学的 60 000 名学生进行了调查(其中一半样本取自 1976 年,一半取自 1989 年)[16],就黑人和白人关系进行了更为详细的讨论。我们的样本来源广泛,从本科文理学院到研究型大学,覆盖了多所实施"基于种族背景的招生政策"的选拔性高校,这些资料为我们研究大学校园里种族关系和少数族裔的情感生活提供了有力的证据。研究结果显示:绝大多数学生表示支持校方的政策,希望创建一个多元化的校园。在 1989 年入学的学生中,有 90% 的黑人和白人学生表示自己对大学生活相当满意,其中超过 60% 的学生表示"非常满意",将近 30% 的学生表示"比较满意"。当学生被问及"如果再给一次选择的机会,是否还会选择这所大学"时,只有 6%—7% 的学生给出了否定的答案。然而,让人惊讶的是,与其他在校生一样,那些中途辍学的学生也依然对校园生活充满了热忱。[17] 显然,不论对黑人学生还是白人学生而言,种族关系并没有人们想象的那么紧张,也没有破坏他们美好的大学生活。

回到黑人学生就餐问题上，就算他们分桌就餐，也并没有妨碍他们跨种族的交往。

202　正如上面所提到的，在我和鲍文的调查中，88％的黑人学生自称至少认识两个白人学生，同样55％的白人学生自称至少认识两个黑人学生。超过60％的白人学生和超过70％的黑人学生认为，学校在促进不同种族、不同文化间相互理解与和平共处方面做出了"非常大"或"相当大"的努力。相当多的学生（76％的黑人学生和55％的白人学生）认为，增进种族理解"至关重要"。[18]

比较1989级和1976级学生的观点，我们可以发现，学生在不同种族交往频率、与其他种族人们交往的能力和支持校方录取种族多样化学生的政策方面都有了明显的进步。[19]这一趋势至少表明，大学在帮助学生适应多元文化，欣赏多元文化的价值，从多元化的校园中学习等方面取得了很大成效。

其他研究进一步证实了以上论断。1980年代末的一些研究表明，三分之二的学生认为"少数族裔的学生能与其他群体正常交流"，只有四分之一的学生认为，校园里"种族冲突频频发生"。[20]另一研究表明，有69％的本科生自称至少有一位他族的朋友，有62％的学生感到校园就是一个大社区。[21]在1990年代末，曾有人做了一项大规模的研究，涉及115所本科院校中的8 897名学生，研究结果表明，只有16％的学生自称没有他族的朋友。[22]而在少数族裔的学生中，该比例更小，大约只占5％。

此外，我们还有其他理由相信，许多描述大学校园里种族隔离现象的报告言过其

203　实。例如，有人一看到黑人学生聚在一起就餐，就认为是种族隔离的表现。然而，在绝大多数大学里，各种自发形成的"隔离现象"比比皆是。橄榄球队、校报编辑组、话剧社团等团体也经常是黑人聚在一起就餐，为什么没人把矛头指向他们呢？与之相反，为什么黑人学生聚在一起便备受关注呢？难道是因为他们更为醒目吗？此外，用餐时间只占一天中极小的一部分，黑人学生完全还有大量的机会与他族学生交往。许多大规模的研究反复表明，绝大多数黑人学生自称拥有来自其他族群的密友。①

---

① 书中写道：在26所选拔性高校中有88％的黑人学生自称至少认识两位白人学生。William G. Bowen and Derek Bok, *The Shape of the River: Long-Term Consequences of Considering Race in College and University Admissions* (1998), p. 233. 还可参见 Anthony L. Antonio, "The Role of Interracial Interaction in the Development of Leadership Skill and Cultural Knowledge and Understanding," 42 *Research in Higher Education* (2001), pp. 593,604. 安东尼奥注意到："与白人学生相比，在白人学生占主导地位的校园里，有色人种的学生更乐于参与不同形式的跨种族交往活动。"(p. 612)尽管这一现象可以归咎于一个简单的事实：在白人学生居多的校园里，少数族裔的学生遇见白人的概率要比白人学生遇见少数族裔大得多，然而它也从另一个侧面反映出很少有黑人学生真正乐意与其他种族的学生保持长期的社交关系。——作者注

有趣的是,学生本人似乎更喜欢夸大校园里的种族隔离现象。一项对加州大学洛杉矶分校(UCLA)学生进行的调查发现,尽管有72%的白人学生声称至少有一位他族的朋友,有60%的白人学生认为自己的朋友圈里至少有四分之一的人来自其他种族,但是仍有93%的学生认为"校园里来自同一种族的学生成群结队、拉帮结派"[23]。即便是那些自称社交广泛、朋友圈里各种族比例相当的学生也几乎一致(94%)认为,校园里的种族分离现象严重。这些研究揭示了这样一个事实:各种现象都有可能是虚假的,即使是那些常年生活在大学内的人都有可能夸大种族隔离的程度。

尽管众多研究表明,在促进种族宽容和种族理解方面大学做出了努力,也取得了一定的成绩,然而,与此唱反调的研究报告也比比皆是。1997年的一份研究报告指出,在分管学生事务的行政人员中,有56%的人认为不同种族的学生之间并不经常往来。[24]在美国的大学校园里,种族冲突也频频发生,许多院长认为学生间的冲突往往与种族问题有关。1990年,有研究对种族暴力和骚扰进行了深入分析,指出,20%的黑人学生在求学期间或多或少经历过种族暴力或种族骚扰(尽管对这些行为做出可靠评价异常困难,且须格外小心谨慎)。[25]

总的来说,有关种族关系最为客观的论断应该是"喜忧参半"。尽管在许多校园里种族冲突大有改善,但仍有很多校园正面临紧张的种族问题。[26]即便是那些在增进种族宽容和理解方面做出过很大努力的大学也感到,想要取得完全的成功,决非它们力所能及。尽管现在的情况比批评家所描述的要乐观些——越来越多的有色人种进入了大学,他们在校园里和睦相处;然而,几乎没有大学敢坦然地承认它们的学生对种族关系感到满意。即使在那些表面上看来和谐平静的校园里,潜在的紧张关系和误解仍存在。众多研究表明,学生并没有将校园里的冲突事件归咎于老师和校方的"不作为",相反,他们认为学生自己应负主要责任。然而,究竟哪些学生应受到谴责呢?对此问题,学生意见分歧很大。黑人学生认为白人学生应负主要责任,而白人学生则认为全是黑人学生的错。当然,在其他问题上,黑人学生和白人学生之间也存在类似的意见相左,这一认知分歧从一个侧面反映了美国种族关系的本质。[27]

大学领导者应怎样解决校园里紧张的种族关系问题呢?学生们纷纷表示希望能在一个多元化的校园里学习生活,倘若学校不能提供这样的机会,他们会对学校感到不满。然而,就校方而言,仅仅通过增加少数族裔学生的数量其实是无济于事的。事实上,一项大规模的研究发现:扩大少数族裔学生的入学机会,除了降低白人学生的校园归属感外,并没有给创建多元化的校园带来任何益处。这份报告还指出,仅仅增加少数族裔教师的数量,只会降低白人学生的大学满意度和校园归属感。[28]因此,大学不应仅仅满足于扩大少数族裔的数量,还应做出更多的努力。总之,在增进种族理解和宽容方面,大学任重而道远。

首先,要让学生意识到多元化的校园是大学价值的重要组成部分。其实做到这一点并不难,只要在校刊上或演讲中频频宣传这一观点,便能改变学生对种族关系的看法。然而,仅仅纸上谈兵不采取实际行动,只会落得"民心涣散",学生很快会意识到校方所宣传的一切都是空话。

正如前面所提及的,绝大多数大学在多元化校园建设方面没有有意为之,仅仅随波逐流地做事——开设大量多元文化课程和专题讨论会,以此来增强学生的种族意识和对不同文化的理解。几乎所有的大学都会开设美国黑人研究的课程(有些学校还设立了黑人研究专业)以及关于其他种族历史、文化方面的课程,这些课程常常能吸引大量的白人学生。许多大学还组织了"种族关系研究"专题讨论会,希望通过讨论使学生走进他族学生的情感世界,理解他们的真实想法和感受。从这一意义上看,多元文化课程可以被视为是道德教育的一种特殊形式,因为在道德教育中,教师总是希望能拓展学生的情感范围,使他们不仅能理解与自己相似的群体,而且还能包容不同于自己的群体。总的来说,这一体验颇有成效。在严格控制学生背景和态度等变量的基础上,众多研究表明,参加过多元文化课程和讨论会的学生,比那些没有此体验的同伴更具包容心,更能理解种族差异。[29]

然而,校方采取的这些措施也存在一定风险。如果说多元化文化课程和讨论会是以自愿选修的形式出现,那么校方的努力无异于"向唱诗班的人传教"——吸引来的只是那些本来就对其他文化感兴趣的学生;假使学校将其定为必选课程,那么校方将会陷入另一困境——黑人学生会因为受到"另眼相待"而感到不适,而白人学生则会对此愤愤不平,备受委屈,觉得被冠以了"顽固偏执"的称号。即便那些精心设计的活动,也会让参与者感到不适,他们不敢公开发表自己真实的想法。这样,学校在尊重不同文化方面的种种努力,反而增加了学生的压力,学生感到,如果不与其他种族的同学感同身受,将会成为校园的"边缘人",被主流文化所排斥。[30]尽管前进的道路困难重重,但这些困难并不会阻止学校建设多元化校园的步伐,因为种族宽容和理解对当今社会而言是如此的重要,而大量研究也表明,校方的努力确实能带来积极的影响。当然,这也给学校敲响了警钟:学校应该认真规划多元文化课程,不让那些教条化的教员接手这些课程,因为他们的处事方式只会增加学生的愤怒感,感到自己被教师牵着鼻子走。

　　开设多元文化课程和讨论会并不是增进种族理解的唯一方式。那些研究如何消除偏见和个人成见的人士开始支持戈登·奥尔波特(Gordon Allport)在 1954 年提出的观点。[31]奥尔波特认为增加不同群体间的接触,是增进宽容和理解最为有效的方式。而富有成效的接触应该具备以下条件:首先,参与者应该拥有较为平等的社会地位,因为相互敬重的行为不会诞生在不平等的环境中;其次,面对面的交流比以书本或电视为媒介的交流更富成效;此外,如果参与者彼此合作,朝着共同的目标努力,而非相互竞争,那么将会产生更令人满意的效果;最后,将带有偏见的人聚集在一起,并在权威人士的准许和鼓励下进行活动,将得到更为理想的结果。①

　　大学校园生活完全符合奥尔波特的交往条件,它为黑人和白人学生的交往创造了良好的条件。参加橄榄球队或其他运动队是一个非常棒的选择,因为来自不同种族的学生可以彼此合作,朝着期望的目标共同努力;当然参加社区服务项目也是不错的选择;此外,学生还可以加入学生会、歌唱团、话剧社等组织。

　　然而,倘若不同种族的学生针锋相对,大学校园将又是另一景象。激烈的分数竞争很有可能带来这一结果,尤其当少数族裔学生的学习成绩常常不如白人时。此外,校园政治活动也会加剧种族偏见,如各种基于种族的政治小团体,其中兄弟会和姊妹会便是典型的例子。如果它们坚持只招募与自己同质的成员(来自同一种族),那么必然会导致校园里种族偏见的加剧。事实上,已有一些研究表明,正是由于兄弟会和姊妹会对会员资格的严格限制,其会员的种族偏见才呈上升趋势。[32]

208

　　大学官员在鼓励学生跨种族交往、增进种族宽容方面扮演着重要的角色。他们可以反对各种带有种族隔离性质的组织和活动,也可以反对那些只讲竞争不讲合作的活动。同时,他们可以鼓励各种形式的跨种族、跨文化讨论,讨论的主题和范围不限,可以是那些容易造成误解或容易带来敌意的议题。[33]多种族合居的宿舍为跨种族讨论提供了理想的场所,在那里不同种族的学生常常自发聚集在一起,自由讨论各种种族问题。

　　有时种族冲突事件反而为不同种族间展开对话提供了契机,因为冲突事件往往更能引起人们的关注,更能吸引学生参与讨论,大胆地发表他们的观点——尤其对那些平时对种族问题不感兴趣的学生而言。大学的一些管理机构在促进种族理解方面曾

---

① 托马斯·派蒂葛鲁(Thomas F. Pettigrew)在这个基础上又增加了一个新的条件:为不同群体间的交往创造条件,使他们有机会发展友谊。"Intergroup Contact Theory," 49 *Annual Review of Psychology* (1998), p. 65. ——作者注

做出过努力,如帮助宿舍管理人员更好地理解多元文化,招募学生领导,让他们在增进种族理解中发挥积极作用等。此时,这些机构更要抓住这些"最佳教育时机"(teachable moments),促进不同种族的学生展开深层次的对话,共同探讨种族差异带来的问题。①

209   很少有人会质疑我传达的这些理念,几乎所有的人都赞成应促进不同种族间良好的交往关系,使学生在相互合作中找到共同点,并学会真诚坦率地面对彼此间的差异。这些理念原则上看似可行,在现实生活中实施起来却困难重重。例如,人们一致认为有必要增加种族间的互动,然而当黑人学生坚持要求居住在黑人专属的宿舍里,或在"第三世界中心"活动时,人们的意见很快就会出现分歧。

黑人学生所提出的要求在我看来合情合理。他们在自己的生活圈子里感到舒适自在,他们想远离白人的校园,因为在那里日益加剧的种族关系让他们感到窘迫不安。在这种情况下,黑人学生自然而然地会寻找机会,享受属于他们自己的食物和音乐,而不用被迫迎合主流的白人文化。基于这种看法,越来越多的人认为一定程度的隔离是可以理解的。雪伦·戈麦尔奇(Sharon Gmelch)曾写道:"将种族融合的重任寄予大学,期望大学能使那些不愿融入白人社会的有色人种全盘接受白人文化,这无异于给大学设置了一个'不现实的高标准'。"34

倘若种族紧张关系继续在校园蔓延,那么建立一个供少数族裔学生自由交往的"天堂"似乎是最佳的选择。然而,若校方同意实施种族分离的政策,那么他们在创建多元化校园方面所做的努力或多或少会受到影响,甚至还会大大削弱他们的威信,因

210   为之前他们一直强调学会和谐共处至关重要。

大学并没有完全意识到,拒绝成立"第三世界中心",其实是给自己的教育工作设立了一个"不现实的高标准",但无论如何,没有这样的"中心"对于种族融合是一件幸事。在一所坚决反对成立"第三世界中心"的学校里,研究者采访了上百位本科生,学生们对成立"第三世界中心"也是持反对态度:

> 多数非白人学生和几乎所有的白人学生表示,自己很容易受同质群体的吸引

---

① 帕斯卡雷拉、爱迪生(Marcia Edison)、诺拉(Amaury Nora)、赫格登(Linda S. Hagedorn)、特伦奇尼等人在总结大量文献的基础上,提出:"学生与不同群体接触的机会越多,就越有可能产生价值观的冲突,而这些冲突将可能改变学生的观点和看法。最后,面对多样化的挑战,学生将会变得更加开放。" "Influences on Students' Openness to Diversity and Challenge in the First Year of College," pp. 174, 188. ——作者注

而加入到同类文化中,但是他们也坦言,自己的思想在大学期间发生了变化。许多大四学生认为,如果他们加入了"第三世界中心",那么他们将会失去很多与其他群体接触的机会。学生支持种族包容政策的另一个原因在于:他们相信这一政策传递了一个信息,创造了一种氛围——不同背景的学生间能相互学习,这影响到学生对校园生活的态度。[35]

　　然而,这并不是说少数族裔的学生应该一天 24 小时都迎合主流的白人文化。相反,帮助学生在多元化的校园中学习的一个重要方面,就是给学生创造条件,使他们有机会与其他群体的同伴分享他们的传统和文化。当黑人学生希望成立一个"福音"唱诗班,或在餐厅里享用他们自己的"灵餐"(soul food)①时,学校应该尽其所能给予帮助。但是,当事情发展到黑人学生完全排斥其他种族的学生时,应另当别论。倘若校方仍默许这一过分的行为,那么它无异于向学生传达了一个错误的信息,并有可能削弱长期以来学校所做的种种努力。

　　总之,尽管校园里仍存在众多分歧,尽管前进的道路困难重重,但是在改善白人和黑人的关系上,我们已取得了很大的进步。尽管基于种族的招生政策不断受到法庭和州内的质疑,但是多数大学仍坚持招收不同种族的学生。现在黑人学生获得文学士的比例比以往任何时候都高(远远高于几十年前)。少数族裔的学生表示,现在的校园更让人感到舒适,不再觉得自己是不受欢迎的人群了。[36]这一现象与美国公立学校里的情形形成了鲜明对比,现在的公立学校比 1970 年代早期更加封闭,种族隔离的校园让学生感到局促不安。[37]来自不同群体的大部分学生都肯定了"多元化学生群体"的价值,并表示大学生活有助于提高他们对不同种族的了解,并提升他们在多种族环境中生活和工作的能力。如果大学能够一如既往,坚持不懈,那么创建多元化的校园将成为高等教育发展史上的一座里程碑。

211

男 女 生 关 系

　　尽管奥伯林学院(Oberlin College)早在 1837 年就实行男女同校,但是直到内战之后,女性才大量进入美国大学。那些最早进入大学的女性犹如开拓者,踏进了一片陌

---

① 灵餐:为美国南方黑人的传统食物,如猪小肠、玉米面包、山药等。——译者注

生的土地,闯入了男人主宰的世界。[38]那时,绝大多数女性居住在女子宿舍里,与男生几乎没有接触。她们在自己的社交圈里生活,所接触的只是女性朋友、老师和自己的家人。大多数女生学习非常刻苦努力,她们进入大学的目的是为学术和职业生涯做准备。这些女大学生毕业后基本上都能顺利就业,但以教师职业为主,从事其他专门职业的人寥寥无几。到 1910 年,美国的内科医生中只有 6％是女性,律师行业中则只有 1％的女性,[39]而在美国商业领域的管理层中几乎没有女性的身影。

212

　　最初,在是否招收女大学生一事上,各大学校长意见不一。许多私立大学的领导者认为,女性体质虚弱、头脑简单,高深学问的学习会让她们感到不堪重负、不胜其苦。而那些新兴的公立院校对男女同校教育表现出更高的热情,它们鼓励男女同校。哈佛校长查尔斯·埃利奥特在他的就职演说中有这样的言论:"当今社会对女性智力方面的能力一无所知,只有经过数十年的奋斗——为公民的自由和社会的平等——我们才有可能获得更充分的证据,那时我们才有资格客观地评价女性天生具有的天赋、旨趣和能力。"[40]然而,美国威斯康星大学校长约翰·巴斯克姆(John Bascom)则发表了不同的看法:"年轻的女大学生才思敏捷、热情奔放……她们有着灵敏的记忆力、丰富的想象力、良好的领悟力……她们的加入犹如一股清泉,给死气沉沉的校园注入了新鲜的血液,唤醒了那帮懒散的男生,促使他们更好地展示自己的能力,同时也唤醒了他们封尘已久的梦想。"[41]

　　随着女大学生数量的快速增长,最终,埃利奥特和他的追随者们顺应了时代的发展。1900 年,在女大学生中,有 71％的女生就读于男女混合院校,全美有将近一半的大学同时招收男女学生。到 1950 年代中期,超过 90％的女大学生在男女混合院校求学,全美只有 13％的高校仍保留男女分校的传统。[42]

　　随着大量女性涌入大学校园,大学开始建设女子宿舍,以消除家长的顾虑,让家长们感到他们的孩子在学校里很安全。到 1920 年代,女大学生的数量一直呈上升趋势,

213

她们上大学已不再像以前那样,仅限于学术的目的。她们越来越重视社交生活,"姊妹会"也日趋受人关注,在大学里寻找理想的伴侣已成为她们大学生活的重要组成部分。与早些年代的女大学生相比,1920 年代的女大学生的生活发生了明显的变化。1900 年,美国已婚女子的比例为 90％,而在接受过高等教育女性中,只有不到 50％的女性踏上了红地毯。[43]然而 1920 年后,拥有文学学士学位的女性的结婚率稳步上升,到 20 世纪中叶,几乎所有高学历的女性都找到了自己的归宿。

　　随着男女生之间交往的增加,大学制定了一系列宿舍管理条例,以约束男女生交

往。学校规定女生单独外出的时间不得超过一个小时，男生不能随便出入女生宿舍。尽管"上有政策，下有对策"，但是这些限制从另一个侧面反映了校方的态度——学校虽然允许男女来往，但并不鼓励男女生走得过近。在接下来的几十年里，谈恋爱成为男女学生了解彼此的唯一方式。尽管在课堂上、课外活动中或学生会中，学生有很多机会接触异性，然而男女生之间真正的友谊却很少存在。

1960 年代，女性在校园中的地位及其与男性的关系都发生了根本变化。二战之后，很多女性放弃了工作，全心投入到家庭中。对她们而言，婚姻和孩子比工作更为重要。与早些年相比，获得博士学位的女性的数量急剧下降。1950 年代中叶，医学院中女性的比例从 1945 年的 12％降到了 5％，法学院也出现了类似的情况。[44]然而，在 1960 年代末，随着女权主义运动和妇女解放运动的兴起，情况很快发生了转变。大量女性涌入了研究生院，其中以法学院、医学院和商学院居多。这些专业学院逐渐感到，若继续保留性别歧视的传统，将成为众矢之的。此外，国会的干预也加速了这一进程，国会以法律的形式确保入学机会平等，并禁止就业市场中的性别歧视行为。

与此同时，随着堕胎权利的落实和口服避孕药的开发，美国掀起了一场性革命。一旦解除了意外怀孕的威胁，原有男女关系的压力便随之消失，学校也废除了原先限制男女交往的宿舍管理条例。学校开始提供男女混合宿舍，这种新的住宿安排广受学生的欢迎。早期的研究表明，男女共居并不会影响学生的学习习惯和社交行为。很快，"男女混合宿舍"在美国校园变得司空见惯。[45] 1969 年至 1970 年期间，77％的本科生仍然居住在单一性别的宿舍里，19％的学生居住在男女隔层的宿舍里，只有 3％的学生居住在男女隔间的楼层里。然而，到 1989—1990 年，只有 10％的学生居住在单一性别的宿舍里，40％的学生居住在男女隔层的混合宿舍里，50％的男女生居住在同一楼层。[46]

这些转变给男女生关系带来了深远的影响。①在宿舍、餐厅里，或在其他房间里，经常可以看到男女学生聚在一起谈天说地，他们之间建立了深厚的友谊，而这在以前是难以想象的。到了 20 世纪末，当大四学生被要求说出 5 位最好朋友的名字时，他们的好友名单中很少是清一色的同性朋友。

与此同时，随着男女关系的日益密切，加之酒精饮品唾手可得，草率的性行为变得

---

① 接下来几段中所引用的一些研究结果仅涉及女性，因为我发现，对男女混合学校中女性行为和反应的研究，要远远多于对男性问题的研究。——作者注

司空见惯。在近期的一次调查中，91％的学生表示"勾搭"（hooking up）在校园里"非常普遍"或"相当普遍"（"勾搭"是一个概念内涵模糊的词，它可以包括性行为，也可以不是，但一般来说它并不是一种真正的爱情，双方没有发展长期关系的意图）。在对女大学生的调查中，有40％的学生承认曾有过被"勾搭"的经历。[47]

男女生的社会地位也发生了很大变化。早些年，在男女交往中，往往男生比较主动，无论在邀请女生约会，确定正式关系，还是在提出性行为要求上，男生总是扮演主动角色。然而，与过去的女生相比，现在的女孩子更为主动。此外，传统的约会方式——如男生花钱请女生看电影，参加聚会或舞会——在校园里越来越少见（并不是说这些约会方式已完全消失）。现在大学生们更喜欢参加非正式的聚会，这种形式之所以受欢迎的很大原因在于：它消除了学生的顾虑，如女生可能会担心没人与之约会，而男生可能会担心被拒绝。

然而，在当今校园里，我们已不能用简单的方式来概括女大学生的地位，也不能简单地理解男女关系的本质。现在越来越多的女大学生已经开始为进入专业研究生院学习或为以后的职业生涯做准备，女性的平均结婚年龄也逐年推迟。但不管怎样，浪漫的爱情一直是校园生活的主题。多乐西·霍兰德（Dorothy Holland）和玛格丽特·艾森哈特（Margaret Eisenhart）曾采访了两所南部学院的女大学生，他们发现"男女关系是学生文化和校园活动最为重要的组成部分……即使是那些怀着其他兴趣和目的走进大学的女生，也很容易受同伴群体影响，开始向往浪漫的校园恋情。女生对男生的吸引力永远是同伴群体闲聊的话题，每个人都会被别人品头论足，'排名打分'，所有的女生都需要直面这样的学生文化。"[48]

也许有人会说，校园约会已是老掉牙的事情了，但是最近的调查表明，将近一半的大四女学生自称在大学里至少有过六次约会的经历。现在，人们对"性"已不再讳莫如深，对性行为的态度也更加宽容，越来越多的大学生认为婚前性行为是完全可以接受的。尽管如此，仍有将近三分之一的大四女学生表示从来没有过性行为。[49]与校园种族隔离事件一样，学生们确信校园里实际性行为的比例要远远高于报告的结果，因为报告数据源自学生的自述，其真实性值得怀疑。

随着男女关系日趋复杂，许多墨守的规则也随之消失，大学生们发现越来越难以确定自己的行为——究竟怎样的行为是合适和可以接受的？谁应该率先提出约会的请求？学生应该拥有怎样的性生活？现在，"性生活"一词的概念已经超出了其原有的范围，包含了从纯洁的传统男女关系到随便的、毫无感情基础的性行为。

尽管我们对于男女关系问题的认识，依然是"雾里看花"，但是我们还是发现了两个积极的现象。首先，男女混合宿舍的出现（虽然对其评价褒贬不一）为男女学生之间的交流提供了一个极好的平台。这一变化极大地促进了学生对异性的了解，使男女生交往更加轻松自如。帕斯雷拉和特伦奇尼曾写道："研究表明，经过高等教育的学生更能接受男女平等的理念——既包括教育和职场中的平等，也包括社会和家庭中的平等。"[50] 无论是对男生还是女生，大学经历都有助于增进他们对男女平等的理解。相比而言，大学对女生的影响可能更大些，经过四年的本科教育，她们的思想更加开放。

当今校园所取得的第二大进步是：绝大多数住校生对他们的居住环境和社交生活感到满意。在最近一项全国性的调查报告中，86％的女大学生认为"男女混居是一件好事"。88％的学生声称他们对校园里的社交生活感到满意。[51] 当然，一些愤世嫉俗的人会认为男女混合宿舍滋长了随意的性行为。然而，任何了解大学生活的人都明白，男女混合宿舍的价值远远超出了随意性行为这层含义，它真正的价值在于促进了人与人之间更深厚、更宝贵的情谊。

至于宿舍中经常发生的"勾搭"一事，大家众说纷纭。许多成年人认为"勾搭"一词玷污了男女之间亲密的关系，它只会让那些稚嫩的年轻人感到困惑和自责。然而有些人则认为，这一行为是年轻人成长的一部分，在充满性诱惑的美国文化中，随意的性行为已见怪不怪，许多学生在进入大学之前就已经沉迷于此。

尽管男女混居是个富有争议的话题，但是有一点是可以达成共识的：任何人不能违背学生的意愿，强迫其进行性行为。但是如何界定"非自愿的性行为"（unwanted sex）的范围却异常困难，因为这一概念尚无统一的定义，况且研究获得的资料也只是调查问卷中学生的自我陈述而已。然而，根据几份详细的研究报告，15％—30％的女大学生自称至少有过一次被强奸或强奸未遂的经历。[52] 据报道，80％的"施暴者"与受害者相识，而60％的案件发生在约会过程中。①

正如家长们所确信的那样，不管发生何种性侵犯行为，大学都应该采取有力的措施来解决这一问题。然而，想找到切实有效的方案绝非易事。诚然，学校有必要制定条例对失范者进行恰当的惩罚，但是现在的问题是：如何证明朋友之间的性行为是强奸或强奸未遂呢？因为在这种情况下，通常没有其他目击证人，而当局者往往饮酒过度，对事情经过的记忆模糊不清。由于绝大多数案件都是由酒精促使的，

---

① 本章主要讨论大学中男女学生的关系，没有涉及教师对学生"调情"这一问题。——作者注

一个可行的方案就是劝阻学生不要饮用酒精饮品。这一方案在理论上看似可行，实践起来却困难重重，因为控制酒精饮品并非学校力所能及，尤其是当聚会发生在校外的时候。

219　　学校还试图通过改进校园照明系统，安置紧急求助电话，晚上为女生提供护送服务等措施来创建一个安全校园。尽管这些措施可以减少校园抢劫和袭击事件的发生，但是对控制性侵犯却毫无帮助。通常情况下，这类事件往往发生在熟人或朋友之间，而不是陌生人之间，地点也往往是在校园里比较隐蔽的地方，如停车场、寝室或兄弟会俱乐部等。学校经常采用的另一个措施是强调学生的自我保护意识：对学生进行自我防卫的训练，警告学生不要单独在校园里行走，不要毫无节制地饮酒，不要独自进入兄弟会的俱乐部等。诚然，这些措施可以防止性侵犯的发生，但是这似乎将所有的责任都推到女方身上，而种种约束又扰乱了女生享受正常校园生活的权利。

　　尽管存在种种缺陷，还是有必要将以上所讨论的措施综合起来全盘考虑，以更好地防止性侵犯事件的发生。在强奸或强奸未遂案中，潜在的男权文化交织其中，倘若不从改变男性文化这一视角思考，那么这一问题最终将得不到完全解决。研究表明，在此类性侵犯事件中，"施暴者"通常是兄弟会或运动队的成员，或是那些居住在男生宿舍的学生。这些人往往认为强行的性行为是"男子气概"的体现，他们将"性"理解为男女之间的竞赛，而男人的目标就是征服女人；他们认为女人都是口是心非，嘴上拒绝心里其实已经默许。[53] 通过教育或组织"互补性同伴网络"（countervailing peer networks），有助于改变男生固有的态度，从根本上解决这一问题。一些大学开始响应这一提议，并成立了专门的组织对男生进行教育。[54]

　　种种迹象表明，学生对于性侵犯的态度已有所改变，尽管这一过程比较缓慢，但
220　仍值得庆幸。[55] 然而，经验告诉我们，行为的改变并非朝夕之功。许多研究者认为，学生的一些行为在入校前就已形成，且根深蒂固，没人知道应该如何改变它们。迄今为止，几乎没有一种措施获得了认可或普及，而经得起推敲的更是绝无仅有。虽然有报道称，有些措施已经取得了一定的成效，但是仍有部分人认为这方面的努力根本就是徒劳，它无法改变男生的态度（即便是短期的改变），或者不能产生任何长远的影响。[56]

　　以上众多建议中，有些还是切实可行的。学校领导对性侵犯一事往往采取避而不谈的态度（尽管有些学校采取过一些措施），其实这一做法不可取，因为这类问题程度之重，范围之广，绝非校方所能漠视。如果校领导确实想认真对待这一问题，那么合适

的做法就是采取一系列配套措施——不仅要严格实施惩罚条例,而且还要对学生展开教育并鼓励女生采取明智的防范措施。①由于许多性侵犯行为(或其他各种意外事件)与酒精有关,因此限制饮用酒精饮品的举措是完全可行的,哪怕其效果极为有限。最后,通过反复实验和不断摸索,我们相信大学可以在原有的基础上更进一步,找到更好的方案来解决这个棘手的问题。

促进人际关系的综合培养计划

促进不同种族和性别之间的理解,并不是提升学生人际交往能力的唯一途径。培养人际交往能力还包括其他方面的内容,如培养学生与人合作、与人协商和说服他人的能力;拓展学生的领导能力;提升学生仔细聆听的能力;培养学生理解他人情感和行为的能力。在早些年,大学很少关注学生这些能力的培养,学校只是为学生提供交往的平台,让学生在集体宿舍生活或课外活动中学会与人相处的艺术。"多元化"项目的发展开拓了研究者的视角,许多研究者开始从多方面研究人际关系。与此同时,也引出了另一个问题:大学应不应该将培养人际关系作为本科教育的一个主要目标?学校是否应该通过正式的课堂教育和课外活动,帮助学生掌握这一技能?②

目前,关于这一问题的争论可分化为两大学派。传统主义者认为,人际关系的研究尚未成熟(至少如本章所言,其概念尚不清晰),难以在课程中占据重要地位。例如,领导力、合作以及对他人敏感等相关主题的课程因缺乏充分的实证研究基础而备受争

---

① 与宣扬种族宽容一样,防止性侵犯一事也常常失控。例如,在一所常青藤大学里,女生曾掀起一场校园动乱,她们在校园里贴满海报,对一男生强行与女生发生身体接触的事件表示抗议。Sarah Crichton, Debra Rosenberg, Stanley Holmes, Martha Brant, Donna Foote, and Nina Biddle, "Sexual Correctness: Has It Gone Too Far?", *Newsweek* (October25, 1993), p. 52. 在另一所大学里,校方出台了一套行为规范,要求男方从接吻到做爱的每一步,都要获得女方允许后方可进行。——作者注

② 迄今为止,大学教育是否有助于提升学生的人际交往能力这一问题还没有得到很好的解释。根据乔治·库恩(George D. Kuh)的研究报告,在 1969 年,有 75% 的毕业生认为通过大学教育自己的人际交往能力得到了"很大"或"显著"提升,到 1997 年,这一比例上升到 79%。"How Are We Doing? Tracking the Quality of the Undergraduate Experience," 22 *Journal of Higher Education* (1999), p. 99. 相反,绝大多数基于标准化测试的研究表明,大学教育根本没有提升学生的人际交往能力。Ernest T. Pascarella and Patrick T. Terenzini, *How College Affects Students*, Vol. 2, p. 225. 总之,帕斯卡雷拉和特伦奇尼认为:"大学在帮助学生以更成熟的方式与其同伴交往方面的影响是很难估量的,因为它往往与其他影响因素交织在一起,很难确定哪些纯粹是大学作用的结果,此外,此类研究没有可靠的方法论基础,因此带有一定的不确定性。"*How College Affects Students*, p. 234. ——作者注

议。他们认为这类课程至多只算是技能训练,无非是让学生学习一些社交礼仪或组织会议的方法而已,虽然实用,却难登高深学问的大雅之堂。更糟糕的是,这类课程还有可能演变为:教学生如何为了个人的利益而不择手段。

支持一方则认为,人际交往能力对学生的发展至关重要,它是个人成功的必备条件。公司的主管希望员工具备这一能力,我们的国家也需要国民具备这一能力。美国是一个大熔炉,不同种族、不同信仰、不同意识形态的人共同生活。在一个具有凝聚力的民族社会里,人人都需要懂得人际交往的艺术,因为人与人之间和谐美满的关系是人类幸福的源泉。总之,人际交往能力是当今社会不可或缺的能力,而大学作为学生成长的花圃,怎能忽视这一重要能力的培养呢?

有人认为人际关系课程仅仅是传授技能,更有人夸张地将其描述为传授歪门邪道的伎俩。如果真是这样的话,那么写作课程也好不到哪里去了——事实上,写作课一直都是美国大学的必修课程。近些年来,人际关系课程取得了很大的进步,这些课程不再是一些"不证自明"的观点和毫无依据的理论的堆积。有关人际关系一些最为重要的概念和观点都有了非常深厚的理论根基,且许多已被运用到心理学系或其他专业研究生院的课程中了。

关于是否应该开设人际关系课程的争议,其实是第二章所讨论的"教育目标之争"的一部分。多数捍卫自由教育的教授认为,教育就是传授知识、促进理解,越高深越思辨的知识越有价值;而绝大多数学生(以及用人单位)更拥护实用知识,他们并不仅仅满足于批判性思维和写作技能的培养,还希望提高自己口头表达、有效聆听、数理推理以及人际交往方面的能力。

其实"教育目标之争"并无本质上的错误,大学也一直在努力调和教授观点与社会需求之间的矛盾,即将高深学问与实用知识结合起来。解决这一矛盾有多种途径,有些能达到双赢的结果,有些则会引发更多问题。其中一种方案是:在尊重双方观点的基础上,承认社会的需求,并巧妙地将这一需求与教授的观点结合起来,最终达到双赢的结果。而另一种方案则是让研究生或兼职教授来完成这些实用课程,这样教授就可以避免卷入其中。然而,这一方案却带来了一些问题,这在基础写作课、外语课、人际交往课程中尤为明显。在本科生教育中,越来越多的重要课程由讲师来完成,而大学并没有根据教职员工的聘任制度精心挑选讲师,也没有对其进行培训或监督,以确保本科教学的质量。

人际关系课程的"前景"如何仍无人知晓。但可以肯定的是,这一问题最终一定会得到解决。当然绝不会是通过教授投票表决的方式,而是通过对每一堂人际关系课,每一项相关的课外活动的积累和总结。这是一个漫长的过程,关于在这一过程中大学应做哪些努力,本章都已反复提及,如开设多元文化的必修课程、开设口头表达课程、提供性别研究项目、进行小组学习实验、对新生开展一段时期的关于种族意识和男女关系的教育以及建立男女混合宿舍等。我们相信,最终每所大学都会开展形式多样的活动,帮助学生学会如何更好地与他人相处共事。到那个时候,美国大学所关注的问题将不再是有没有必要培养学生人际交往的能力,而是如何培养这种能力——是继续以零散的方式穿插于学校生活的各个方面,还是将其统一为知识体系,系统地传授给学生?

第九章

为全球化社会做准备

二战之前,美国的大学对美国之外的世界几乎一无所知,这着实令人惊讶！到 225
1940 年,全美 150 000 名教授中,只有不到千分之二的教授是国际问题专家,而大学中
国际学生的数量更是微乎其微。这一切在 1945 之后发生了转变。与第一次世界大战
一样,冷战帮助美国从孤立主义中走了出来。学者和科学家们很快成为美国政治的思
想库,帮助美国制定各项国际政策。政府部门和一些主要的基金会积极鼓励大学培养
国际事务方面的人才,展开国际问题研究。外语学习热情高涨;国际关系课程蓬勃发
展;区域研究中心如雨后春笋般涌现,它们积极开展对世界主要地区的跨学科研究。
通过以上努力,美国成为高等教育国际化进程中的先锋军。到 1980 年,国际研究方面
的专家数量超过 200 名的大学已有 20 多所,而在 40 年前,全美所有大学的国际问题
研究专家加起来也不过 200 余人。[1]

然而,遗憾的是,尽管美国大学对国际问题的研究有了长足进展,但是美国大学生 226
对国际事务依然知之甚少。众多研究表明,与大多数工业国家的年轻人相比,美国的
年轻人对国际事务的了解要少得多。例如,在一次"学生对国际事务了解程度"的研究
测验中,美国大一学生的正确率只有 42%,而大四学生的正确率也只上升了
10%。[2]1986 年,美国国家地理学会在九个国家进行了一次大规模的测验,结果显示,美
国 18—24 岁的年轻人在地理以及相关国际事务方面的知识,比其他八个国家的年轻
人要少得多。此外,在这九个国家中,只有两个国家的年轻人对国际事务的了解不如
上一辈,而美国就是其中之一。更糟糕的是,在类似的测验中,现在美国的年轻人居然
比 40 年前同龄人的表现还要差。[3]

显然,大学有责任培养学生的国际意识,帮助学生为将来的生活做好充分准备,以
应对全球化的挑战。在全球化进程中,美国扮演着重要的角色,美国的政府官员、企业
主管、各领域的专家都时刻准备着与来自不同国家、不同文化的人共事。那么,今天的
大学生应该学习哪些知识呢？在帮助学生应对全球化的挑战中,大学又能做些什
么呢？

以下四个目标尤为重要,它们反映了大学教育全球化的趋势。

第一,联邦政府和私人组织出于国际利益的考虑,需要招募大量的专家。这些专家不仅精通外语,而且对某一国家、区域或某一国际问题了如指掌。当然多数专家是在研究生院习得专门知识的,但是本科学院有责任培养学生对这些问题的兴趣,并帮助学生为以后的学习打好坚实的基础。

第二,所有的本科生都应该学习一些关于国际关系、全球议题和美国国际地位等方面的知识,成为一位名副其实的有责任感的公民。国际问题对美国而言至关重要,而美国各项政策的制定都是基于公众的意见(至少通常是这样做的)。因此,大学应该努力将学生培养成为谙熟时事、富有思想、具有国际视野的公民。

第三,越来越多的大学毕业生有机会到国外旅游,或以企业主管、专家的身份与其他国家的人打交道,他们往往需站在全球的高度来思考问题并做出决定。因此,大学必须培养学生高度的敏锐性,帮助学生理解不同的社会和文化,使学生在日趋国际化的环境中更高效地工作。

第四,了解他国的风貌,学习他国的文化,可以帮助学生更好地了解本国的风俗习惯、价值观和社会制度。只有了解了其他社会的习俗和信仰,洞察社会差异背后的原因,我们才能更充分地理解和评价本国特有的政府行为、社会制度和政策,以及我们对自由、平等、个人责任和其他重要价值观的看法。大学应该身先士卒,责无旁贷地为学生拓展这一比较的视角。

确立国际化学习计划的目标并非难事,然而如何完成这些目标却给大学提出了难题。世界上每个民族国家都有自己的历史、语言、文化和政治制度。没有人能够预知学习某个国家的文化,会对学生今后的生活带来怎样的帮助。50年前谁曾预料美国会占领波斯尼亚、阿富汗和伊拉克?有谁曾料想中国有朝一日一跃成为美国贸易的主要市场?又有谁曾料想激进的伊斯兰分子会成为美国反恐的对象?面对诸多不确定因素,大学又该如何帮助学生了解不同的国家、不同的文化和不同的国际问题,为学生的未来生活和职业生涯做准备呢?

玛莎·努斯鲍姆(Martha Nussbaum)在解释这一问题时写了下面一段话。她虚构了一个叫安娜(Anna)的大学毕业生,安娜的老板计划在北京成立一个办事处,若想胜任这份工作,安娜应该具备哪些条件呢?

她需要了解中国人不同的职业观(不能想当然地以为中国人只有一种职业

观);她需要知道合作关系网络是怎样形成的?在中国员工和美国员工的交往中可能会产生哪些误解?此外,她还需要学习中国现代史,因为文化大革命的残余思想仍然影响着中国人的观念。安娜还需要了解最近中国政府所奉行的鼓励妇女回家相夫教子的政策,并将其与鼓励妇女优先下岗的行为联系起来,这也就是说,她需要了解从儒家传统到现在中国女性的社会地位的变迁。她还需要具备一些女性研究方面的相关知识,尤其是美国学者的研究,因为中国大学中的女性研究深受美国的影响。当然,她还需要具备人权方面的知识,清楚哪种程度的行为是不人道的,应该对其进行指责。在以后的生活中,安娜还要学会如何处理"反黑人的种族歧视"问题,因为最近中国政府欲将那些人体免疫缺陷病毒测试阳性的人驱逐出境。为了更好地理解这一问题,她需要了解长期以来中国人对"种族"和"性"的看法,这一点非常重要,因为一旦掌握了这些知识,即使有一天周围的人不接受她的观点,她也不至于迷失方向。[4]

我相信这段话提出的要求足以令人却步,然而,大致翻阅努斯鲍姆的书,我们会发现以上所总结的只是国际化素养的"冰山一角"。安娜还要精通中文、熟悉中国文学、了解中国宗教和哲学。她还需要了解中国政府的做事方式,以及共产党政权制度中的商业行为。这么多要求确实让人惧怕,但如何使学生达到这些要求更是一项艰巨的任务。安娜在大学求学期间可未曾想到自己今后要在北京工作,或有可能被派到布达佩斯(Budapest)、班加罗尔(Bangalore)或布宜诺斯艾利斯(Buenos Aires)工作。

面对这一挑战,努斯鲍姆提出应该开设这方面的必修课程,这一思想贯穿于她的整本书之中。例如,"所有的学生都应该对世界上的几个主要区域有所了解";"要求学生深入了解某一非西方文化是明智之举";"为了更好地理解美国历史,所有美国公民都必须理解美国黑人所取得过的成就和所经历过的苦难";"学生必须对不同国家的历史和文化有所了解";"所有的学生都必须熟练运用一门外语阅读报纸和简单的文学作品,听懂广播和电视节目"。[5]

然而,如何将这些要求整合到课程中去,且确保学生还有充裕的时间完成其他通识教育的目标呢?努斯鲍姆一直没有回答这一问题。[6]尽管她所描绘的只是一座"空中楼阁",但至少她为我们展现了一幅蓝图。超过80%的大学校长(超过70%的本科院校的官员)认为,本科教育国际化"非常重要"[7]。理查德·兰伯特(Richard Lambert)和他的团队进行了一项研究,他们采访了40多名校长,当问及如何提供合适的国际化教育时,校长们的回答是:"我们还没有找到一套切实可行的方案,尚不能提供一个令人满意的答案。"[8]

为全球教育提供机会

尽管"促进本科教育国际化"的蓝图尚未最后形成,但是我们不难发现,绝大多数美国大学为学生更好地理解世界创造了条件。显而易见的例子是,各大学为学生开设了大量的跨文化的课程,内容涉及政治学、人类学、文化艺术等领域。大学还为学生开设了外语课程。此外,绝大多数大学还为学生提供了海外学习或工作的机会。最后,国际学生的加入也为美国本科生更好地理解他国的文化和价值观提供了机会,同时也拓宽了他们的视野。以上四个方面在帮助学生为今后全球化的生活做准备方面起到了重要的作用。

课程 尽管大多数本科院校将国际化作为优先考虑的目标,然而仍有将近一半左右的本科院校没有要求学生选修任何国际课程(international course)(外语课程除外)。超过60%的高校只要求学生选修一门国际课程,而只有不到10%的本科院校要求学生选修3门国际课程。[9] 根据理查德·兰伯特的调查,在1980年代末,本科生在四年学习中,平均每人选修的国际课程的数量为2.5门(文理学院的学生平均每人选修国际课程的数量为4.4门);其中约50%的课程涉及文化和历史,10%—15%的课程涉及艺术,10%—15%的课程涉及政治学,不到5%的课程涉及经济学。[10]

目前还没有美国大学生选修的国际课程数量的最新数据,但是从已有的一些研究看,早前的数据不会发生根本性的变化。美国教育委员会(American Council on Education)2003年颁布的一份报告写道:将近一半左右的本科生自称在上一年没有选修过任何国际课程,只有不到三分之一的学生声称选修了两门国际课程。[11]

国际课程有助于培养学生的公民意识,帮助学生更好地理解美国在国际社会中的地位以及面临的全球问题,然而只有少数学生选修过此方面的课程。美国教育部的调查结果表明,不到10%的学生选修过国际关系的课程,只有5%(或不到5%)的学生选修过外国政策、国际贸易、国际金融或政府比较研究方面的课程。[12]

很多大学生选修了文学、历史、外语等方面的课程,这些课程可以开阔学生的视野,帮助他们更好地了解不同的文化。然而,没有数据表明究竟有多少这方面的课程是专门为国际教育开设的,有多少课程是为了帮助学生理解其他社会和文化差异,鉴赏不同的价值观、风俗人情和公共政策。实际上,学校所开设的绝大多数课程,如法国文学、欧洲历史等,都是从教师自身的学科背景从发,讲授他们熟悉的知识,而传授当代文化反而成了课程的附带品。

为了促进多元化校园的发展,绝大多数大学要求学生选修一门多元文化方面的课程。这类课程往往五花八门,但其中只有小部分真正涉及外国文化。大约有三分之一的本科院校要求学生选修一门"非西方文化"的课程,这类课程主要介绍加拿大、澳大利亚和西欧之外的其他国家或地区的观点、问题或事件。[13] 此外,在"美国女性和少数族裔历史分析"的课程中,也会涉及到培养学生如何欣赏不同价值观以及理解不同的生活经历。这类课程期望通过培养学生对他国文化的包容性和对不同观点的敏感度,帮助学生更好地了解外国文化。

整体上看,大学在帮助学生成为具有国际视野的公民和谙熟他国文化的专家方面所做的准备还远远不够。仅仅从课程设置看,大学确实为学生提供了这方面的机会,然而提供机会是一回事,如何充分利用这些机会是另一回事。尽管目前还没有相关的统计数据,但是我们不难发现,绝大多数学生在大学四年内并没有为将来成为具有国际视野的公民或专家做好准备。 233

与以往相比,今天的学生成为国际事务方面的专家的可能性更大。到 1990 年,已有超过四分之三的综合性大学和 44% 的本科院校至少开设一个国际研究相关的专业;有超过四分之一的本科院校和三分之一的综合性大学设有"国际关系"专业。在本科生的专业课程中,少数学校将"国际商业"作为一个学习领域纳入到"商业"这一大类中,供学生选择,这一现象正在呈快速增长的趋势。[14] 此外,大多数研究型大学为学生提供了大量国际化课程,不仅开设"国际政治"、"国际经济",还开设介绍世界上其他地区历史、社会、文化方面的课程。当然,并不是每所本科院校都有条件开设这些课程,对于那些将来想从事国际事务方面工作的学生而言,他们不得不转到其他能提供这方面教育的大学学习。虽然这样做并不能从根本上解决问题,但是如果仅仅是为了满足学校中少数学生的需求而开设大量的国际课程、招聘大量的教师的话,那么将造成资源的浪费。

外语学习　随着全球化浪潮的到来和各国关系的日益密切,超出 80% 的大学教师认为每个学生都应该选修外语课程。1966 年,89% 的本科院校提出要求学生选修外语课程,然而,实际上只有 73% 的院校实施了这一计划。此外,外语课程在总课程中所占的比例从 1960 年代的 16% 下降到 1970 年代末的 8%。即便在那些将语言课 234

程作为必修课的学校里,对语言学习的要求也不是很高。只有不到 20％的本科院校要求学生学习两年以上的语言课程。[15] 在外语学习中,大多数大学生一直停留在基础课程阶段,只有不到 15％的学生有能力学习高级课程。

就目前的组织和实施情况来看,语言课程的教学和英语写作课程存在着一定的相似性。与写作课程一样,语言课程通常由文学系开设,至于教学目标则见仁见智:有些教师强调语言表达的流利性;有些教师注重阅读能力的培养;还有些教师期望学生通过语言的学习达到文化理解的新高度。[16] 总的来说,绝大多数教师将语言视为学习外国文学的工具,很少有人将其上升为一门技能,他们很少强调对语言本身的掌握和使用。与此同时,目前关于语言教学的方法铺天盖地,但究竟哪一种方法最切实可行,还鲜为人知。[①]

235　　　语言课程与写作课程同处于文学系,前者所面临的难题也同样长期困扰着后者。许多文学系的教授将语言学习视为轻而易举之事,认为无需费神传授,因此在一些开设博士学位课程的院校里,语言教学的任务通常交由没有经验的研究生助教承担。[17] 尽管越来越多的文学系开始为助教提供培训项目,但是这些培训涉及面小,除了法语、德语、西班牙语等语种外,这些培训通常只是蜻蜓点水,没有深入传授教学方法。很少有老师根据学生的需求改变自己的教学方法,或尝试新的教学法和新的教学技术,以增加学生的学习兴趣,提高学习效率。

语言课程所存在的种种问题引起了相关人士的广泛关注。理查德·兰伯特在全国范围内进行了语言课程修读情况的调查,他总结道:"许多学生真正用来学习外语的时间非常短暂,在这么短的时间内达到熟练程度(即便是达到最低的标准)几乎是不可能的。"[18] 哈佛大学著名外语专家威尔加·里弗斯(Wilga Rivers)认为,语言学习的奥秘在于创造,而不是模仿,"许多语言教学的老师总是不厌其烦地要求学生模仿与重复,其实对原有模式进行重构和转换才是语言学习的金科玉律"。[19] 目前很少有研究专门探讨教学对语言学习的影响,即便有这方面的研究,其论据也不充分。[20] 亚历山大·阿斯汀曾对上千名大四学生展开了调查,结果表明,只有 8.1％的大四学生认为通过本

---

① 行为主义者(强调联系和积极强化)、乔姆斯基派语言学家(Chomskyite linguistics)、认知心理学家等在语言学习方面形成了不同的流派,彼此针锋相对。如:完全沉浸在语言环境中;从已知慢慢过渡到未知;在课程上要说母语;不允许说母语;强调语法;不强调语法;完全用肢体表示所听到的内容,帮助理解;角色扮演;听音乐帮助理解等等。目前,尚无人知道哪种方式最为有效。由于课程目标、学生学习方式和认知能力存在差异,教学方法也因课程和学生而异。见 Alice O'Maggio, *Teaching Language in Context*)(1986).——作者注

科四年的学习,自己的外语能力得到了"很大"提升。[21]结合以上的分析,阿斯汀的这一研究结果并不令人惊讶。

海外教育　海外学习项目是学生理解和适应他国文化的另一条有效途径。尽管 236
海外学习项目已有悠远的历史,但其真正蓬勃发展还是在近几十年。目前,有 85% 的本科院校提供海外学习项目,2001—2002 年度参加该项目的学生已经超过了 160 000 人。[22]海外学习的经历可以给本科生带来诸多好处。[23]他们的外语能力可以得到很大的提高,尤其是与当地人一起生活,且时间长达一个学期之久,或在一个不得不使用当地语的环境中生活。长期与其他国家的人保持积极的接触,可为学生提供了一门硕果累累的"文化课程"——学生需要跳出狭隘的思维,深度透视其他社会的现实状况,保持思想的深邃性,避免对事物一概而论。此外,还有其他证据表明,通过海外学习,学生的观念发生了很大转变,如,对国际事务更感兴趣;更乐于为和平和国际合作事业作贡献;更宽容地对待不同的观点和文化。[24]除此之外,还有研究表明,海外学习经历可以让学生变得更自信,更独立,更能在复杂的环境中生存。[25]

然而,就目前的情况来看,海外教育在增加学生国际理解方面并没有达到所预期的效果。尽管每年参加此项目的学生人数不断增长,但是其比例仍只占本科院校全日制学生总人数的 12%。[26]此外,在本科院校里,非全日制学生将近占了四分之一,对这 237
些学生而言,到海外学习几乎是不可能的,因为这些人大多工作缠身。即便是那些有机会参加此类项目的学生,往往也因为时间过短而没有得到实质性的收获。在 1950 年代,学生在海外学习的时间是整整"大三一年",而现在 70% 的美国本科生在海外学习的时间不足半年。大多数学生选择到与美国情况相似的国家,英国是学生的首选国,其次是法国、西班牙、意大利和德国。只有不到五分之一的学生选择到"非西方文化"的国家——这些国家与美国有着很大的文化差异,其实更有利于学生突破狭隘的思维空间,更好地面向世界。[27]

无论学生选择哪个国家,海外学习的机会都没有帮助学生更深入地理解外国文化。与其他国际学习项目一样,大学并没有为海外教育项目提供相配套的课程,没有为学生海外学习做好充分的准备,使他们更好地利用这一宝贵时光。在该类项目中,有超过三分之一的学生对其留学所在国的语言一窍不通,20% 的学生之前虽参加过语言培训,但其程度也只停留在初级阶段。[28]大多数学生对留学国家的历史、政治、文化一无所知。由于缺乏充分的准备,只有少数勤奋的学生能够完全融入当地社会。此外,只有不到 10% 的学生能与当地学生一起上课,而大多数学生只能参加那些专门为美国学生开设的课程。总而言之，大多数海外学习项目在帮助学生更好地理解外国文化和社会方面并没有发挥应有的作用。[29]

国际学生 国际学生数量的增加从另一个方面促进了本科教育的国际化。迄今为止，美国大学里留学生的数量已接近 50 万，这个数字超过 50 年前的 15 倍。由于学生乐于互相学习，因此国际学生的加入，为大学带来了丰厚的教育资源，它有利于开阔学生的视野，使他们有机会接触到不同的文化传统、观点和价值观。

然而，与海外学习项目一样，大学还没有充分意识到招收国际学生的重要性。首先，尽管国际学生的数量看似庞大，然而在整个学生群体中，留学生的比例不足 3％。此外，这些学生并不具有很强的代表性。大多数国际学生家庭条件富裕，其中有三分之二的学生声称没有接受任何外部的经济资助，[30]而来自贫穷国家的学生数量极为有限。与美国学生一样，很少有国际学生是因为学术能力或智力特长而被录取的。绝大多数情况下，美国大学所招收的只是那些来自富裕家庭（因为大学相信有钱学生的家长最终会为大学提供捐款）或有体育特长的国际学生。

虽然许多国际学生走进了美国大学的校园，但是并非所有的学生都能很好地融入美国大学的生活中。有些学生语言不过关，哪怕是简单的交流也有困难；有些学生居住在校外或专门安排的宿舍单元，他们通常只生活在狭小的社交圈里；只有少数性格开朗、善于交际的国际学生能与美国学生打成一片。迄今为止，几乎没有一所大学能够扭转留学生与美国本土学生相互隔阂的局面。[31]

值得庆幸的是，随着大量国外移民的涌入，越来越多的大学生随着父母来到了美国，这些学生往往能很好地融入美国校园。此外，他们对本国的文化也相当了解，许多学生不但在家使用本国语言，而且还专门学习本国的历史和传统文化。与国际学生相比，这些学生可能对美国或其他民族的文化了解得不是很多，但是他们为美国校园带来了新的文化，开阔了美国大学生的视野。

寻找结果 经过四年的大学学习，学生对美国之外的世界究竟了解了多少呢？这个问题很难回答，因为我们很难对其进行估算，就算有这方面的研究，数据也比较零散陈旧。美国考试服务中心（ETS）曾于 1979 年对美国 185 所高校的 3 000 名本科生的"国际背景知识"进行了一次测验，这是目前唯一的一项比较综合、全面的研究。考试题型全为选择题，满分为 100 分。大一学生的平均成绩为 41.9 分，大四学生的平均成绩虽有所提高，但也只有 50.5 分。一位出题者就这一结果评论说："这么小的差距着实让人感到惊讶，本以为四年的高等教育能大大地开阔学生的国际视野。"[32]另一组比较有说服力的数据来自亚历山大·阿斯汀的研究报告：只有 8％ 的大四学生认为经过四年的大学学习外语水平得到了很大的提升。[33] 总之，有关这方面的研究大多比较零散，缺乏系统性和指导性。然而，将前面所讨论的各项研究成果（如，学生的选课情况、海外学习的时间、与国际学生接触的程度）综合起来考虑，我们不难发现，大学在帮助学生迎接国际化挑战方面所做的努力还远远不够。

完善培养方案

随着全球化浪潮的推进，各国之间的联系日益密切，那么大学该如何利用现有机会培养学生的国际视野，为全球化社会做准备呢？面对如此多的国家、如此多的语言、如此多的问题，大学很难给出答案。而专家则希望大学能有更多的投入——更多的国际课程、更多的海外教育机会、更多的语言训练、更多的国际学生。然而，对于绝大多数大学而言，目前最缺乏的是一套能将这些项目很好地整合在一起的综合性方案。此外，这一套方案还应与本科教育的其他目标相匹配，共同构成完整的本科教育体系。下面所讨论的只是我的初步设想以及在实现这些目标的过程中大学将面临的一些具体问题。

课程　本书第七章曾对大学如何培养公民问题做过论述，其中写道：大学应开设专门的课程帮助学生熟悉美国的对外政策、国际问题研究的组织机构以及所面临的全球挑战，如，国家安全问题、人权问题、国际贸易问题和环境问题等。当然这类课程不可能面面俱到，也不可能预测学生今后生活中会遇到的所有问题。然而，一门精心设计的课程至少可以唤起学生对国际事务的兴趣，使学生熟悉美国的对外政策，了解美国和其他国家解决共同问题的方法和程序。此外，这类课程为学生纵览国际风云、评议当今时事、前瞻时代趋势提供了一个新视角。

除了修读外交政策和国际关系课程外，学生还需要学会如何理解不同的国情和不同的文化。这一问题看似容易，实践起来却异常困难，因为在有限的课程里，学生不可能深入了解其他国家，即便集中学习少数几个国家，也只能泛泛而谈。世界风云变幻莫测，无论学生在大学里学习和研究哪些国家，等毕业后他们将会发现，这些国家都不可能直接影响他们的生活。

面对这一问题，玛莎·努斯鲍姆给出了几点有用的建议。[34] 她认为，没有一门课程或一组课程可以使学生了解所有的国家、所有的文化，哪怕只是世界上最重要的几个

240

241

国家,最重要的几种文化。那么该怎么做呢? 努斯鲍姆认为,由于文化的差异,许多人在接触新的社会和文化时,会产生一些误解,因此一个比较可行的办法就是消除学生固有的对其他文化的偏见和误解。通过这样的课程,学生将会发现,许多美国人习以为常的价值观、生活习惯、态度和看法,并非放之四海而皆准。虽然其他国家的人们和我们存在一定的相似性,但不是每个方面都和我们一样。此类课程还揭示了不同制度文化间的差异性以及造成差异的原因。此外,一门好的课程还可以改变学生对其他文化的"浪漫化"看法,同时也能使一些学生认识到,在遇到类似的社会问题时,美国人也未必比其他国家的人们表现得更正直或者处理得更好。总之,这类课程将告诉学生:其他国家的文化要比我们想象的复杂很多,许多笼统的归纳往往简化了社会现实,即

242 便是著名的专家学者有时也无法准确地揭示他们自己国家的国情。

在这方面大学仍需继续努力,从文学到经济学、政治学等课程,都应引入国外的材料,供学生比较学习。比较的视野不但可以丰富国际课程的内容,还可以加深学生对本国社会的理解。只有了解了议会制国家和其他多党制国家的特点,我们才能更好地理解美国政治体系的优缺点;只有比较了其他国家的文化,我们才能更好地理解本国的文化;只有与欧洲、加拿大、日本等国相比较,我们才能更好地评价本国的医疗保健体系及其他社会政策。然而,遗憾的是,以往的经验告诉我们,在课程中引进新材料的举措往往只是纸上谈兵,无法付诸实践。只有校方反复强调该方案的重要性,给予教授一定的财政资助,并提供充裕的时间来帮助教授重新制定教学计划,这一方案才能取得成效。尽管多数大学都还没有采取具体行动,但是也有少数高校开始组织专题研讨会或为教师提供财政资助,帮助教师在课堂中引入可供比较学习的教材。[35]

外语学习 在国际教育中,没有哪个领域能像外语学习一样备受关注。外语课程

243 在本科课程中应该扮演怎样的角色呢? 对这一问题的回答众说纷纭。争议主要围绕着大学是否应该要求所有的学生至少选修一门外语课程展开。支持者认为,大学毕业生最终将会发现精通另一门语言对今后发展至关重要,持这一观点的以校外人士居多。而在大学里,外语教授给出的理由则少了几分功利色彩,多了几分学究味,更符合学术界的要求。他们指出,学习外语是克服"种族中心主义"(ethnocentrism),提升对他国文化兴趣的重要途径。[36]还有学者认为,学习外语可以帮助学生更好地理解本国语言。

而持反对意见的人更是义正词严。他们认为强迫学生学习外语,只会加重教师和学生的负担,对教师而言,伤神伤力;对学生而言,徒劳无益。虽然全球化的浪潮在步

步推进,但是并不是每个人都需要用外语交谈或阅读,有些人一辈子都不怎么出国旅游。而那些经常出国访学的教授,即使不懂外语也照样可以应付自如,因为现在英语已逐渐成为世界通用语言,被广泛使用于商业、法律、科学研究等领域。

另一个更具说服力的理由是:本科生根本不知道自己今后将在哪里生活,更不用说需要掌握哪门语言了。最后,很可能出现这样的情况:等他们进入社会后发现大学里所学的这门语言并非他们工作所需要的。就算他们足够幸运,大学所学的语言与工作需要对口,实际情况也并非如人所愿,很少有学生可以流利地使用这门语言,并在他国文化中自如地生活。据美国驻外领事处估计,其工作人员需要经过 240 个课时的外语培训,才能就某一个熟悉的话题比较轻松地展开对话。[37]而非西方语言(非印欧语系的语言)的学习则需要 480 个课时(别忘了外事办的人员才智聪颖,学习动机强,且学习条件无与伦比)。240 课时相当于一个学期每周上五次课,每次 3 个小时的课时量,远远超出了绝大多数本科院校对学生的要求。从实际情况来看,大多数本科院校是不会同意将其外语课程的课时数增加至标准要求的。

其他支持开设语言课程的理由同样难以令人信服。很少有学者对"外语学习"和"克服种族中心主义"之间的相关性进行过深入研究,到目前为止仅有一项此方面的研究,其结论认为两者之间的相关性很小。[38]诚然,语言是文化的载体,外语教学离不开文化的传承。一些资深的外语教师经常说要培养学生的文化意识,并将其融入到外语教学过程中。[39]然而,外语课程毕竟只是语言课程,它不可能和文化理解课程一样,达到培养学生文化意识的目的。[40]那些教授语言课程的研究生助教或兼职老师并没有接受过专门的训练,并不知道怎么向学生传授文化知识,在课堂上他们集中时间帮助学生进行有效交流和阅读。在这种情况下,文化教学只能泛泛而谈,而学生学到的也只是一些大而空的结论。有一段著名的论断这样写道:"在了解了快餐店在美国社会中的地位后,学生们往往理所当然地认为美国人崇尚方便、快捷、整洁的价值观。"①

尽管反对强迫学生学习外语的呼声高涨,但是在某些环境下,外语课程还是备受重视的。理查德·莱特曾对一所学院做过调查研究,发现与其他课程相比(除用外语

---

① 同样,关于语言课程有助于学生更好地了解英语的论断也很难令人信服。尽管法语或德语的学习可以为学生提供一个不同的视角,使他们重新审视英语的结构和属性,但是,这一观点目前还没有得到有力的证实。与那些精心设计、专门分析英语语言的课程相比,其他语言的教学很难达到同样的效果,况且绝大多数外语教师并没有受过专门的语言学、心理语言学或哲学的训练。见 Alice O' Maggio, *Teaching Language in Context*)(1986), p. 397.——作者注

授课的文学课程外)，学生更重视语言课程。94％的校友强烈要求学校尽最大努力，为学生开设外语课程，97％的校友赞成应维持外语课程的必修课地位。[41]

尽管学生和校友对语言课程充满信心，语言课程作为必修课也合情合理，然而，绝大多数大学目前的状况仍不尽如人意。语言课程的目的究竟是为学生今后在他国更好地生活做准备，还是为了满足文学系的利益，为培养文学研究生做准备呢？大学通常采取折中的做法。大学往往开设大量的语言课程，但是课程的质量却大打折扣，这些课程并没有帮助学生熟练地掌握一门语言。

无论外语是否为必修课程，学校都应该鼓励学生精通另一门语言。尽管多数本科生的外语学习时间不超过两年，但是出人意料的是，许多大一新生进校时就已经具备了一定的外语能力。超过90％的学生自称在高中学过外语；超过40％的学生自称能用外语阅读小说或课本；超过三分之二的学生自称能用外语进行简单的交流。[42]当然，不可否认，以上数据可能略有夸大其词，但是大学确实能够在恰当的时间里，帮助学生在已有的基础上获得更大的进步。然而，令人不解的是，学生的外语水平并没有因大学教育而突飞猛进，相反只有不到20％的本科生有资格进入高级语言课程学习。[43]

除了为不同水平的学生开设语言课程外，大学还可以采用其他方式鼓励学生学习语言(事实上，在大学里这一现象已普遍存在)。例如，在宿舍楼里组织"外语角"，鼓励学生练习口语；安排美国学生与来自其他国度的学生居住在一起；将外语成绩作为申请海外学习或实习的前提条件；为外语水平较高的学生适度地增加一些外国文学和文化方面的课程。

然而，没有高质量的教学，所有的努力都将是徒劳的。倘若大学仍坚持让研究生或兼职教师(他们往往没有经过专门的培训，而老一辈给他们的忠告则是"不要太把教学当回事")承担外语课程的教学工作，那么外语学习的目标将难以实现。[44]以外语写作课为例，若想开设一门高质量的写作课程，大学必须出资招聘一批才智聪颖、经验丰富的老师，给予他们合理的报酬，提供专门的培训，并对其进行监督和评估以确保高水平的教学质量。

海外教育　海外教育与外语学习以及其他国际课程相辅相成，在培养学生国际视野的总体方案中占有重要地位。然而，在推行海外教育项目时，大学仅仅给予财政资助是远远不足的。目前，就海外留学而言，无论是在学生数量还是文化融入方面，美国都远不如欧洲。美国大学的海外留学项目往往时间短暂，与当地社会缺少互动，且可供选择的国家大多与美国有着相似的文化背景。为了达到更好的效果，应将学生海外留学的时间延长至一个学期。在海外学习开始之前，应确保学生的外语水平达到最基本的要求。此外，学生应该选修一门与访学国相关的课程，或阅读大量材料，提前熟悉该国的状况。这样，当学生开始海外学习时，就已经对该国的历史、政治、文化有了初步了解。最后，在条件允许的情况下，尽可能确保学生海外学习的开放性，使学生能融入当地社会。如果学生实在没有能力参与当地大学的常规课程，那么他们至少也应该与当地人居住在一起，并有选择性地参与一些本土课程。

国际学生 国际学生进入校园，有助于开阔美国大学生的国际视野，促进国际理解。当然大学需招收更多具有代表性的留学生，并给他们提供财政资助。目前大学所面临的最为迫切的挑战，就是如何帮助国际学生更好地融入校园生活。为了达到这一目标，大学作了种种努力。如，鼓励学生参加"中东对美态度"的研讨会；邀请法国学生为有兴趣的同学主持"法语角"等。许多本科院校还有"结对子"的项目，即留学生与美国当地学生一对一学习，这样既可以帮助美国学生学习外语，也可以帮助留学生熟悉校园生活。[45]当然，最有效的措施就是安排美国学生和留学生居住在一起。可是对住校生数量很少的大学而言，这一措施很难落实。即便如此，留学生最好的学习地方不是在课堂，而是在餐桌上、宿舍里和学生生活的各个方面。 248

全球教育发展展望

相比较而言，促进全球理解是本科教育中新增的一个目标。目前人们对"全球教育"的理解还不够透彻。此外，随着各国关系的日益密切，对于学生应该具备哪些技能、态度和知识以帮助他们更好地理解世界，还没有形成一个统一的答案。[46]教育家们至多只能指出哪些教育经验与全球教育相关，或哪些知识比较实用，但是如何将这些经验有效地组合在一起，形成一个完整的体系，还是一个有待解决的难题。这就像做蛋糕一样，尽管我们已经知道了做蛋糕所需要的原料，但并不知道各原料的配比，以及最后出炉的蛋糕会是怎样的。

有专家对这一问题做了深入的思考，他们认为，为了促进全球理解学生需要掌握 249 "跨文化能力"（intercultural competence）。其理由非常具有说服力：本科生不可能掌握所有国家的文化，哪怕是当今最重要的几个国家的文化。现在大学的处境与 19 世纪晚期法学院的处境极为相似。那时，大学不可能将所有州的所有法律都传授给学生，于是，法学院的教师们力排众议，将传统的传授现有法规条例的授课方式，改为向学生传授推理方法，而具体的法规条例留给学生自己去查阅和学习。同样，在全球理解的课程中，教授应重点培养学生探索不同文化的能力，而非填鸭式地向学生灌输大量事实性的知识，如某个国家的历史、制度、文化等。

当然，介绍国外文化是必不可少的，但是介绍这些事实性的知识只是手段，而非目的，其真正的目的是希望通过文化的学习改变学生的态度（如：思维更加开放；对其他文化更加包容；对不同的观点更加尊敬）、培养学生跨文化理解的能力（如：培养学生认真倾听的能力；对不同价值观和观点保持敏感；能认识到不同文化间的异同点；能用比较的思维进行思考和推理）。正如法律课程的核心任务是帮助学生"像律师一样地思考问题"，全球理解课程的核心任务应该是培养学生的"跨文化思维"。

然而，要想达到这一目标困难重重。首先，目前关于"跨文化思维"尚无一个完整250 的定义。其实，跨文化思考是一种技能（"跨文化能力"一词蕴涵了技能之意），许多文理学院的教授不愿教授技能。即便有教授愿意上，也只是泛泛而谈，无非是向学生传输一些事实性的知识和概念而已，而没有真正帮助学生提高能力——如何将文章写得有条不紊，如何进行批判性地思考以及如何理解其他社会。因此，外国文化课程通常变为国家概况介绍，只是详细地向学生介绍某国的历史、制度和社会问题，而没有培养学生如何理解他国文化，如何适应不同的社会。

以上讨论是从教学层面展开的，下面我将从院校组织管理层面来讨论全球理解教育遇到的另一难题。正如在前面描述的，成功的"国际理解"方案通常由多种要素构成，孤立地看待各个部分，将很难发挥其功效。例如，若不将语言课程与海外教育或高级外国文学研究课程（用外语授课）结合起来，那么学生的外语水平很难达到熟练程度。文化课程应与其他学科的知识结合起来。与此同时，海外教育的经历有助于学生更深入地理解文化课程所传达的知识，反过来，文化课程的学习将帮助学生事先了解访学国的文化，丰富学生海外学习的经历。对于有海外学习背景的学生而言，若他们有机会在校园里接触到曾访学过那个国家的学生，并与他们共同探讨留学时形成的观点和看法，将会受益匪浅。总的来说，若想整合各部分活动，那么如何协调各部分的关系变得至关重要。

一套完整的教育方案需要大学各部门间的合作。文理学系、国际学生办公室、海251 外留学项目以及分散在各文学系的外语教师之间应相互协作，形成一个有机的整体。然而遗憾的是，目前这些部门的合作尚未制度化。理查德·兰伯特指出，"犹如自助餐一样，通常大学向学生提供的只是一些随意拼凑的课程；而课程混乱是长期以来各系

教师聘用政策不连贯和教师开设课程的随意性留下的后遗症。"⁴⁷

解决这一问题并非易事。美国大学不同于欧洲大学,欧洲大学长期以来受中央政府的监督,大学内部的凝聚力比较强,而美国大学长期以来崇尚自治,各部门间的关系比较松散。在美国大学里,各院系相对独立,自行其是,它们反对外界对其指手画脚,干涉学术自治。此外,国际学生办公室之类的重要参与部门与各院系之间缺乏联系,甚至受到文理学院的排挤。总之,各参与部门之间不平等的地位导致进一步的合作困难重重。

这些问题并不仅仅发生在国际教育领域。绝大多数教师坚持自己的标准和理念,拒绝任何形式的合作。"学术自由"原本是为了捍卫学术研究的一项原则,它赋予学者自由表达观点的权利,现在这一原则延伸为各种形式的自由,在该原则的庇护下,教授有权拒绝任何合作项目,包括以提高教学质量为目的的合作。此外,借助"参议院礼仪"(senatorial courtesy)①的原则,各系享有绝对的自由,它们有权决定开设哪些专业课程,有权决定是否采纳院长或其他系关于跨学科的教育改革的意见。

教授和各系都希望能享有学术自由,免受外界的干涉,这一点可以理解。然而,这一特权过于强调自治,严重影响到本科教育的质量。自治特权束缚了写作课程教学的改革,"跨学科写作"项目在其禁锢下寸步难行;自治特权抑制着各系之间的合作,专业学系和文理学院各行其是,不相往来;自治特权阻止了专业课程的改革,专业课程继续与本科教育的其他重要目标相背离,这些目标包括:道德推理的发展,写作技能的提高,公民意识的培养等。同样,在国际理解教育中,学术自由削弱了各部门间的合作,使得整体方案举步维艰,不利于培养学生的国际视野和全球意识。

面对以上这些困难,我们不能抱有一蹴而就的思想,而应该从长计议,谨慎处事。尽管国际学习涉及面很广,但就目前看来,学生只要掌握两门课程就足已,其中一门是"美国在世界中的地位",这门课程有助于拓宽本科生的知识面,使他们成为谙熟时事、具有国际化视野的公民;另一门课程是"如何理解不同文化",这一课程的学习有助于培养学生的文化意识,使他们更好地理解和适应不同的文化。除此之外,学校还可以尝试在其他课程中引入国外的教材,供学生比较学习;学校还可以鼓励学生选修语言课程,参加海外学习项目,或选修其他国际研究方面的课程。在营

252

---

① 参议院礼仪原指当总统任命的某州官员受到该州参议员反对时,参议院为对这些参议员表示尊重而对总统任命不予认可的形式。——译者注

253　造国际化的校园环境方面,校方还需再接再厉,招收更多的国际学生;建设更多的以其他文化为中心的住宿单元或主题宿舍;围绕国际议题举办更多的论坛和讲座;提供更多的国际项目和活动。与此同时,互联网的发展为学生跨国学习提供了更大的空间,学生有机会参与从文学、文化到政治、经济、环境等各领域的海外在线课程和在线研讨会。

　　最后一个问题涉及评价机制,即如何评判校园的国际化程度,这一点非常重要,但也往往被校方所忽视。目前校方所采用的各项措施仅仅停留在"投入"的层面,如开设国际课程的数量、海外学习学生的数量、招收国际学生的数量等等。然而,这些数据并没有实质性的意义,它们并没有反映出大学在多大程度上帮助了学生为全球化社会做准备。虽然"跨文化能力"很难被量化,但是其中一些重要的指标还是可以被测量的,如,外语阅读水平达到熟练程度的学生数、口语水平达到熟练程度的学生数、学生对国际事务的了解程度等。但是这还远远不够,大学还需要开发出更加综合的评估方案,对学生的"跨文化能力"进行全面评估。一套好的评价体系对国际化教育的展开至关重要,它指引着国际教育发展的方向,并可加速其进程。

　　面对重重困难,若想取得立竿见影的进展,是不切实际的。倘若学校能成功地开发出"美国在世界中的地位"和"如何理解其他文化"的导论课程,那已是跨越式进步了。此外,其他方面的进步也是一个循序渐进的过程,如,将会有越来越多的教授在其254　课程中引入国外的教材供学生比较学习;将会有越来越多的国际学生融入美国大学的校园里与美国学生共同学习;将会有越来越多的美国大学生选修国际课程、外语课程或参加海外学习项目。在推行全球教育的过程中,有些大学看似从整体上推行着国际课程项目,实则只是将各个部分简单叠加。而有些大学则走得更远,做得更好,它们不仅仅增加了选修外语课程学生的数量,还增加了达到合格水平的学生的数量;不仅仅鼓励学生到海外学习,更注重从整体上提高海外学习的质量,即提高学生的外语能力,增加学生对留学国的了解,帮助他们更好地融入他国文化,使他们的留学经历更有价值。单独看,各方面的努力都微不足道,但综合在一起可以共同推动全球教育的展开,帮助学生更好地为全球化社会做准备。

　　很难预测全球教育最终将取得怎样的成就,但可以肯定,全球教育的前景是乐观的。大学里所有的人对国际教育都抱有积极的态度。大多数学生认为,增进对其他文化的理解以及对国际事务的了解,对他们今后的职业生涯至关重要;更多学生表示,国际学生的加入丰富了大学校园,开阔了学生的视野。此外,超过一半的教授和学生支持("强烈支持"或"有几分支持")国际教育项目,他们认为所有学生都应该选修国际课程,都应该有机会参加海外学习项目;所有教师都有责任帮助学生更好地了解国际事务和其他文化。[48]在校方和学生的大力支持下,我们有理由相信全球教育项目一定能取得长足的进展。

第十章

培养广泛的兴趣

"大学教育激活了我的思维，开阔了我的视野，赋予了我真知，让我重新认识了世界。"[1] 这是海伦·凯勒(Helen Keller)在 1904 年拉德克利夫学院(Radcliffe College)毕业典礼上的发言，这句话道出了本科教育的真谛。大学教育为学生敞开了一扇门，使他们有机会接触到新的思想，获得新的观点。历史、文学、天文等领域的专业课程学习为学生今后从事相关领域的工作打下坚实的基础，而选修课程有助于拓展学生在音乐、人类学或其他诸多领域的兴趣。许多学院的选修课采取"通过或不通过"的二级记分制，以鼓励学生根据自己的兴趣尝试不同的课程，而不受平均绩点(grade point averages)评价的束缚。除了课堂学习外，大学里还有丰富多彩的课外活动，如管乐队、合唱团、话剧社、舞蹈队、校报社、文学社、社区服务中心、政治俱乐部等等，为学生提供了一个绚丽多姿的舞台，让学生的兴趣爱好得到充分发展。与走读式学校相比，寄宿式学校的课外活动更加精彩纷呈。寄宿式学校不仅展开校际体育运动，而且在其他课外活动方面(如社区活动，艺术欣赏等)为学生配备良好的设施、提供周全的指导。多姿多彩的课外活动是美国大学校园里一道亮丽的风景线，也是美国大学引以为傲的一部分，它激发了学生的兴趣，同时也给学生留下了美好的回忆。

在大学教育中，通识教育扮演着重要的角色，它旨在开阔学生的视野，突破专业教育的狭隘性，培养融会贯通、见识广博的人才。当然，通识教育并不仅着眼于知识的广博性。近些年来，通识教育肩负起越来越多本科教育的重任，如培养学生的道德推理能力，增加学生的种族宽容度，甚至还包括提高学生的外语水平。[1] 在接下来的论述中，我将着重讨论通识教育的核心目标，即大学如何通过通识教育开阔学生的视野，激发学生的学习兴趣，打破学科或专业领域的界限，帮助学生更好地理解世界以及自己

255

256

---

① 在通识教育课程总量不变的基础上，现在增加了新的目标和要求。D. Kent Johnson, James L. Ratcliff, and Jerry G. Gaff, "A Decade of Change in General Education," 125 *New Directions in Higher Education* (2004), pp. 9, 20. 通识教育原有的目标是扩展学生的知识面，而新目标的增加削弱了原有的目标，严重背离了通识教育的初衷。——作者注

在世界中的位置。

如何开设通识课程,如何拓展学生的知识面,这些已是老生常谈的话题,但是至今尚未形成统一的认识。美国大学通识课程大致有四种类型,形成了四大流派。第一大流派提倡经典名著课程,即选择人类文明发展史上最经典的著作供学生仔细研读;第二大流派拥护概论课程,即提供大量概论课供学生选修,其内容涵盖各大重要学科和领域,如西方文明、科学、技术、价值观等;新近出现的第三大流派主张围绕几种主要的思想方法组织通识课程,即人类如何理解自身以及周围世界;第四大流派支持指定选修课程,即要求所有的学生在几大领域(一般为自然科学、社会科学和人文科学)中各选修一定数量的课程,以确保学生知识的广博性。

四种模式都有其拥护者,然而那些理论上最为成熟的课程模式,在实际应用中却最不受欢迎,反之亦然。在四大模式中,名著课程的呼声最高,其拥护者的热情也最高,然而近一百年来选择该课程模式的大学却寥寥无几。相反,指定选修课程的呼声最小(事实上,基本听不到该流派的声音),使用却最为广泛,美国大多数大学都以不同方式选择了该课程模式。

指定选修课程

指定选修课程是最易操作且最易管理的一种课程模式,它的形式非常简单,只要求学生在自然科学、社会科学、人文科学三大领域中各选修一定数量的课程,修满一定量的学分。该类模式还存在其他形式的变体,有些学校将三大领域细化为更具体的范畴(如将自然科学细化为生物和物理;或将人文领域细化为文学和艺术),进一步限定学生的选课范围。

与固定死板的传统课程相比,指定选修课程更加灵活多样,这是该模式受欢迎的一大原因。任何给予学生选择权,允许学生自由选课的课程模式都将受到学生的青睐。指定选修课程的拥护者们认为,该模式不仅给予学生充分的选择权,而且在其他方面也具有教育意义。有些学生选修一些自己特别感兴趣的课程;有些学生则是慕名而来,选修一些知名教授的课程。总之,选择越多,学生成功完成指定选修课程的可能性就越大。学生对所选修的课程会有所期待,会更积极主动地参与学习,而无须强迫自己学习不感兴趣的课程。这一课程体系的理念与一个世纪前选修课程所传达的理念不谋而合。[2] 正如支持者们所坚持的那样,允许学生自由选课,不仅可以最大限度地唤起学生学习的兴趣,而且可以激发学生学习的积极性,使他们全心全意地投入到学习中去。

　　不同的学生有着不同的学习方式,而选修课给予了学生自由选择课程的权利,使他们得到最大限度的发展,这也是该课程模式受欢迎的另一大原因。例如,有些学生的认知能力能够在音乐课中得到充分发展;而有些学生的认知能力则能够在经济课或数学课中得到充分发展。[3] 倘若要求所有的学生都修读同样的课程,其结果往往不尽如人意。明智的做法是给予学生充分的自主权,让他们根据自己的智力特点选择最适合自己的课程。

　　乍一看,以上的论述很具吸引力。毫无疑问,不同学生的学习方式各异,每个学生都有最适合自己的课程。但现在的问题是,很少有学生知道究竟哪门课程最有利于发展自己的智力。因此给予学生自由选课的权利,并不意味着学生一定能找到最适合自己的课程,获得最大限度的发展。

　　以往的经验表明,学生选择课程并非仅仅为了发展自己的心智技能或满足学术兴趣,他们往往有其他目的。有些学生会选择简单的课程,以便有更多的时间从事其他活动;有些学生盲目跟风,只为与朋友一起上课;有些学生则带有一定的功利性,希望为以后找工作或进入研究生院学习做准备(这种想法往往是错误的)。回首一个世纪前,那时自由选修制正在大学如火如荼地推行,但是只有极少数学生真正根据自己的学术兴趣选择适合自己的课程,绝大多数学生避难就易,以保证有更充足的时间参加各种课外活动,满足社交需要。[4] 而在今天的大学里,在选课时越来越多的学生是出于职业的考虑,他们希望为以后的职业生涯做准备。

　　尽管自由选修制存在诸多弊端,但仍有少数本科院校坚持完全自由的选课方式,即取消所有的必修课,全部实行通识课程,允许学生自由选择任何课程,以培养学生知识的广博性,其中以布朗大学、阿姆赫斯特(Amherst)学院、史密斯(Smith)学院最为著名。布朗大学在其报告中指出,学生并没有因此而缩小自己选课的范围,相反绝大多数学生继续在自然科学、社会科学、人文科学三大主要领域中进行选课。[5]

　　仔细分析布朗大学的经验,我们不难发现,该大学得天独厚的条件是其自由选修制成功的关键所在。最重要的一个先决条件是:该大学拥有一套完整的选课咨询系统,能指导学生做出明智的选择。[6] 另一个同样重要的原因在于:该大学拥有一群优秀的学生,他们天资聪颖,善于探究,为追求通识教育而非职业训练来到大学。最后,布朗大学的所有课程都采用"通过或不通过"二级记分制,这样可以消除学生的后顾之

259

260

忧,使他们可以大胆地选修不同领域的课程或尝试新领域的课程,而无需冒降低平均绩点之险。

然而,这些特殊的条件并非其他大学所能效仿。一套好的咨询服务系统需要大量尽心尽责的教师参与,单就这一点就足以让多数大学(尤其是那些学生数量庞大的大学)退却。此外,在大学里,真正追求通识教育的学生寥寥无几。在全美所有的大四学生中,有超过60%的学生选择了职业类专业,他们进入大学的首要目的是为未来的职业生涯做准备。

课程目标定位不清是指定选修制存在的另一大问题。在这样的课程体系中,很少有课程是专门针对通识教育目标而设计的。相反,各类课程的目标五花八门:有些为导论课,专门为学生进入某一专业领域学习做准备;有些课程旨在介绍某一学科的主要理论;有些课程所反映的只是授课教授感兴趣的研究领域。当然,有些课程确实可以唤起学生对新知识领域的兴趣,或者使学生熟悉一些具有经典意义的学术著作。然而,此类课程屈指可数,它们对学生的影响力也微乎其微。学生更青睐于那些不具有通识教育价值的课程。

这一问题在自然科学领域尤为突出。要想唤起商科或文学专业的学生对化学、生物学或地质学的兴趣,是一项极具挑战性的任务,它要求课程设计者在内容选择上具有非凡的想象力,要求教师具有出色的课堂驾驭能力。然而,在自然科学领域,目前尚无一门课程达到以上标准,可供学生选修的只是自然科学领域中各大学科的导论课程。这些标准导论课程与通识教育的目标相背离,它们旨在为学生今后从事该领域的深入学习或攻读博士学位做准备。此外,导论课程的阅读材料涵盖大量的专业基础知识,不可否认,它确实可以帮助今后攻读该专业的学生打好基础,然而对于其他学生而言,这些专业知识没有任何实际意义。

希拉·托拜西(Sheila Tobias)曾对自然科学领域的基础课程进行了深入分析,试图回答这样一个问题:许多学生在刚踏进大学时对科学抱有浓厚的兴趣,可为什么他们的热忱会随着时光的流逝逐渐消失,最后选择了其他专业呢?[7] 她在研究中发现,标准的导论课程是导致该现象的首要原因。导论课程的班级规模庞大,同学之间竞争激烈,这使许多学生敬而远之;而死板枯燥的教学方式以及强调"问题—解决"(而非强调对基础概念的真正理解)的课程理念也"吞噬"了学生的兴趣。此外,有些学生认为教材生涩难懂,而有些学生则认为课程内容过于浅显,不利于智力发展。导论课程对于那些原本对科学怀有热忱的学生的吸引力尚且如此,可想而知它对那些对科学本来就毫无兴趣却还要被迫学习的学生将会产生怎样的效果。

　　总而言之,指定选修课程若想在大学里成功推行,需要具备三大条件:首先要有一批尽心尽责、愿意花时间为学生提供咨询的老师;其次要有一群天资聪颖、学习动机强烈、有"全面发展"愿望的学生;最后要有一组精心设计、能唤起学生的好奇心和学习热情的课程(尤其在自然科学领域)。显然,具备以上条件的大学寥寥无几。在绝大多数大学里,指定选修课程的弊端彰显无遗。许多人不禁会反问:既然如此,为什么该模式仍历久不衰,深受本科院校的青睐,成为通识教育的主要途径呢?最好的解释也许是,该模式能满足各方人士的需要:在现有的课程体系中,学生拥有充分的自主权,能够在庞大的课程列表中自由选课,至少在表面上看来,可以达到通识教育的目的;教师无需开发新的课程或讲授自己不感兴趣的学科;校方无需增加新的投入便可向学生提供所谓的通识教育。如此,岂不是皆大欢喜?这样,校长和院长们便可以自豪地向校友们炫耀学校在培养见识广博人才方面所做出的努力;教师们可以潜心于科研而无需在教学上分心;预算部门也无需四处奔波,募集捐款。 262

　　毫无疑问,指定选修课程之所以深受广大高校青睐的最大原因在于它易于操作,实施简便,既省钱又能取悦学生。然而若从教育的角度考虑,这些优点则显得微不足道。倘若以牺牲通识教育的目标而换取管理上的简便,那么实施指定选修制的大学将得不偿失。在该模式下,本科教育无异于庞杂的"自助餐"系统,用丹尼尔·贝尔(Daniel Bell)的话说:"本科教育体系就是所有课程的大杂烩,貌似有所联系,实则毫无关联。"[8]

经典名著课程

　　经典名著课程与指定选修课程截然不同,该模式下的通识课程主要(或完全)是由各大领域的经典名著组成。罗伯特·赫钦斯和威廉·贝奈特是名著课程的积极推动者,他们认为,该课程不仅可以激发学生的学习兴趣,还可以实现其他教育目的。[9]学习人类文明史上的经典著作,将启迪学生思考人之存在、社会组织、物质世界等根本性的问题。[10]通过与名人对话、智者交流和仁者沟通,学生对这些问题将会有更深入的认识。经典名著课程的教育价值在于它能培养心灵自由、气质高雅、具有推理能力的人才;它能帮助学生认识自我,并加深他们对反复出现的社会问题和道德两难问题的思考;它还能激发学生对相关的人类精神活动或物质活动的兴趣。 263

倘若上述优点尚不足以令人信服,该模式的支持者还可以给出另一大理由。与指定选修制不同,在名著课程中,所有的本科生都阅读相同系列的书籍,思考相同范畴的问题。此外,名著课程旨在"教书育人",鼓励学生对书中的主要内容或观点进行积极讨论,而不是将学生视为被动的听众,填鸭式地灌输知识。与圣人为伴,与经典同行,在这一氛围的熏陶下,学生自然而然地会在课余生活中思考和讨论这些根本性的问题。与传统的授课制相比,名著选读课程将带给学生更深刻、更精彩的心智体验。此外,名著课程将赋予不同的学生群体以共同的知识和价值观,以期不同种族、宗教、阶级的学生之间相互理解。

264　　　尽管名著课程有众多优点,但它仍存在一些问题。首先,该课程模式增加了教师的负担,受到多数教师的抵制。为了使学生更好地理解名著所传达的思想,教师应引导学生积极参与讨论,并鼓励学生对名著中的经典论题或教师的观点提出质疑。而传统的班级授课制不适合开展这样的课程讨论,只有小规模的讨论课才符合要求。这便引出了另一个问题——师资问题。每个讨论班都需要有一位知识渊博、经验丰富的教师,而在现有的名著课程体系中,几乎没有哪位教师受过专门的训练或曾有过此方面的教学经验。绝大多数教师并非这方面的专家,他们的知识领域和兴趣点往往在其他地方。此外,教授还需要开专业课、带研究生、搞科研,根本没时间顾及通识课程,这就是他们不愿上名著课程的原因。即便是声名远扬的哥伦比亚大学的人文科学领域,也不得不招聘大批兼职教师。[11] 纵观整个名著课程计划,问题更为突出。校方要么强迫那些积极性不高,且不善于名著教学的教师开设课程,要么招聘大批研究生助教或兼职教师主持小班讨论课。这两大尝试均不能确保高水平的教学质量,也不符合那些支持名著课程的教授的期待。

　　在那些既没有研究生教育,也没有科研队伍的本科院校里,教师对名著课程的抵制现象并不十分显著,但其他方面的问题却接踵而至。推行该课程模式意味着校方需

265　要增加大量新的课程,而这对多数院校而言需要一笔不菲的开支。此外,即便教师同意开设名著课程,也很少有教师对该课程满怀热情、恪尽职守。而学生方面的抵触更为突出,学生认为名著课程的范围过于狭隘,几乎没有女性作者的作品或非西方文化的著作。繁重陈旧的课程使那些满怀抱负的大学报考者望而却步,当他们得知将来所学习的课程全是"古色古香"的经典名著,而与现实社会毫无联系时,他们将彻底放弃对此类院校的申请计划。这样,实施经典名著课程的本科院校将面临生源减少的危机。由于没有强大的科研师资队伍,绝大多数本科院校一直以来就面临着生源不足、

收支失衡的问题,倘若再实施名著课程,那么对这些院校的管理来说无异于雪上加霜。

然而,支持者仍坚持认为,只要名著课程确实具有教育价值,就不会存在生源问题。但是,目前尚缺有力的证据为其提供辩护。圣·约翰学院堪称实施名著课程的典范,它是实施该课程体系最主要的阵地。然而,即便是这样的名校,其申请者也寥寥无几,许多已经获得该校录取资格的学生最终还是主动放弃了。[12]因此,若想在保证生源的基础上,大规模的推行该课程模式,还有很长的一段路要走!

纵使名著课程有诸多优点,其操作层面的缺点也是明显的。这也是多数大学不选择该模式的原因。现在,比较可行的方案就是在已有的人类思想史课程或文学发展史课程中引入一些经典名著供学生阅读欣赏。这样,大学就可以扬长避短——既可以避免操作上的问题,又可以吸收名著的精华,将其充分融入到相应的课程中,达到最优化的目的。

概 论 课 程

与名著课程计划一样,乍眼一看,概论课程模式颇具吸引力——它旨在增进学生广博的知识,激发学生的学习兴趣。该课程模式由一系列导论性的课程组成,包含西方文明史、非西方文化文明简介、西方艺术音乐概况、现代科学发展概论、民主制度和政治体制的演进、自由竞争经济制度的运行、人类思想和品格的本质探究。这些课程涵盖各大领域,内容丰富,加之名家名师的精彩演绎,可以全景式地向学生展现人类文明的进程,为学生今后的生活和学习打下坚实的基础。

然而,这仅仅是理想状态,在实际应用中,与其他三种模式一样,概论课程计划也面临着重重困难。最主要的问题在于:该类课程往往空洞无物,泛泛而谈。教师上课没有对课程进行深入剖析,只是向学生灌输大量事实性的知识,而这些知识往往"学得容易忘得快"。从表面看,以概论课程形式展开的通识教育似乎更能培养出知识广博的人才,然而仔细分析,这些知识虽然面面俱到,却是浅尝辄止。

如何开设概论课程,也是该模式需要解决的问题。目前有两大选择,一种是小班授课制,即在每个领域都开设大量小规模或中等规模的讨论课,让每个学生都有机会参与课堂讨论。另一种是讲座制,即由一位教授主持课程,系统地向学生讲授某一领域的知识。第一种模式将引发师资短缺问题,因为绝大多数教师不愿意上概论课,或者说不能胜任此类课程的教学。第二种模式规模庞大、枯燥乏味,不受学生欢迎。与讲座制相配套的小组讨论课往往由那些既没有经验又不受监督的研究生来上,课堂气氛或许很热闹,学生却学得糊里糊涂。这两种课程形式都背离了概论课程的初衷,其结果往往不尽如人意。因此,尽管有些学系会开设一门或两门概论课程,如西方文明史,但几乎没有学校在通识教育中完全(或大规模地)采用概论课程。

探 究 课 程

第四种模式是探究课程模式。[13] 该模式的支持者认为,在知识急剧膨胀、科技日新月异的今天,仅仅向学生传授书本上的知识,已远远不能满足通识教育的目的。在这一背景下,他们提出了探究课程模式,即向学生传授学者和科学家们探究科学知识的方法。例如历史课应向学生展现历史学家们是怎样理解当今社会某一重要问题的历史演进过程的,特定历史时期、环境和条件是如何共同作用于特定事件发展的。文学课、艺术课和音乐课应使学生了解不同艺术形式和流派的优缺点,并使学生明白艺术家个人的天赋、艺术传统以及特定的历史条件是如何相互作用,共同推动旷世之作诞生的。物理课程应向学生传授那些支配世界的定律和定理是如何被发现的,科学家们又是如何进行推导并证明其正确性的。

该模式的支持者们认为探究课程将使学生终身受益,为他们今后的学习打下坚实的基础。在当今时代,信息日新月异,新的知识层出不穷,让人应接不暇,唯独不变的是探究科学的方法。由于人的精力有限,学生不可能掌握所有的知识,跟踪最新的信息,只有掌握了学习知识的方法和规律,学生才能更好地了解不同学科的知识体系。真正的通识教育应贯穿于人的一生,短短四年的大学教育是远远不够的,因此,理想的大学教育应该"授人以渔,而非授人以鱼",帮助学生掌握探究知识的方法,逐步去了解和认识世界。

该模式还可以避免一些操作上的问题。与指定选修课程不同,探究课程模式的所有课程都是"量身定做",具有很强的目的性,这样就可以避免指定选修课程所带来的目标不明确问题。此外,与名著选读课程相比,该模式更为灵活,它内容丰富,形式多样,涵盖了各个领域和各大学科探究知识的方法。这样,教授们都乐于参与探究课程的教学,因为他们只要关注自己专攻领域之内的东西即可,而无需再涉足其他领域。尽管课程数量有限,但相对而言,学生还是有一定的选课自主权。

然而,试图在有限的课程中向学生传授探究知识的方法,以达到通识教育的目的,

绝非易事。正是由于这一原因，有人抨击探究课程过于浅显，没能真正实现其应有的 269
价值。以物理课程为例，向学生呈现核聚变发生的整个过程确实很具吸引力，但是仅
仅靠一门物理方法学课程就能保证学生习得科学研究的方法，能进行独立探究，或
将习得的能力迁移到其他科学领域中去吗？诚然，将学生置于科学探究的全过程中，
可以调动学生的学习积极性，使学生主动学习其他知识、阅读相关材料，以获得对知识
的全面理解。但是，探究课程究竟在多大程度上唤起了学生学习的积极性，目前尚无
人知。

此外，有人批评该课程模式过于重视方法的训练而忽视了其他品质的养成，这是
探究课程模式面临的第二大挑战。以社会科学为例，有学生选修了"基础经济学"，而
有学生选择了远离日常生活的"南海文化的人类学研究"，尽管这两门课程都有助于学
生领略正规的社会科学研究方法，但两者多少存在一些差别。尽管一切标准尚无定
论，但不可否认有些书确实比其他书更具价值，有些知识体系确实更具有教育价值。
倘若教师们仅仅选择自己熟悉的领域或擅长的方式传授课程，那么整个课程体系所传
递的知识将变得杂乱无序，许多经典著作或重要的社会思想却不被学生所熟知。

实施探究课程计划同样面临着操作上的问题。尽管此类课程没有迫使教授从事
专业领域之外的教学工作，但是除了各系开设的常规课程外，该模式还要求教授开设
一系列新的课程。探究课程计划不仅增加了教授的工作量，还加重了学校的财政负 270
担，因此，校长和院长们不得不使出浑身解数，劝说教师们支持并参与到该课程模式中
来。此外，一旦实施，还需要一套相应的评估体系，以确保课程的质量，以免整个课程
体系变得杂乱无序。各院校在决定采用该课程模式前，应对整个支出有所预算。

混合课程模式

若以培养知识渊博的人才这一标准来衡量以上所讨论的四种模式，那么没有一种
模式能达到理想效果。纵览这四种课程模式，每种模式都具有其他几种模式所不能比
拟的优点，然而也都各具缺点，具体实施起来困难重重。正因为如此，许多学系不愿意
在通识教育中完全采用其中的任何一种模式，以培养学生知识的广博性。

各学系最常见的做法是博众家之长，采取混合课程的模式。该模式形式多样，广
受青睐。那些倾向于指定选修课程的学系，在允许学生自由选课的基础上新增了一些
指定选修课程（分配在各大领域的课程），这样就避免学生盲目选课，保证学生能选修

到最能激发学习兴趣的课程,并学到各大领域中最重要的知识。有些学系则直接将一些重要的课程定为必修课。以自然科学为例,一些学系现有的导论课程并不符合通识教育的要求,因此新增了好几门科学方法方面的必修课程。那些偏爱经典名著课程的学系缩小了该课程模式的使用范围,将其局限在人文科学或社会科学的某些领域,而在其他领域引入了一系列概论课程或提供一些选修课程。而至于那些钟情于探究课程模式的学系,则要求教授在开设课程时加入该学科的经典著作供学生阅读,或在文学或西方思想概况等领域专门开设经典名著选读课程。

采用混合课程模式的学系很快便意识到,在吸收其他课程模式精华的同时必须牺牲自己原有的一些价值。但是,目前尚无人知晓哪些东西是有价值的,哪些东西是可以放弃的,更无人知道哪种组合方式最佳。正因为如此,人们对课程模式的改革积极性不高,信心不足。

尽管没有十全十美之事,但各学系仍需坚持不懈,定期地总结和改进其通识教育计划。虽然我们不能肯定哪种模式为更佳,但这里所讨论的任何一种模式都比现有的课程体系要好。随着时间的推移,人们对课程的期望会越来越高,同时课程所面临的问题也会越来越多,修修补补只是权宜之计,并不能从根本上解决问题,时间一长,任何一种课程模式都容易变得松散无序,背离初衷。最后,教师们对所使用的课程模式也会逐渐失去兴趣,久而久之,几乎所有的教师都会淡忘该模式原有的目标。面对这些问题,我们相信,任何对现有体制的改进,都将受到教师和学生的拥护。经常回顾、总结和改进课程体系,将重新唤起教授们对本科教学的兴趣,不至于忘却本科教育的使命。评价一所大学所采用的课程模式是否成功,并不是看这套模式是否看起来最好——因为根本就不存在最好的模式,而是看其是否唤起了教师的责任心,是否增强了各学系间的凝聚力,是否增进了全校师生对本科教育的理解。

寻 找 结 果

以上所讨论的几种课程模式都以培养知识广博的人才为目标。无论是经典名著的阅读,重要领域知识的掌握还是学习方法的探究,都旨在发展学生的心智,激发学生的兴趣,唤起学生学习和思考的主动性,这些都将使学生终身受益。然而,我们对实现这些目标并不抱乐观态度。经典名著固然经典,但其内容生涩难懂,课堂教学枯燥乏味,不但没有激发学生的求知欲,反而使许多学生望而却步;概论课程一味向学生灌输大量的事实性知识，这些知识学得容易，忘得也快；探究课程也并不适合所有的学生，如向英语专业的学生呈现科学家是如何发现次原子物质的全部过程，并不一定能激发他们对科学研究的兴趣。因此，要达到以上目标，仍任重而道远，这也是通识教育的改革方向。

　　纵观这几种课程模式，各有千秋，有些人可能会认为选择不同的模式，将会对学生的智力发展产生不同的影响。然而，实际情况并非如此。亚历山大·阿斯汀曾就"不同形式的通识课程模式是否会对学生产生不同的影响"做过研究。（当然，通识教育支持者所期望的结果并没有出现。毕竟还没有人能设计出一套可以测量学生兴趣的持久性、知识的广泛性和思想的深邃性的试卷。）阿斯汀对24 000名学生进行了问卷调查和测试，并要求大四学生对自己在学习能力和价值观方面发生的变化做出自评。在对学生的测试结果和自评报告作了仔细分析后，他总结道："无论在认知领域还是在情感领域，不同形式的通识教育对学生所产生的影响基本相同。"其中，只有名著选读之类的规定课程模式（即所有学生都要选修的课程）的影响略为突出。然而，即便如此，我们也不能将其归因于原著课程本身，归根究底还是小班教学和讨论课①的结果。[14]

　　通识教育究竟对学生产生怎样的影响？学校在培养知识广博的人才方面做了哪些努力？遗憾的是，相关的研究寥寥无几，即便有，也局限于"本科教育是否有助于提高学生对文学和艺术的兴趣"问题的讨论。帕斯卡雷拉和特伦奇尼对此作了以下论述：

　　　　文学的学习有助于增加学生对创造性写作、阅读、古典音乐、美术以及其他人文领域的兴趣。有些改变是内隐的，如学生对人文和美的理解；有些改变是外显的，如参加音乐会、艺术展或进行诗歌创作。总之，在文学的陶冶下，学生变得更加重视人文素养、美的体验和美的活动。[15]

　　最近，乔治·库恩（George Kuh）对多所院校的大四学生进行了调查研究，集中讨

---

① 李·舒尔曼（Lee Shulman）指出："赫钦斯所提倡的'名著阅读'（如芝加哥大学的名著教育计划）之所以能蔚然成风，究其秘诀在于小班讨论课程。名著课程计划抛弃了传统的授课方式，引入小班讨论制，鼓励师生之间，生生之间展开批判性的对话。"*Teaching as Community Property：Essays on Higher Education* (2004), p. 25. 倘若舒尔曼的论断正确的话，那么长期以来关于学习什么学科，选择哪些名著的争论都将毫无意义，最终还是回到教学的问题上，即以何种形式展开本科教学。——作者注

273
274

论大学教育对学生"人文素养"的影响程度。研究结果表明,大学教育确实有助于提升学生的人文素养,但影响并不是很大。只有36%的学生认为,大学教育增进了自己对文学的理解和喜爱;而只有30%的学生认为大学教育有助于提升自己对艺术、音乐和戏剧的兴趣。与1960年代相比,这两项比例均降低了三分之一。[16]

尽管乔治·库恩的研究表明大学教育对学生"人文素养"的影响并不很大,本科教育多少提高了学生的认知兴趣和对美的追求。然而,这些变化是否能经得起时间的考验? 或者说,随着年龄的增长,学生的兴趣会继续发展吗? 关于这一问题,目前尚无有力的论据,情况也不容乐观。威廉·诺克斯、保罗·林德塞和玛丽·库博曾对一组高中毕业生进行过追踪研究。他们在1972年时选定了一组高中毕业生作为研究样本,并于1986年对这一组样本进行了回访。研究表明,在这一群体中,接受过大学教育的人比没有受过大学教育的人更乐于参加体育俱乐部和文学、艺术、音乐或其他学习团体。尽管在该群体中,拥有学士学位的人不足8%,然而在这8%中却有11%的人参与了各种文化小团体。在分析影响因素时,他们认为,受不同教育程度的人对文化活动的参与度之所以不同,更多与个人的智力差异及性格特征有关,而与大学所学的东西并无本质联系。[17]

大学经历与兴趣发展之间的相关性究竟有多大呢? 这方面的研究并不多见。帕斯卡雷拉和特伦奇尼对仅有的几项研究作了综述,其结论不容乐观:

> 尽管目前尚无有力的证据,但是现有的研究表明,大学毕业生的态度和价值观,与人文素养和智力发展之间并没有很大的相关性。此外,目前也没有证据证明,大学经历将直接影响学生今后的人文素养和审美兴趣。[18]

那么大学经历与学生今后的学习习惯之间是否存在相关性呢? 许多研究表明,大学教育对学生今后的阅读或其他学习习惯产生了积极的影响。有人曾对一组大学毕业生和高中毕业生进行了对比研究,研究结论如下(前一个数据为大学毕业生,后一个数据为高中毕业生):参与继续教育课程(58.2%比30.7%);在过去六个月中阅读过一本书(83%比57%);进行创造性写作(14%比4%);每天阅读报纸或杂志(42%比27%)。[19]如果这些变化并非仅仅由大学教育带来,还与其他因素有关(如收入高低、工作性质——因为收入高,或工作地位高的人往往更需要继续深造),那么以上结论能说明更多的问题吗? 为此,有人进行了一项研究:在严格控制收入和职业两大变量的前提下,对大学毕业生去图书馆的频率和高中毕业生进行了对比,结果表明前者是后者 的 2.5 倍。[20]但究竟这些变化是由通识教育带来的,还是由本科教育的其他方面带来 的,目前仍是一个谜。 276

由于通识教育的目的是为学生今后更好地生活做准备,因此研究其后续的影响非 常有必要。然而,相关的研究难度很大。首先,通识教育对学生的影响无法用客观测 试题进行测量;其次,很难找到合适的对照组进行对比研究。虽然研究存在很大的难 度,但并非完全不可实施,研究者可以通过访谈等定性研究获得信息。如,研究者可以 询问大四学生,在人文或科学领域所学习的必修课程,是否有助于提高他们对这些学 科的理解,或者激发他们的学习兴趣。此外,研究者还可以访问那些离开校园十年、二 十年或三十年的老校友们,大学经历对他们的生活产生了怎样的影响;大学里选修的 课程和参加的活动,是否有助于激发他们的兴趣;这些兴趣在后来的生活中是否得到 了进一步发展。此外,通过对毕业多年的校友的调查研究,还可以回答其他一些问题, 如,经典名著课程与探究课程相比,哪种课程模式对他们后来的兴趣点或看法影响更 大? 那些曾热衷于课外活动的校友们,是否比其同伴拥有更广泛的兴趣? 能否将他们 后来的学业兴趣、审美兴趣或职业兴趣归功于大学教育?

不可否认,这些研究存在一定的缺陷,因为老校友们自己都不知道为什么会对某 方面的东西感兴趣,更不用说这些兴趣是在何时、又是如何萌发的。倘若真要追根溯 源,我们也很难区分哪些受大学生活的影响,而哪些是受学生早期生活经历的影响。 此外,目前的课程体制也不尽如人意,大学只是不停地开设课程,试图向学生灌输"广 博"的知识或培养"持久"的兴趣,然而学校并不清楚这些知识究竟会对学生将来的生 活产生怎样的影响。虽然对校友进行调查研究并不是最佳的选择,然而,可以肯定的 是,那是一个不错的尝试,毕竟研究总比不研究要好。[21] 277

下一步做什么?

到现在为止,在如何培养知识渊博的人才方面,我们可以得出一个怎样的结论呢? 这已是个老生常谈的问题,一直以来备受人们的关注,然而,至今尚未得到一个明确的 答案。绝大多数美国高校都选择比较省事的课程模式,这样便可以放任自流,无须多 操心了。此外,本章的情形与前面几章有所不同:在之前的讨论中,最后我们都能得出 一个明确的答案,而在本章的讨论中,关于如何达到通识教育的目的,我们始终都未找到一套比较切实可行的方案。

与此同时,本科教育被赋予了越来越多的新要求,数理素养(quantitative literacy)、道德推理以及其他民族和文化研究等课程逐渐兴起。此外,随着公民教育理念的推进,本科教育担负起了培养思维活跃、明辨事理的公民的重任,美国政府组织、政治哲学、国际关系、经济学等课程接踵而至。这样,传统的通识教育课程体系受到了挑战,限于课程容量,大学不得不减少那些旨在培养广博知识的课程的数量。尽管这些新增的课程一再强调不会干扰通识教育的目标,然而结果如何呢? 新课程不仅在空间上排挤了大量的指定选修课程和探究课程,而且在指导思想上彻底背离了通识教育的初衷。

278　　近年来,新课程势头强劲,而传统的通识课程却不愠不火,未见起色,有人甚至怀疑大学是否有必要继续开设通识课程。诚然,这些新的课程能迎合社会、科学发展的需求,因此备受美国高校的青睐,尤其是那些视经济学、政治哲学为公民教育重要组成部分的院校。然而,倘若因此而完全抛弃通识课程,那将得不偿失。在没有通识教育的校园里,许多知识(如文学、艺术、历史及自然科学等领域的基础知识)的学习都将得不到保证。当然,学生也可以选修这方面的课程,甚至还可以在未来专攻这些领域——然而这毕竟是少数学生的事情。如果没有通识教育,许多学生在大学四年的学习中,将很少有机会接触到人文、社会和自然科学领域中最基本的知识。

人文、社会和自然科学这三大领域是人类文明的基础,其重要性不言而喻。自然科学不仅仅包含人类发展史上重大的科学成果,它还试图解释我们自身、自然界、人类的生活方式以及一切威胁到人类福祉和生存的各种问题。学习历史不仅可以帮助学生了解人类发展的进程,还向学生提供新的视角,使他们客观地看待历史事件和社会变迁;从历史的视角出发,学生可以更好地理解政治学或经济学等领域的理论和假设。学习文学不仅可以修身养性、陶冶情操,还会带来其他教育价值。文学课程向学生呈现了大量的经典名著,通过阅读文学作品,学生将接触到人类生活悲情的一面,这可以唤起学生的同情心,使学生的道德情感得到熏陶;此外,文学让学生有机会接触到不同的文化和观点,这有助于打破学生原有的思想枷锁,开阔学生的视野,使他们更好地理解其他性别、种族和文化。

279　　如果说"重要性"是决定是否继续开设通识课程的唯一标准,那么我们就没有必要继续讨论下去了。事实上,意识到目标的重要性还远远不够,真正负责任的教育者更关心的是:如何在有限的课程里更合理地调整各科的比例,如何更有效地达到目标。

正是因为这些方面与以上要求存在差距，通识教育才备受责难；也正因如此，我们需要重新审视通识教育。

通识教育是否对学生今后的生活产生积极的影响，目前尚无定论。然而，日常经验告诉我们，它确实可以唤起学生对历史、科学、文学或艺术的兴趣。许多院校在通识课程领域拥有一批优秀的教授，他们知识渊博、经验丰富、善于激发学生的学习兴趣，引用海伦·凯勒的话说，"大学教育激活了我的思维，开阔了我的视野，赋予了我真知，让我重新认识了世界。"虽然通识教育对学生的长远影响并没有得到证实，然而通识教育的经历对学生确实很有帮助，加之该知识体系本身的重要性，因此在大学中继续推行通识课程体系合情合理，无可厚非。

那么如何才能更好地推行通识教育呢？在我看来，与其纠缠于如何实施指定选修课程，还不如着眼于增强通识课程的师资力量。校方需有伯乐之慧眼，能识别优秀的教授，说服他们加入到通识课程计划中，并给予充分的支持，使他们能成功地完成通识教育的使命。因此，现在讨论的重点不是名著课程和探究课程孰是孰非的问题，而是教师们是否愿意尽心尽职地投身于通识课程的教学，他们是否有能力激发学生学习的兴趣与热情。

师资是成功推行通识教育的关键所在，如果有大批才华横溢的教师的加入，那么自然科学课程、历史课程或文学课程将成为学生大学生涯中最难忘的课程之一。相反，若师资缺乏，或校方没有给予充分的支持，那么与其打着开阔学生视野的幌子，强迫学生在一大堆五花八门、目标不一的课程中选择，或强迫各学系勉强接受支离破碎的通识课程计划，倒不如彻底放弃该计划。总之，传授学生广博的知识，激发学生持久的兴趣是本科教育众多目标中最重要的两大目标。实现这两大目标并非遥不可及，然而若没有高质量的教学为保障，一切都将是纸上谈兵。现有的努力还远远不够，各高校应一如既往，努力推动通识课程的发展。

280

第十一章

为职业生涯做准备

一直以来,崇尚自由教育的教授们都视职业课程为"眼中钉",据调查,60％的　281
文理学科教授认为,为学生未来的职业做准备并不是本科教育的重要目标之一。[1]
而学生对此的看法恰好相反,将近75％的大一新生选择大学教育的首要原因是出
于对未来工作的考虑。[2]不难理解为什么学生会有这样的想法,毕竟在今后漫长的
日子里,他们需要靠职业谋生。此外,一个人所从事的工作的性质以及成功与否,
将直接关乎他的身份地位、自我认可度、生活满意感和生活质量。因此,学生将未
来职业看得如此之重,也不足为奇了。现在的问题是:与学生持相同观点的教授
却寥寥无几。

为什么这些教授对学生的职业需求如此冷漠呢? 他们如何能回避职业教育而向
学生传授象牙塔里的高深学问呢? 他们又如何能不受职业教育的影响,完成本科教育
的其他目标呢?

教授们之所以反对职业教育,很大原因在于职业教育着眼于技能的训练而不是学
生心智的发展。[1] 以酒店管理、殡仪馆学、公共管理等专业为例,不管它们的经济价值　282
有多高,在训练学生心智方面,都无法与数学、物理或哲学相提并论。这些实用性的专
业注重职业技能的培训,而没有对学生进行高深知识的传授和思想情操的陶冶。因此
在那些崇尚自由教育的教授们看来,职业训练的合适场所应是就业单位或职业学校,
而非高等学府。

教授们反对的另一大原因在于:学生们将职业看得过重。他们担心一旦职业教育
在大学扎根,它就会像野草一样迅速蔓延,最终将占据整个课程体系。在当今这个到
处都充满着商业气息的校园里,如果进一步推行职业训练,那么整个情况将会变得非
常糟糕。而本科生们却将职业看得非常重,他们渴望能在这个充满竞争、不断变化的

---

① 需要注明的是:目前尚未找到有力的证据来证明职业教育究竟是促进了还是阻碍了学生的认知发展(包
括批判性思维能力的发展)。Ernest T. Pascarella and Patrick T. Terenzini, *How College Affects
Students*, Vol. 2, pp. 172—173. ——作者注

世界里取得事业成功。在这一背景下，一旦职业教育的合法性获得承认，学生们将彻底忽视本科教育的其他目的，而毫不犹豫地选择职业课程。因为这些实用性的课程更能增强他们在未来职场上的竞争力，更能为事业有成做好准备，也更能为他们提供经济保障。

与此同时，有意回避职业教育所带来的挑战，也不是问题的解决之道。将职业课程完全排除在课程体系之外，不但不能引导学生正确地理解工作的含义，反而会将他们引入另一个误区——工作等于赚钱。此外，在校园里完全杜绝职业教育也是不切实际的。作为高等教育的消费者，学生就是顾客，他们有权选择自己喜欢的大学，因此迫于市场的压力，本科院校不得不提供职业课程以满足学生的需求。倘若大学官员仍抱着乌托邦式的想法，认为高等教育是"为学术而学术"，而与职业定向毫无关联的话，那么他们的大学将会面临严重的生源危机。学生渴望大学教育能为他们将来的职业生涯做准备，大学的经营者们必须非常清楚这一点。纵观整个美国高等教育体系，除了寥寥几所高校现在仍坚持纯粹的自由教育外，几乎所有的高校都开设了职业性专业，这些专业往往自成体系，与文理学院并存。

现在的问题并不是是否要取消所有的职业课程，而是如何赋予职业课程新的含义，使学生明白职业教育并非等同于技能训练。然而，遗憾的是，在一些综合性大学里，文理学院和职业院系之间缺乏有效的合作。有一份报告写道："在许多高等院校里，文理学院和职业院系之间存在着一条很难逾越的鸿沟。双方都在捍卫自己的自治权，为获得资源而展开激烈的竞争，这些使得跨学科的合作困难重重。"[3]

一直以来学生都要求开设实用性的课程，而文理学院却故意回避，最后它们为此付出了沉重的代价。一旦职业教育走进高等学府的殿堂，学生对职业学科趋之若鹜，毫不留情地放弃了传统学科。今天，在美国的大学里，60％的大四学生选择了职业性专业，只有三分之一的学生选择文理专业（liberal arts concentration）（在以前，大部分学生都选择文理专业）。[4] 那些选修了职业课程的学生不能从文理学院的教师那里得到太多帮助。要保证在职业课程之外选修的课程达到一流通识教育的质量，对于这些学生来说困难重重。

面对困境，文理学院终于醒悟过来，开始反思自由教育与职业教育之间的关系，并开始思考如何以创新的方式回应学生的职业需求。这些思考至关重要，它并非仅仅出于实用性的考虑，而是直接关乎学生的发展。如果职业教育和自由教育能携手并进，那么必将激活两者的活力，更好地为学生服务。

职　业　选　择

尽管大学教授们抵制职业课程,然而大学经历(哪怕是就读于纯粹的文理院校)确实有助于提升本科生在就业市场上的竞争力。在影响个人职业地位和收入的众多因素中,教育起到了最重要的作用——拥有学士学位的大学毕业生的教育收益率是高中毕业生的两倍。为什么会有如此大的差距呢?目前尚无合理的解释。有人曾对同一工作岗位上的大学毕业生和非大学毕业生的工作表现进行了比较研究,研究结果显示,拥有学士学位的人并没有表现出明显的优势(此研究严格控制了其他诸如智力差别、父母教育程度等影响因素)。但另一方面,大学毕业生在经济收入方面的优势并不仅仅源自其文凭;即使大学生最终没有取得文凭,他们的经济和职业地位也会随着受大学教育年限的增加而不断提高。从长远看,大学毕业生和高中毕业生地位和收入的差距不仅不会消失,反而会进一步拉大。目前,大学毕业生与高中毕业生在职业地位和收入上的差距非但没有消失,反而越拉越大。[5]

与过去的学生相比,今天的本科生们在为职业生涯做准备方面需要更多的指导。越来越多的用人单位希望员工具备自我职业管理的能力,能掌握今后职业发展所需要的技能。这些要求对大学教育提出了新的挑战。在选择职业时,学生们需要拓宽就业面,考虑多份性质不同的工作;此外,就业指导人员也会告知学生他们应该做好在一生中跨越五大行业的准备,或者准备好一生更换10—15次工作。

当然并非所有的本科生毕业后立即找工作,有些学生会继续攻读博士学位或进入专业学院学习,然而绝大多数毕业生还是选择直接就业。对于直接工作的学生而言,他们必须具备工作所需的技能,而其他学生可以推迟技能训练的时间。然而不管怎样,有一点是相通的,在大学期间这两类学生都需要得到一定的就业指导,为他们今后的职业生涯做好准备。

许多大一新生在踏进大学校门时并没有非常明确的职业意向,他们一方面期望通过四年的大学教育找到自己的兴趣点;另一方面希望找到适合自己的职业发展方向。倘若大学不能为学生提供这方面的帮助,许多学生将无法找准职业定位。最终,这些学生会由于一时冲动,或稀里糊涂地踏入法学院的大门,或选择其他职业,因为他们根本不知道自己到底适合做什么。

至于那些自认为具有明确职业意向的大一新生,通过四年的学习,他们的想法也会发生改变。有研究表明,很多本科生(33%—66%)是属于这种情况。[6] 有人曾对 1976 年被 26 所重点大学录取的 30 000 名学生进行了跟踪研究,发现,在那些曾表示要攻读医学学位或博士学位的人中,最终只有不到一半的人兑现了诺言。[7] 即便是那些一开始就做好明确职业规划的学生,也不一定能实现职业抱负,因为他们的职业规划往往好高骛远。例如,在美国"第一区大学"(Division Ⅰ colleges)①的橄榄球队或篮球队中,有将近一半的新成员期望以后能加入美国橄榄球联盟(NFL)或美国职业篮球联赛(NBA),然而事实上,只有不到 2%的球员有幸获得被职业队试用的机会,而真正能打上一个赛季的,更是寥寥无几。建筑学专业的学生也信誓旦旦地表示要成为第二个弗兰克·盖瑞(Frank Gehry)或贝聿铭(I. M. Pei),②然而只有极少数毕业生有机会承担私人住宅的设计工作,更别提设计一系列著名的建筑了。

什么样的工作才是一份好工作呢?学生们在这方面的看法比较统一[8]。他们认为,一份好的工作首先应该是自己感兴趣的,并值得为其付出努力;其次是拥有可观的报酬并受人尊重。他们希望能够在一个合乎伦理的环境中工作,这样就不用强迫自己做一些违背良心的事情,在薪水和晋升上也不用担心会受到不公正的对待;他们希望今后的职业不但能与自己的能力、倾向和特长匹配,而且还具有一定的挑战性,有一定的发展空间。

有人认为,寻找一份合适的工作就是看这份工作是否与你的兴趣点、能力倾向以及价值观相吻合。然而,这一"公式"未免太过简单和机械了。许多年轻人之所以能找到工作,纯属偶然。有时往往是一次偶然的经历或无意间的谈话,激发了他们的兴趣,引导他们最终选择相关的工作,并为之奋斗终生。大学生活丰富了学生的阅历,他们的灵感有时就直接起源于大学经历;大学还赋予了学生真知,使他们在面临选择时能运用自己的理智,作出明智的判断。许多学生对自己的兴趣点和价值观尚不清晰,因此,他们很难将自己的兴趣点、价值观与职业观相匹配。霍华德·加德纳(Howard Gardner)和他的同事在研究了大量的"好工作"(good work)后指出,虽然学生关心职业中的激励、伦理及创造性因素,但不同的职业、专业和用人单位所提供的激励机制、伦理标准以及创造性和有意义工作的机会都各不相同。[9] 因此,本科生若想拓宽自己的就业面,找到令自己满意的工作,就应该使自己成为一名专、博兼备的人才。

---

① 全美大学体育协会将联盟中的 300 多所学校,按体育实力和投入分为第一、二、三区。——译者注
② 弗兰克·盖瑞和贝聿铭都为世界著名的建筑设计大师。——译者注

大学经历潜移默化地影响着学生的职业选择。通过正式课程的学习以及各项课 287
外活动的参与，大学生们对自己的能力和兴趣有了更为清晰的认识。有机化学课程就
是这方面较具代表性的一个例子。有机化学一贯以难学著称，它使许多立志成为医生
的学生望而却步，最终放弃了到医学院深造的想法。朋友或家人是影响学生选择职业
的另一大因素。当大学毕业生被问及最初如何得知这份工作时，绝大多数学生的回答
是：从亲戚或朋友那边获得的。[10]

虽然从上述渠道获得的信息很有价值，但为了帮助学生更好地选择职业，大学还
可以为学生提供其他方面的帮助。许多大学都设有就业指导办公室，专门收集大量关
于不同岗位的就业信息。就业指导办公室不仅负责学生兴趣、能力倾向和价值观方面
的测试，而且还为学生提供团体或个别职业指导，帮助他们进行职业决策。有些大学
还邀请校友来校与学生分享自己的工作经历。除此之外，就业指导人员还会组织"职
业咨询日"（career days），邀请来自各个行业的代表来校宣讲。他们还安排实习或暑
期兼职等项目，使学生有机会进入工作现场，如到医院、公司或律师事务所实习。[11]

研究者们发现，经过四年的大学学习，学生对自己的职业规划日趋清晰与现实。[12]
当然年龄的增长是一个重要因素，但除此之外，其中究竟有多少是得益于专门的就业
指导，或者说有多少是受大学经历的影响，目前尚不得而知。那些接受过就业指导的
学生声称从"就业指导办公室"那里得到了很大的帮助。然而在大学里，知道如何利用 288
这一资源的学生却很少。盖洛普（Gallup）民意测验机构在1995年对美国大学毕业生
进行了大规模的调查，在被抽样的人群中，只有17%的毕业生表示曾咨询过"就业指
导办公室"。[13]

为了使更多的学生有机会接受就业指导，将近一半左右的本科院校开设了就业指
导课程（有些有学分，有些则没有），这些课程的目的在于帮助学生作出更明智的职业
选择，并能更有效地找到工作。经过这些课程的学习，学生学会了如何认识自己的能
力倾向和兴趣点，以及如何分析不同的工作岗位和就业机会。此外，他们还学会了如
何准备简历和面试。研究表明，就业指导课程深受学生欢迎，因为它在帮助学生明确
职业方向、寻找合适的岗位方面起到了很大的作用。[14]

不管是否得到专门的就业指导，美国人在寻找自己满意的工作方面的成功率还是
比较高的。根据最近的民意调查，超过80%的美国人表示喜欢自己现在的工作。在
大学毕业生中，这一比例更高。[15]即便是那些当初没有经过系统、认真的职业规划，随
便找到一份工作的人，也能在自己的岗位上自得其乐。

　　然而,在那些一直深受学生欢迎的职业中,从业人员的不满意度却与日俱增。从出版界、新闻界到法律界、医疗界,抱怨声此起彼伏,员工抱怨工作自主权越来越小,经济压力却越来越大,最终不得不放弃自己的职业理想。[16]在过去的20—30年里,大学毕业生的工作时间持续增长,对于那些家庭、工作两肩挑的女性而言,工作环境的变化给她们的生活带来了很大的压力。同样,对于那些希望与妻子共同抚养孩子、共同承担责任的男性而言,工作压力也在增加。[17]在律师事务所、投资银行或咨询公司等深受本科生或研究生青睐的机构里,许多年轻员工不得不接受“浮士德式的交易”(Faustian bargain)——每周工作60—70小时,以换取一笔可观的收入。在做出职业选择前,这些职业压力将引发毕业生认真思考个人价值和生活重点等全局性的问题。相比之下,大学是思考这些问题的最佳场所,也是思考的最佳时期,因为在开始工作或进入专业研究生院之前,他们还有大量的机会仔细了解自我和职业。

　　如果大学能给予学生很好的就业指导,那么学生在今后的择业过程中就可以避免许多困难,法律行业就是一个很好的例子。一直以来,法学院都吸引着那些天资聪颖的年轻人,他们踌躇满志,但方向不明。在一些顶尖的法学院里,很大一部分学生不知道将来是否会成为职业律师。绝大多数学生声称不希望进入有名的专门受理公司法业务的律师事务所(corporate law firm)工作,将近三分之一的学生表示希望能从事“公共利益法”(public interest law)相关的律师工作。尽管最初的想法是美好的,但最后将近80%—95%的顶尖法学院的毕业生选择了“公司法律师事务所”,只有不到5%的毕业生留在“公共利益机构”工作。[18]

　　对于那些为了捍卫社会正义而选择法律专业的学生而言,法学院让他们彻底地醒悟过来——在那里,他们学到了一些“严酷的事实”(hard truths)。他们清醒地认识到,现在几乎没有什么律师工作单纯是为了保护环境或捍卫公民自由;那些为穷人或下层阶级伸张正义的工作不但报酬低,而且繁琐枯燥。正是因为“公共利益法”相关方面的工作就业前景黯淡(同时,法学院的负债率年年增长),许多学生最终放弃了自己的理想,不得不屈从于现实的利益。他们努力说服自己相信:进入“公司法律师事务所”才是最佳的职业选择,尽管许多学生在这些律师事务所里承担诸如公司法、税法、房地产法等专门业务,但这些工作枯燥乏味,缺乏挑战性。[19]

　　这些理想化的学生终于发现,律师工作主要不是为社会伸张正义,它更多的只是替委托人办事。不管他们个人的观点如何,只要能高效地解决问题,就是好律师。因此,他们所要做的就是放弃个人的信念,全心全意地为委托人服务。在律师行业中,所谓的正义就是尽最大努力为委托人辩护,而判断对错则是法官的工作。有些学生对这一现状极为反感,他们认为现在的律师已不配"律师"这一称号了,顶多算是个"枪手"(hired gun),因为在当今社会里,判断成功律师的标准已不再看谁站在正义这一边,而是看谁更会耍小聪明。这类学生毕业后要么变得非常现实,要么变得非常愤世嫉俗——即便最后他们和绝大多数学生一样进入了赫赫有名的律师事务所工作。[20]

如果说这些毕业生工作后都过上了幸福的生活,那么我们大可以说目前的体制没有任何问题。不可否认,有些人确实发展得很好,他们成为了律师事务所的合伙人,据说对生活也非常满意。然而,并不是人人都这么幸运,将近一半左右的年轻律师工作不到三年就离开了岗位。[21]许多人抱怨说工作忙,压力大,根本没有时间顾家,每天都生活在高压的环境中,感到非常疲劳;更多的人选择离开,是因为同行间的竞争过于激烈,精神非常紧张,不敢有任何怠慢,这让他们身心疲惫。此外,还有人感到自己没有尽到捍卫社会正义的责任,备受良心的谴责。在整个律师行业中,无论是压力指数、酗酒率、离婚率还是自杀率、吸毒率都居于全国平均水平之上。[22]

并非只有法学院的学生有如此遭遇,每个行业都有其压力,其从业人员都需要做出一定的牺牲,这些问题学生都必须仔细思考。那么大学能帮助学生预见这些问题,以作出更明智的选择吗?答案是肯定的,但是,并非事事如此。年轻人的职业抱负往往过于理想化,自亚当·斯密(Adam Smith)在《国富论》(*The Wealth of Nations*)中提出这个问题以来,这一现象越来越显著——年轻人总认为自己同时代人所面临的职业危机,不会发生在自己身上。[23]然而,随着法律这一职业面纱的揭开,学生们开始重新思考自己是否适合进入法学院学习,是否能如奥利佛·文德尔·霍尔姆斯(Oliver Wendell Holmes)所说的"与法律共度辉煌的人生"。[24]目前关于律师行业的书籍和研究可谓汗牛充栋:有些书专门介绍不同形式的法律业务,以及各种业务的优缺点;有些文章着眼于一些两难问题的讨论,即如何在秉承良知和履行法庭所赋予职责的同时,满足委托人的利益;还有些文章则娓娓道来,以小说的形式描述了律师行业的酸甜苦辣。这些材料,以及其他行业的类似的书籍,都可以成为很好的课程素材,引发学生更好地思考他们的职业人生。

开设一些学生比较熟悉的职业指导课程也是不错的选择,这样可以帮助那些尚无明确职业意向的学生缩小选择的范围,重点学习某几个领域的知识。一门好的职业指导课程可以围绕着某一行业的发展历史、在美国社会中的地位以及现在所面临的挑战等方面展开,这样便可以很好地完成其课程目标。没有谁比肯尼思·安德鲁(Kenneth

292 Andrews)（曾获英国文学博士学位,后来成为哈佛商学院的知名教授和哈佛学院学生公寓的主管）更准确地诠释了职业指导课程的价值:

> 在大学里,本科教育和职业教育之间泾渭分明,导致许多有潜力的本科生很难有机会了解他们欲从事的行业的性质,如,这一行业与其他行业有什么区别?它有什么从业标准? 在精神上、物质上以及社会地位上,它将给其从业人员带来怎样的满足感? 开设一到两门关于某一行业社会地位的指导课程,将有助于引导学生作出更加明智的选择;引发学生思考这一行业中的道德两难问题;同时也使学生了解该职业的从业标准和今后的发展前景。[25]

一些好的课程确实能起到一举两得的作用,既能为学生的职业生涯做准备（使学生了解不同的职业的从业标准）,又能实现自由教育的目标。例如,道德推理课程常常围绕着某一行业中的具体问题展开,这样学生就必须思考一些具体的伦理问题。以"现代医学的伦理两难问题"这门课为例,学生可以就安乐死、堕胎、克隆、基因工程等问题展开争论。当然学生也可以讨论其他问题,如医生是否应该将病情如实告诉病人;医生是否可以持有医药公司的股份,参与公司的药品研发工作? 这类课程不仅涉及大量的伦理问题,而且有助于学生深入了解医疗行业。与那些与学生未来生活联系

293 不那么紧密的课程相比,这类课程更能激发学生对道德推理的兴趣。

总之,我们可以开发多种不仅具有职业教育性质,而且还能激发学生积极思考人生和价值观的职业课程。然而,这类课程并不符合传统的学术课程模式,很难将其归于某一具体的学科。尽管社会学领域也有人专门研究行业的发展历史、组织方式和行为标准,但是这些学者的研究目标并非为了帮助大学生更明智地选择职业。此外,道德哲学领域的教授们对法律界和医疗界中具体的伦理两难问题也不感兴趣。因此这类课程被机械地添加到越来越长的课程目录中,而本科生的职业需求与文理学院教授的专业兴趣仍是"各行其道"。

这样,文理学院若开设课程为学生的就业做准备,就不得不求助于外部资源,这种情况在写作、外语、数理推理等课程中时常发生。在一些综合性大学,文理学院往往求助于专业研究生院的教授,邀请他们为本科生开设职业类课程;在那些拥有职业性专业的本科院校里,文理学院则可以让职业院系的教师为学生开课;而文理学院有时会邀请周边地区的专业人员来校讲学,这些人往往具有一定的学术兴趣和水平,能胜任

教学任务。

有些院系抵制聘请社会上的专业人士来讲学，认为他们难以达到文理学院的要求，会降低本科教育的质量。诚然，聘请外界人士给本科生上课是个冒险之举，学校里的专职教师应该严格把关，确保课程的深度和难度。然而，令人费解的是，这些强烈抵制外界人士进校讲学的院系，却允许刚入学的研究生和兼职讲师甚至本科生承担一些重要的本科教学任务，而且也没有对这些临时教师进行培训和监督。由此可以看出，文理学科的教授与职业课程划清界限，实际上并非出于学术上的考虑，只是在骨子里对任何形式的职业教育存有芥蒂而已。

294

职 业 性 专 业

绝大多数大学毕业生没有选择进专业学院继续深造，而是直接进入就业市场。随着就业竞争的日益激烈，职场上跳槽的比例逐年上升，因此越来越多的用人单位希望新进员工能"立即上手"，而无需公司多花经费为他们提供培训。因此，今天的本科生比以往任何时候都更强烈地感受到：在大学里不仅要为自己的职业生涯做准备，而且还要为某一具体的岗位做好准备。出于招生方面的压力，许多高校纷纷对此做出回应，它们开设了一系列职业性专业，包括商科、工程等传统的专业，以及监狱管理、体育经营、游戏设计等新兴专业。

职业教育是否真的能比自由教育更好地为学生的职业生涯做准备呢？长期以来，对这个问题的讨论可谓莫衷一是。在绝大多数情况下，问题的答案取决于学生将来从事的工作的性质。倘若学生希望毕业后直接进入高度专业化或技术化的领域工作，那么最好选择职业性专业，因为没有哪个用人单位在招聘工程师或医疗技师的时候，会专门考虑英语文学专业的毕业生。相反，对于那些希望将来从事律师或医生行业的学生而言，最好先选择自由教育方面的课程，然后再在研究生阶段接受专门的职业训练。至于那些希望从事商业监管方面工作的学生，情况复杂很多，他们究竟应该选择商科还是传统的文科专业呢？每年成千上万的本科生们都面临着这样的选择，因此讨论这个问题具有一定的现实意义。

295

许多研究人员曾尝试回答这一问题。[26] 从他们的研究来看，在商业领域，似乎职业性专业的毕业生比文理专业的毕业生更容易找到工作；此外，总的来看，在工作的前十年里，职业性专业的毕业生晋升的速度更快，赚的钱更多。然而，十年后，情况则发生了改变。随着时间的推移，职业性专业的毕业生们在大学里所习得的技术知识和实用技能，在他们成功的道路上所起的作用越来越小；相反，其他能力，如沟通能力、人际关系、创造能力和"把握全局"的能力变得越来越重要。在大学里，这些能力正是文理学院的教授所强调的，因此，十年后文理专业的毕业生们开始后来居上，发挥出他们的优势。当然，在公司的高层管理人员中，文理专业和职业性专业的毕业生都没有优势可言。

还有研究表明，一个人所学专业的性质与其今后在商业领域所从事的具体岗位有直接的相关性。管理专业或工程学专业的毕业生多从事会计、生产、金融方面的工作，296 他们比较适合于生产类公司。而文理专业的毕业生倾向于从事市场营销、人力资源、公共事务方面的工作，他们比较适合于服务类的公司。[27]

然而，未来的走向如何，谁也无法预测。一方面，当今企业发展以科技为本，这就需要商业和工程学专业的人才；另一方面，随着科技的发展，所有的企业都会面临着新的问题，如频繁的岗位更换，多样化的员工群体以及日趋扩大的全球交易等，这些变化都要求从业人员具有广泛的通识教育背景。

根据以上的研究结果，自由教育和职业教育孰优孰劣，仍难以作答。尽管现在有许多大学生沉溺于找工作和赚钱，但我们不能因此谴责学生选择职业性专业，毕竟许多技术类的工作需要这方面的专业人才，至少这类人才在毕业后的十年里具有一定优势。此外，从长远发展来看，目前也没有证据表明，商科专业的毕业生在十年后一定会处于劣势地位。现在的问题并不是学生是否应该选择职业教育，而是职业教育和自由教育如何发挥更好的作用，在满足学生职业需求的同时，更好地完成本科教育的其他目标。

那么该如何设计职业教育课程，以实现与本科教育其他目标的融合呢？这里的基本指导方针是相当清晰的。与其他专业一样，职业性专业不能牺牲其他本科教育的目的，全部开设职业训练方面的课程。教授们不能专注于技能的传授，因为学生完全可297 以在工作场所中更好地习得这些技能。同时，教授们也不能局限于培养学生具体岗位所需的能力，虽然这可能与学生的第一份工作息息相关，但很快便会被时代所抛弃。无论是什么行业的工作，无论是职业教育还是自由教育，批判性思维能力对学生的发展尤为重要，因此教师应强调批判性思维能力的培养，采取积极的教学方法，并给予学生一定的反馈。此外，职业并不意味着狭义的赚钱，职业教育应拓宽其内涵和外延，向学生提供多方面的课程，向学生介绍某一职业发展的历史，它在当今社会中的地位，其从业人员所面临的道德两难问题等。这些课程将赋予学生全新的视角，使他们更好地理解将来所要从事的职业。最后，与其他所有的专业一样，职业教育也应该包括一些带有研究性质的课题，通过对这些课题的深入探索，学生的推理能力和分析能力将得到很好的发展。

那么在现实中，那些职业性更强的专业又在多大程度上达到了这些要求呢？

工程学　毫无疑问，工程学是本科教育中要求最严格的专业之一。工程学专业的学生必须研修大量数学和自然科学方面的课程，以便为今后学习应用课程打下基础。这些基础课程通常难度很高，且总有解答不完的题目，因此需要投入大量的时间。工程学专业的必修课程的数量远远高于其他专业。此外，医用机器人、光子学、纳米技术等新领域层出不穷，也给工程学专业带来了压力，工程学需要不断更新课程体系。

许多研究人员认为，工程学专业通常能为学生今后从事技术工程方面的工作做好充分准备。通过大量繁重的专业课程的训练，学生有能力解决各种实际问题。除此之外，工程学专业强调解决问题的能力，因此与其他专业相比，工程学专业更有利于学生分析能力的发展。

然而，工程学有如此多的专业必修课，学生根本没有时间选修其他课程，也没有机会接受更完整的本科教育，这是该专业所面临的最为棘手的问题。然而，在绝大多数工程学教授看来，这算不上什么大问题。萨缪尔·佛洛曼（Samuel Florman）曾在一份报告中写道："鄙视自由教育已经成为工程领域的通病，工程学界到处是这一通病的'温床'。"[28]这一现象所带来的直接结果是：工程学专业的学生选修人文和社会学科的比例各只占9%。[29]由于学生在通识课程的选课方面缺乏一定的指导，也由于专业课程的课业负担之重，工程学专业的学生纷纷选择那些简单易学的通识课程，他们选修这类课程仅仅为了完成学分，而非为了完善自己的知识体系。总体而言，在人们熟知的各类本科专业中，工程学学生的知识面最窄。

由于工程学过于注重技能训练，它最终为此付出了代价。工程学的课业非常重，这严重阻碍了本科教育其他目标的实现。亚历山大·阿斯汀曾对24 000名本科生进行了深入的调查研究，他发现工程学专业的学生在许多方面（如写作、外语、文化意识以及对其他种族的理解和宽容等）的得分都比较低。此外，他们对课程、教学质量以及大学经历的满意度也比其他专业的学生低。[30]诺曼·奈尔和桑珊·希里格斯的研究进一步指出：工程学专业的毕业生对政治的参与度普遍不高。[31]

近些年，该专业课程设置过窄的问题越来越受到工程行业相关部门的关注。许多

298

299　高级别的委员会和组织机构发布了一系列批判性的报告；许多用人单位开始抱怨技术人员不能满足当代商业发展的要求；工程师们自己也开始意识到，如果不拓宽教育的边界，他们将被束缚在原来的岗位上，没有发展的空间。美国工程教育学会（American Society for Engineering Education）会长欧尼斯特·斯姆登（Ernest Smerdon）曾说过："从犹他州到乌克兰，从密尔沃基市到马尼拉，各行各业都要求毕业生具备良好的团队合作意识和沟通能力，并对社会经济的大背景有所了解。"[32]最近，美国国家工程学院（National Academy of Engineering）出台了一份报告，要求工程师们接受更广博的教育，时时以全球公民的标准要求自己，不仅能引领商业和公共服务业的发展，在研究、开发和设计中起到重要作用，而且还能包容和理解其他文化。[33]为了应对各方面的压力，美国工程与技术认证委员会（Accreditation Board for Engineering and Technology）于 2000 年重新修改了行业标准，更强调从业人员综合能力的发展，如沟通能力、道德敏感度、合作能力、文化意识以及对社会政治环境的理解能力等。[34]

　　与工程教育相比，自由教育更能促进学生以上各项能力的发展。然而，在工程学专业的课程体系中，职业技术课程一直占据着主导地位，仅仅通过指导学生在人文科学领域和社会科学领域选修更多的课程，并不能达到通识教育的目的。只有文理学系的教授和工程学系的教授携手，将写作、职业道德观和社会经济的视角等元素融入到现有的工程课程体系中，工程学专业的教育才能真正取得成功。

　　有人认为，只有当工程学专业升格到研究生教育的层次——如同商业、法律一样

300　有专门的研究生院——工程学专业的本科教育才能走出专业的禁锢，走向通识教育。然而，就算工程学系晋升为工程学研究生院，工程学院教授和文理学院教授之间的合作也是必不可少的，因为通识教育对学生道德推理能力的发展、沟通能力和领导力的培养都至关重要。[35]然而，文理学系的教授们是否愿意合作呢？反过来，工程学系的教授们是否愿意承认本专业的不足，而寻求外部帮助呢？这两个问题只有时间才能给出答案。一直以来所谓的学术自由的观念，严重地阻碍着各部门之间的合作，这一传统在大学里根深蒂固。若想工程学系和文理学系的教授们携手共建工程学课程，更好地满足企业的需求和本科教育的要求，那么必须从根本上改变他们的陈旧观念。

教育学　教育学专业与工程学专业形成了鲜明的对比。[36]工程学专业以严谨和高要求著称，而教育学专业常被指责为学科松散、要求不高。一般的教育学专业课程由"基础理论"课程（如发展心理学、教育哲学、教育史）、"方法实务"课程（如教学法、课程设计、班级管理）以及教育实践三部分组成。目前，这三类课程均遭到了猛烈抨击。基

础理论课程常常被指责过于浅显,理论与实际教学问题脱节;方法类的课程则被谴责过于实务;而教育实践课程则被批评为缺乏有效的指导和监督,缺乏与其他课程的联系。从整个教育学专业看,教育学系教师过于强调"填鸭式"教学,在教学方法上,他们没有为学生树立良好的典范。[37]

从建立完善的课程体系角度看,教育学专业比工程学专业更具可塑性。教育学专业的学生有充裕的时间选修文理课程。事实上,在美国许多州,文理专业的学生可以兼修教育学专业的学分,从而获得教师资格。许多州规定,除了教育学专业的课程外,未来的高中教师还需要在文理学系兼修同等数量的学分,课程涉及他们有望从事教学的学科,如历史、英语、数学等。虽然各州没有对小学教师提出同样的要求,但是大部分小学教师的大部分课程还是在文理学系修习的。

文理学系和教育学系的教授若能携手合作,那么双方都将受益匪浅。目前,绝大多数大学实行的指定选修制往往杂乱无序。倘若教育学教授能得到文理学系教授的协助,那么他们能为本专业的学生设计出一套更加完善的通识课程体系,更好地培养未来中小学教师所需的素质。此外,通过与文理学系教授的合作,教育学系的教授能充实"个体发展"、"认知科学"、"教育哲学"、"教育政治学和公共教育政策"等基础理论课程的教学内容。

与此同时,文理学系的教授也有责任帮助教育学专业改善现状。有研究表明,在严格控制智力、社会经济地位等变量的基础上,教育学专业的就读经验与学生的批判性思维、问题解决能力、对多样文化的宽容和对政治的参与热情等方面呈负相关。[38] 因此,大学里的每位教师都有责任帮助克服教育学系课程的缺陷,使教育学专业的学生能与其他专业的学生一样,有机会接受全面的本科教育。

于私于公,文理学系的教授都应该帮助教育学系培养称职的教师,以确保所有的孩子将来有机会接受到最好的初等和中等教育。毕竟,今天的中小学生就是明天的大学生。基于这一想法,英语、历史、数学等传统学系的教授们更应该尽心尽责帮助这些"准教师"打好基础,以便将来更好地向孩子们传授这些学科。

尽管教育学系和文理学系的教授们有着共同的利益,然而,双方之间的进一步合作却不容乐观。文理学系的教授看不起教育系,认为教育学是"次等"学生的收留站;而校方人士也常常持有同样的看法。正如简·金(Jean King)所说:"在许多大学里,教师教育处于次级学科的地位,大学在原则上实行兼容并包,实际上却很少给予扶持。"[39] 在学校的管理理念中,教育学院就是"摇钱树",能为学校的其他部门创收。凡

指望教育学院盈利的大学官员,不会不加思索地支持那些需投入巨资的改革计划。当然,教育学系的教授对学校的不满和愤恨也与日俱增。因此,对当今大学而言,观念上的转变是解决这一问题的前提,只有双方都改变原有的成见,合作才有可能。

303　　　**商科**　商科是所有专业中最受欢迎的一个专业,旨在培养会计、金融、市场、人力资源等领域的经营人才。此外,绝大多数商科专业还开设"伦理学"、"公司与社会"、"企业的社会责任"等课程。因此,与工程学专业不同,商科专业无需为通识教育煞费苦心,其课程本身就涉及通识领域。美国精英商学院联盟(Association to Advance Collegiate Schools of Business,AACSB)规定,在商科学生的总学分中,应有 40% 的课程是关于通识教育的,而实际上这一比例高达 50%。

　　尽管管理专业的课程与通识教育具有一定的相通性,但是它在某些方面仍有悖于本科教育的目标。亚历山大·阿斯汀曾对上千名本科生进行了调查,他发现商科专业的就读经验与促进种族和文化理解能力呈现负相关。[40]诺曼·奈尔和桑珊·希里格斯在研究报告中指出,商科学生的选举参与度、政治参与度以及公民意识都比较低。[41]导致这些结果的原因还有待进一步研究。但不管原因如何,研究结果的确让人担忧,因为这一现状不仅违背了本科教育的目的,而且还与许多企业的用人标准背道而驰。

　　用人单位对商科学生的不满也与日俱增。他们抱怨商科专业的学生缺乏良好的口头和书面表达能力,道德敏感度低,人际交往和领导能力差,分析和批判能力不强,不具备全球意识。[42]美国精英商学院联盟对此做出了回应,它于 2003 年颁布了一份新的行业标准,要求商学院注重学生沟通能力、分析能力、多元文化意识以及道德敏感性的培养。[43]

　　因此,为了互利双赢的未来,专业学院和文理学院到了互相合作的时候了。美国
304　精英商学院联盟于 2003 年所提出的新要求,与其说与商学院的专业教育有关,不如说与自由教育直接挂钩。文理学院的教授在自由教育方面更具丰富的经验,他们更清楚如何培养学生的沟通能力、文化意识和道德感。而管理专业的教授通过合作,也更清楚如何在满足商业组织实际需求的同时,发展学生的这些能力。

　　然而,这些共同的利益还不足以使两者精诚合作。文理学院的教授指责商学院的教授过于务实;而商学院的教授则认为文理学院的教授过于务虚。双方各自的偏见阻碍了进一步的合作。倘若两者不能摆脱传统的樊篱,学会有效地合作,那么自由教育和商业教育都将难以实现各自的教育功能。

文 理 专 业

许多文理学院的学生职业意向清晰，计划毕业后直接进入就业市场。那么大学应该如何为这些学生的职业生涯做准备呢？当我们在讨论自由教育时，很少有人关注这一问题。学者们经常讨论职业教育该如何更好地服务于通识教育，如何与通识教育的目标相一致，但他们很少质疑自由教育是否充分地尊重了学生的职业需求，为学生成功的职业生涯做好了准备。一套完整的本科课程体系，哪怕没有提供任何形式的职业训练，也应该能够帮助学生将来在职场上得心应手。

对文理学院而言，目前最重要的事情就是做好本职工作，实现自由教育的传统目标。正如前面所提到的，当用人单位谈论理想中的经理人或工程师时，他们不但强调沟通能力、批判性思维和解决问题的能力，而且还强调与他人合作的能力、道德的敏感度以及自律性。此外，现在越来越多的企业还要求其员工具备全球意识、关注全球问题、能理解和宽容不同的文化。[44] 用人单位所提出的这些要求与自由教育的目标不谋而合，也获得了绝大多数教师的认可。然而，正如上一章所指出的，许多学生在经过四年的大学教育后，这些能力的发展极为有限。这就是为什么用人单位经常抱怨毕业生们不仅缺乏专业技能，还缺乏口头和书面表达能力，以及其他与传统大学教育目标相关的能力。

许多用人单位抱怨大学毕业生缺乏自律性，这点值得一提。如他们的上司所言，这些年轻人上班经常迟到，工作不够卖力，对上级的指示断章取义，敷衍了事。面对这些问题，我们的大学教师是否应该反省一下呢？在许多校园，懒散之举已蔚然成风，大学教师不但置之不理，反而推波助澜。在今天的大学里，"分数贬值"（grade inflation）现象愈演愈烈，教师们对学生迟交作业或不交作业的行为更是宽容有加。正如乔治·库恩在其研究报告中所写的："在对高深学问的追求中，教师和学生共同的责任体系已经瓦解。教师允许学生拖沓懒散；而学生自己则怠慢松散，没有充分利用大学所提供的资源。"[45] 如果学生敷衍了事也能获得高分，如果学生的作业拖拖拉拉也能过关，如果学生在大学里犯些小错误也能被容许，那么他们在以后工作中出现种种不良表现，也不足为奇了。因此，解决好工作自律性问题并不仅仅关乎企业的利益，而是关乎到教师、学生以及用人单位共同的利益。

另一个方案就是允许文理学院的学生选修几门实用性的职业课程，如会计、市场营销、金融等。当然,这一措施目前还备受争议。不过有研究表明,学生选修两三门职业课程确实可以帮助他们清晰职业意向,提高就业能力。很多大学已经意识到职业课程的重要性,纷纷创造机会,为学生开设该类课程。但是,有些文理院系仍抵制职业课程,认为职业课程会像"恶瘤"一样蔓延,侵蚀整个自由教育的课程体系,最后背离传统教育的目标。

倘若一所院校的多数毕业生都直接进入研究生院或专业学院深造,那么就算大学抵制职业课程也无大碍。然而,现在的情况是:绝大多数文理专业的毕业生选择直接进入就业市场,在这一背景下,如果大学还抵制职业课程,那么后果将非常严重。有些企业会高薪聘请商学院的教师开设暑假速成课程,为其新聘用的文理专业的员工提供 307 基本的管理培训。[46]诚然这一举措确实可以使部分毕业生受益,但是并非所有的毕业生都有机会接受这样的训练。对于那些既没有专业技能,又没有管理知识的文理专业毕业生而言,他们很快便发现自己在竞争激烈的就业市场处于不利地位。

正如上面所提到的,绝大多数商科专业的学生都会选修大量的通识课程,其比重已占到了总学分的一半之多;相反,文理专业的学生却很少选修商科领域的课程,其比重不到总学分的 2%。[47]事实上,现在许多本科生要么选择纯粹自由教育的文理专业;要么选择由自由教育(50%)和专门技能训练(50%)共同组成的职业性专业。这种选择是否真的有利于学生的发展,或者说是否真的符合文理学系的最高利益,目前还不得而知。然而,在文理专业的课程中增加两三门商科方面的课程或其他实用技能方面的课程,不失为明智之举,这样不仅可以保留自由教育的核心价值,而且还可以为学生今后的职业生涯做准备。与此同时,通过开设职业课程,文理学院可以吸引大批虽有心致力于通识课程,但又对就业前景忧心忡忡的学生。

面临的重大挑战

美国的本科教育受两股力量的影响:一股来自大学教师——学者享有学术自由的权利;另一股来自市场——学生享有自由择校的权利。这两股力量相互抗衡,共同作用于大学的职业教育——大学应该如何为学生的职业生涯做准备。在美国只有少数几所享有盛誉的大学能置市场于不顾,全然生活在学术的国度中。在这样的大学里, 308 教师享有充分的学术自由权,他们无须迎合学生的观点,完全可以根据自己的喜好组织课程。然而,这样的大学在美国屈指可数,绝大多数大学还是以市场为准绳,大学教师需密切关注大学申请者的需求,以吸引更多天资聪颖、才华横溢的年轻人。

然而,在一个完善的本科教育体系中,职业教育究竟占据怎样的地位呢? 教师和学生都不能就这个问题给出一个令人满意的答案。文理学院的教授认为职业教育难登大雅之堂,对学生的职业需求不屑一顾;而学生或职业性专业的教师专注技能的训练,仅仅关注于学生个人的职业发展,忽视了教育的社会功能,如培养学生道德敏感性、公民责任感等。因此,只有文理学系、职业学系和学生三者之间共同合作,自由教育和职业教育才能达成和谐。

绝大多数大学并没有采取积极的行动,以缓和学术自由和市场需求两者之间的矛盾。自由教育很少考虑到学生的职业需求,而职业对学生而言至关重要,它直接关乎学生将来将成为怎样的人,在生活中如何处理家庭和工作的矛盾,以及为他人服务的机会有多大。而职业性专业的教师要么自己拒绝合作,要么是被文理学院拒绝,总之他们并没有与文理学院的教师们合作共同推进通识教育,相反,他们只专注于向学生传授工作中所需要的实用性技能。

如何正确对待学生的职业需求是高等教育所遇到的一个难题,至少在可预见的未来,这个问题将一直困扰着大学。文理学院的教授不能指望学生不一心想着未来的职业。事实上,越来越多的高年级学生和非全日制学生(甚至是越来越多的大一新生)将职业追求放在首要位置。与此同时,职业教育的教师们也感到压力重重,他们不仅要更专注于训练学生的专业技能,而且还要兼顾自由教育的功能——发展学生的心智。 309

用人单位人才观的转变,为文理学科教师和职业学科教师的合作提供了便利,因为两者的目标越来越趋同。没有文理学科教师的帮助,职业性专业将很难满足企业的需求,也不能为学生将来丰富多彩的生活做准备。同样,倘若文理学科教师不充分重视学生的职业需求,那么将注定只能招收到少数学生,将大部分学生转移到职业学系,而在那里学生并不能得到全面的通识教育。因此,只有当职业学科教师和文理学科教师充分意识到一意孤行所付出的代价,自由教育和职业教育才有可能充分地发挥各自的潜能,以满足学生的需求。

第十二章

提高本科教育质量:展望未来

作为一所美国大学的前校长,居然著书批评美国本科教育的不足之处,这着实让 310
人感到费解。一直以来,公立中小学被视为美国教育体系中的薄弱环节,而谈及我们
的大学时,一般人都认为美国拥有世界上一流的高等教育。根据最新的大学排行,在
世界顶尖大学中,美国至少有 17 所大学挤进前 20 强之列,而在前 50 强中,美国大学
占了 35 所。[1] 将近 93％的美国人认为"大学是美国最宝贵的资源之一"。[2] 美国顶尖大
学录取率低,竞争非常激烈。绝大多数校友表示,他们对四年本科教育以及整个大学
时光都非常满意。[3]

以上的结果值得我们骄傲,然而,若把普通四年制的本科院校也考虑进来,那么情况
便不容乐观了。世界大学排名往往侧重于一所大学的科研水平,而不是其教学质量。大学
排名虽考虑了本科学院的表现,但它更看重研究生院或专业学院的表现。此外,在校学生
和校友的满意度调查也并不能完全说明问题。毫无疑问,美国的大学生喜欢大学生活,并
自认为从中受益匪浅。然而,即便毕业后他们也不一定能正确判断自己的学习结果。当
然,学生能轻而易举地识别低质量的教学,然而,他们一直生活在同一个校园里,缺乏比较
的视角,因此并不清楚学校是否已经尽其所能提供了最佳(或者说接近最佳)的教学。 311

倘若我们把注意力从"民意调查结果"转移到"学生学业表现的实证研究"上来,将
会发现我们更有理由关注美国大学的现状了。诚然,绝大多数研究表明,大学教育确
实有助于学生发展,然而从多数研究的结果来看,学生在各方面的进步并不显著。[4] 甚
至在那些享有盛誉、拥有众多申请者的重点大学里,有一半之多的毕业生认为大学在
帮助自己提高分析能力、写作能力以及获得专业知识方面并没有发挥很大的作用。[5]
虽然认知能力测试表明,经过大学教育,学生的认知能力得到了一定的提高,然而多数
毕业生在分析现实生活中所遇到的非结构性问题时,表现却差强人意,他们完全像一
个天真的"相对主义者"——没有能力为自己的判断提供有力的辩护。[6] 其他关于写作
能力、计算能力、外语水平等方面的研究表明,经过大学教育,只有少数学生获得了长
足的进步,有些学生甚至出现了倒退现象。[7]

　　尽管我们的教师对课程极为关注，有关课程方面的评论多如牛毛，然而，美国大学的课程仍存在明显的不足。学生很大一部分时间浪费在一些目标空洞、缺乏规划的课程中。如，外语必修课程并没有帮助学生精通外语；写作导论课程仅仅交由那些未经培训的研究生承担，其他方面的课程也没有为学生写作能力的提高提供支持；自然科学课程并没有考虑到其他领域的学生的实际情况（学生往往是被迫选修这类课程），没有专门针对这些学生重新设计课程。此外，专业必修课程课业繁重，其要求往往超出了原先制定的课程目标，因此学生需花大量的时间才能完成专业课程的学习。这样，多数学生在大学四年的教育中并没有机会学习定量方法或道德推理方面的课程，也没有机会接受公民教育——如何成为一个具有广博知识的民主社会的公民，或如何成为一个具有国际理解能力的行动者——尤其是在这个美国社会日益受其他国家和其他文化影响的世界里。

　　尽管我们的大学危机重重，但目前并没有多少人意识到问题的严重性。多年来，美国大学在世界上享有盛誉，渐渐地我们的大学变得骄傲自满起来。近些年来，在美国高等教育中，各种新理论、新成果层出不穷，然而，我们的教授却墨守成规，而且自认为在过去颇有成效的教学方法在今天也同样受用。事实上，现在众多研究表明，讨论式教学方式将比传统的教学方法更有助于学生批判思维和问题解决能力的发展。尽管大多数教授都受过"教师专业发展"方面的培训，但他们却不愿自我发展，不重视教育研究结果，仍然"我行我素"。

　　现在已不容我们再自满了。随着社会的日益复杂，我们需要更多有知识、有能力的公务员、专业人员、管理人员以及社会公民。我们的大学毕业生正面临着日趋激烈的国际竞争，那些天资聪颖、富有抱负的国际同行向他们提出了挑战：任何技术工作都可以通过数字化的形式传播到世界各个角落，并在其他地方进行外包加工。面对这一契机，无论是发达国家还是发展中国家，都纷纷采取各种措施支持本国大学的发展。在这一背景下，我们的大学应该醒悟过来，更客观地看待自己的不足之处，进而思考如何制定更符合美国社会发展的高等教育标准。

为什么我们的大学表现不佳？

　　为什么我们的大学如此不愿意改变现有的教育模式呢？深究其原因，并不是因为大学置学生的发展于不顾。但是，批评家们据此认为大学很好地解决了大学生发展问题,那也是错误的。绝大多数大学校长或学院院长确实非常关心本科教育,他们确实希望学生能接受良好的教育。此外,绝大多数教授也确实非常喜欢教学,与学生一样,他们也兢兢业业地工作,勤勤恳恳地完成课堂教学任务。然而,喜欢教学和关心学生并不意味着教授们愿意反思自己的教学方式,也并不意味着教授们愿意探索新的教学方法,以便更好地完成本科教育的目标。相反,他们更乐于安于现状,那些讲课水平尚可的教授们尤其如此。尽管来自班加罗尔和北京的年轻人已向我们的学生提出了挑战,但是至少在可预见的未来,他们还不足以改变我们的地位。只要我们的教授按部就班,用心教学;只要我们的大学在设备、学费和财政资助上保持竞争力,那么就算没有竭尽全力提高教学的水平,我们也可以高枕无忧。

正是因为在改善本科教育质量方面我们的大学缺乏足够的压力,大学教师在承担责任方面的种种表现就不足为奇了——他们对课程敷衍了事,对发展学生基本技能的基础课程不予重视,甚至不愿意探讨教学方法问题;此外,他们还不注重研究学生的学习过程,很少关注学生的课外生活。追根溯源,当我们这些大学教师还是学生时,大学 314 就是以这种方式对他们进行学术训练的。多数专业教育课程都会向学生传授与他们将来所从事领域相关的一切重要技能——至少传授那些教学效果不错的技能。但博士生教育显然是个例外。因为博士生教育注重理论研究,轻视任何"职业性"的探究;虽然大多数博士生毕业后愿意从事教学工作,与科研相比,他们往往需要在教学上倾注更多的精力。然而,文理学院却从来没有为博士生提供教学方面的训练。[8] 在绝大多数研究型大学的教师眼里,教学是一门艺术,他们要么认为这门艺术过于简单无需训练,要么认为过于"个性化"而不能传授,甚至还有人认为教学要靠天赋,只可意会不能言传。① 由于缺乏正规、系统的培训,许多博士生只能通过模仿自己喜爱的教授的 315 上课方式来摸索教学方法。这一传统深深地影响着一代又一代教师的行为,它根深蒂

---

① 诚然,通过担任"大班教学一小组讨论"中的助教一职,博士研究生确实有机会发展自己的教学技能。在近几十年里,一些大学还专门建立了教学服务中心,组织博士研究生参加教学研讨会,还提供课堂录像带供他们观摩,并为他们配备教师进行现场指导。由于助教们的水平参差不齐,教学质量不高,本科生们怨声载道,因此大学纷纷建立教学服务中心以帮助这些新手提高教学质量。值得注意的是,这些教学服务中心往往不是由学术部门发起的,而是由行政部门提出的。那么这些教学服务中心的效果如何呢? 其实只有那些积极参与的博士生才能真正从中获益。当然,教学服务中心的价值值得肯定,然而遗憾的是,绝大多数教学服务中心旨在提高研究生使用传统教学方法的能力,却很少对现存的教学方法提出质疑,也没有向研究生传授那些更能发展学生的批判性思维、更能达到本科教育目标的新教学方法。此外,这些教学服务中心也没有向研究生介绍认知心理学家关于学习过程的研究,甚至没有教他们如何设计试卷,如何对自己的教学进行评估,以及如何评估一些成功的新教学方法。——作者注

固,严重阻碍了教学方式和教学实践的变革。

当博士毕业生们开始神圣的教师生涯时,他们发现教授们很少群策群力共同探讨"怎样进行有效教学"这个问题,相反,教学是教授们个人可以随心所欲处置的一项活动。许多教授确实在时时调整自己的课程计划,当发现课堂效果不好时,他们就抛弃陈旧的教材,在课程中引入新的材料。多数教授对自己领域已经发表的研究成果比较关注,所以他们的教学内容理所当然能够"与时俱进"。然而,课程内容的更新并不意味着教学方法的改进。教授们并不清楚学生究竟学得怎样,单从课堂教学上,他们基本上了解不到任何有用的信息,尤其在讲授制为主的大班里、面对的又是一批被动的学生。课程评价能提供一些有效的反馈,但是多数课程评价注重教师知识是否广博、上课条理是否清晰、与学生相处是否融洽,却很少涉及学生对自己学习过程的评价。①同时,论文写作和考试的评价方式也不能提供太多的信息,因为作业和试卷通常由助教批阅,任课教师很少亲自参与评阅工作。

尽管目前还缺乏可靠的反馈信息帮助教授了解学生的学习进程,但是有些教授确实在关注教学问题,尝试着新的教学方法。从全国范围来看,新的教学方法层出不穷,如合作学习(collaborative learning)、经验学习(experiential learning)、服务学习(service learning)、基于问题的学习(problem-based learning)、学习社区(learning communities)等。然而,真正敢于创新的教师还是寥寥无几,绝大多数教师安于现状,盲目自信。学生究竟学得如何? 取得了多大的进步? 这方面的研究还未取得进一步的突破,正因为如此,许多教师沾沾自喜,自我感觉良好。研究表明,将近90%的教授认为自己的教学水平处于"平均水平"之上。⁹

与教师相比,大学领导者更不愿意花时间和精力来改善本科教育的质量。就这点来看,我们的大学远远落后于时代的发展。纵观社会上比较成功的组织,尽管行业的性质各不相同,但是有一点是相通的:凡是成功的组织都在不断地改进,努力向高效的"学习型组织"迈进。它们经常反思发展的进程,关注所存在的问题,并及时提出修正方案;它们定期评估人员的表现,裁减表现不佳的人员,吸纳有能力的新人。从理论上讲,大学本应引领其他社会机构的发展,因为机构评价的方法直接源于大学。然而事实上,在谈及自身问题及如何系统地改善本科教育质量时,大学的表现却让人失望。

---

① 据调查,只有40%的大学讲师借用"学生评教"来规划或反思课程。Joan S. Stark and Lisa R. Latucca, *Shaping the College Curriculum*: *Academic Plans in Action* (1997),p. 121. ——作者注

诚然,在外部压力的刺激下,许多大学开始对学生发展过程和学习结果的开展评价。然而,全美只有不到三分之一的本科院校采取综合评价的方式,来判定学生是否达到通识教育的目标。多数院校仅仅开展单项评价,如只关注于学生写作能力或批判思考能力的发展程度。一篇题为《通识教育的十年变迁》(*A Decade of Change in General Education*)的文献综述提到:"虽然大学对学生的学习结果进行评价,但这并不意味着评价结果会被用于学校的课程规划。"[10]同样,也没有证据表明,评价结果会影响到各系所的课程设置改革或教授的授课方式。此外,在大学发展的过程中,很少有大学利用评价手段来发现问题、寻找新的教学方法并验证这些方法。总之,大学教师们善于使用研究和实验的手段,来理解和改进社会中的各种组织、过程以及人类活动,唯独忽视了对本身的反思和改进。

这方面的例子比比皆是。显而易见的例子是,许多学生一直表现不佳,若按他们入校时的SAT成绩以及高中成绩来看,他们完全可以学得更好。这点对黑人学生和拉丁美洲的学生而言尤其如此。[11]此外,绝大多数特招进来、能为学校带来经济收入的体育特长生也存在类似的情况。[12]如果仔细分析,我们可以在其他学生群体中发现类似的表现欠佳的现象。虽然一些招收了少数族裔学生的大学已经取得了成功,它们的经验表明学生表现不佳的问题是可以被克服的,但这仅是极少数例子。尽管所有的大学都在其学校宣传手册中承诺"大学的职责是帮助每个学生都获得充分发展"①,然而绝大多数大学并没有系统的方案来评价学生的学业表现,如哪些学生表现欠佳,学校应该如何帮助他们发展得更好?

有些大学甚至抵制学生评教,唯恐触及现有教学方法的种种弊端。这种不愿自我监督和自我改进的例子很多,比较有代表性的是十多年前发生在东海岸某一大学里的评教事件。当时,一位行政人员在学生评教表中增加了一项关于通识课程的问题,其目的是为了了解通识课程在多大程度上发展了学生的批判性思维和分析问题的能力。这一新增的问题并非不合逻辑,因为每位老师在开课之初都提出,通识课程的主要目的是培养大学生的批判思维能力。尽管学生对绝大多数教授都赞誉有加,然而,他们认为只有不到10%的课程有助于自己批判性思维的形成与发展。可见在多数学生看来,大学所开设的通识课程并没有达到本应达到的目标。按常理来看,这一问题必会

317

318

---

① 诚然,许多大学确实为那些处于辍学边缘的学生提供专门的帮助。然而,给予濒临辍学的学生以帮助与克服学生表现不佳现象并不能混为一谈。许多学生之所以表现欠佳,仅仅是因为他们没有达到本应达到的水平,而不意味着他们处于辍学的边缘。此外,两者背后的原因也不同。——作者注

引起大学教师和行政人员的重视,然而,事实上什么也没有发生,最终这个带有"争议"的问题便在评价表中消失了。

在这样的背景下,尽管新的课程和新的知识层出不穷,教学方法的变化却步履缓慢。与此同时,一直潜藏的学习问题没有被发现,也没有获得解决。这毫不奇怪。虽然人类在业绩和质量问题上取得了显著的进步,然而没有人知道,今天的大学生是否比五十年前的大学生思维更深邃了,写作更流畅了,或者在其他教育目标上取得了更大的进步。

319 对这些问题的讨论,将有助于我们更好地回答本书第一章最后所提出的问题:"在过去的半个世纪里,除了教师规模、图书馆容量、基础设施以及其他资源有所扩大外,美国本科教学的质量并没有得到实质性的提高,这是大学自身的错吗?"当然,这一问题并非不证自明。本科教育是一个"黑箱",没有人知道其质量究竟发生了多大的改变。然而,本科教育并非是个特例,同样的情况还发生在诗歌、建筑或流行音乐等领域——人们无法对它们的质量进行测量,也无法与它们早期的形式进行比较,我们没有行之有效的方式来判断这些领域是否取得了进步。在这些领域也不能借用试误理论——经过不断地试验、评价和改正以获得不断发展。每个人都可以根据自己的质量标准,采用新的方法,逐步达到这些标准,然而,这些进步并不一定能得到别人的认可。

回到本科教学问题上来,诚然有些学习形式难以测量,甚至无法测量,如自我意识的形成、人生观的发展等,然而其他许多重要的能力是完全可以测量和评估的,如学生的写作能力、数理推理能力、外语水平、批判性思考和分析问题的能力等。通过对这些能力的测量,大学将会发现学生并没有完全掌握一些基本技能,他们并没有真正理解一些重要的课程,总之,学生并没有得到充分的发展,他们的表现远远低于本应达到的水平。澄清问题后,教师们应该尝试着对教学方法进行改革,并逐渐开发一些便于操320 作且易于推广的新方法,以帮助学生更好地学习。正是因为大学教师对教学敷衍了事,才导致本科教育陷入如今不尽如人意的境地。

持续的评价和实验有问题吗?

批评者通常会提出一大堆理由来反驳以上的结论。有人指出,绝大多数教学研究不具备理论深度,达不到学术标准,任何关注自我利益的大学都不会贸然相信这方面的研究成果。这一批评有其合理之处。从实际操作层面来看,研究者很难进行双盲实验（double-blind experiments）［即使两组实验对象对实验细节（即哪一组正在接受革新的教学方法）均无所知］或者研究者无法找到一组与实验完全匹配的控制组。此外，关于如何测量学生的写作能力、批判性思考的能力以及其他教育目标的实现程度也存在异议。诚然，目前的研究确实还存在诸多问题，但是如果过分拘泥于这些问题，我们的院校研究就无法在这些成果中去芜存菁。教学评估主要不是看其是否达到最严格的学术标准，而是看其是否为教师提供更多可靠的信息。而近些年来，指导大多数教师教学工作的，仅仅是大量零碎的实验或教师个人的观点。如果认同这一观点，那么我们完全可以描述和测量学生智力发展的许多重要方面，在此基础上我们也可以对目前课程和教学方法进行有意义的评估。① 倘若教师愿意从这些方面出发，对学生进行测试并将结果记录到正式的成绩单中，那么他们完全有能力设计出行之有效的评估方法，考查自己的教学对学生的学习产生了多大影响。

321

还有学者认为，不同的研究有着不同的结论，有些结论还彼此冲突。此外，这些研究也不能证明新的教学方法一定比传统方法更有效，更能使学生获益。这些批评有其合理之处，但是并没有说服力。不可否认，由于每项研究的对象不同，不同研究者在测量学生进步的过程中所使用的方法不同，加之研究方法本身的缺陷，研究结果自然会有很大的差异。然而，若因为存在这些问题而完全放弃研究，并不是问题的解决之道。比较行之有效的方法就是研究者在本校展开细致的研究。此外，若因为新的教学方法没有带来立竿见影的效果而放弃尝试，也不是明智之举，毕竟学生的进步是一个漫长的过程，所谓"不积跬步，无以至千里"。若因为找不到一项能从根本上改革本科教学的方法而放弃探索，那是极为愚蠢的。

322

最后，有些教授担心，一旦评价在大学扎根，那些可以被测量的学习形式将在本科教育中大行其道，而那些同样重要却无法测量或评估的教学目标将会被忽视。倘若这些评价是由政府官员执行的，那么教授们的担心还有些道理。然而，现在的评价是由

① 教师们完全可以通过一系列简单的问题，对本科教育质量进行评估。例如，每堂课中有多少时间是用于积极讨论的？ 目前的考试是侧重于批判性思维的考查还是事实性知识的记忆？ 学生们是否认为所有的课程有助于提高分析问题和批判性思考能力的发展？ 有多少比例的学生达到了外语学习的要求，能用外语自如地交谈或听懂电视广播节目？ 在大学四年中，学生在写作上花了多少时间？ 与大一学生相比，大四学生的写作能力提高了多少？ 与大一学生相比，大四学生在多大程度上使用数理推理的方式来解决实际问题？ 新的关于提高公民责任感的倡议，是否有助于提高学生在今后生活中对政治的参与度？ 团队学习是否有助于提高学生成绩，尤其是在问题解决方面？ 哪类学生更有可能表现欠佳（根据先前的成绩和考试分数，他们完全可以做得更好）？ 如果采取措施解决这一问题，他们能同样获得成功吗？ ——作者注

大学自己所发起的,教授的担心就有些多余了。如果大学对自己的判断如此没信心,如果大学出于那些无法被评估的目标的考虑,而放弃改善那些可以被评估的学习形式,那是非常可悲的。①

<h1 style="text-align:center">改革的可能性</h1>

323　　本科院校的前景如何呢?它们能成为有效的学习机构吗?很遗憾,前景不容乐观。不可否认,现行的本科教育确实存在着种种缺陷,然而,这些不足恰恰迎合了教师的利益。与绝大多数人一样,教授们并不愿意他人来评价自己的工作,尤其是当评估人员问及一些敏感的问题时,如学生是否达到了教育目标,是否真正取得了进步?此外,那些习惯于班级授课制的教师并不欢迎教学法的研究,因为革新将迫使他们改变原有的教学方法,这将给他们的教学带来压力。而各系为了维护自己的利益也不愿意进行变革。它们向来反对外人干涉其专业课程的内容,哪怕他们明知原先的课程可能会妨碍其他重要的教育目标的实现。每个系都将专业课程排得满满的,让学生学习更多专业知识以满足本专业的利益。在许多本科院校,各系听任写作和外语课程的教学处于标准水平之下,因为专业领域的教授拒绝为学生开设写作课程和外语课程,他们认为将此类工作交由研究生完成更为有效。

　　从理论上讲,校长和院长们理应阻止这些自私行为,以确保学生的合法需求。然而实际上,大学的领导人并没有肩负起这一重任。教师们掌握了教学和课程方面的最高权力。尽管校方完全有能力对教学和课程施加影响,但是他们往往不愿意行使这一

324　　特权,因为他们担心这样做可能会激起教师的反抗,最终影响到大学的公众形象,或者导致潜在捐款的减少,甚至会威胁到他们的"饭碗"。对校方而言,这毕竟是件吃力不

---

① 有些教授认为,在教育中进行试误理论对学生不公平,尤其是当实验失败的时候。还有教授的观点则恰恰相反,他们认为如果教师在明知新的教学方法比传统的教学方法更为有效,却依然进行对照实验(也就是说在一组学生中使用新的教学方法,而在另一组学生中使用传统的教学方法),那对对照组的学生是极不公平的。仔细分析,这两种观点都不具有说服力。教育活动的影响在本质上是不确定的,教师总是在不停地尝试新的东西,如增加新的教学内容、新的课堂读物、使用新的课堂组织方式等(尽管教师的教学方法很少改变,也很少受到评价)。因此,学生总是处于这样那样的革新之中,其中有些影响是积极的,有些是消极的。如果出于公平的考虑而放弃了这样的尝试,那绝非明智之举。总的来说,所有的学生都会在试误实验中受益。如果学生不幸在尝试中遭遇失败,那么他们必定会在其他尝试中受益。阻止新教学方式的尝试必定会妨碍教育改革,学生只能接受一成不变的低效的教学方法。——作者注(本注释与正文的关系不清。原文如此。——译者注)

讨好的事情,就算在促进学生学习上取得了成功,他们也不会因此而受到奖励,而且也很难说哪些成功是校方努力的结果,因此与其花精力提高学生的学习,还不如在招生时直接提高 SAT 的分数线,或筹集资金建造新的实验室和图书馆。

当然我说这些话,并不是为了谴责我们的教授和领导者,他们之中多数工作认真、勤奋。但是,毕竟他们也是普通人,如果没有充分的理由迫使他们进行改革,他们也不会主动放弃个人和专业的利益而改变原有行为。要不是因为博士的培养计划中增加了教学技能培训这一项,教师们还不会察觉到需要改变自己的教学方式,甚至不会意识到有必要这么做。同样,倘若校长和院长没有受到更多的外部刺激和压力,他们也不会向现状提出挑战。就目前的情况来看,若作壁上观,幻想变革会自动发生,那是极为天真的想法。

在过去,有时大学之外的力量会迫使大学进行改革,然而,今天却很难再找到如此强大的力量了。大约在 15 年前,艾伦·布鲁姆、迪内什·迪索萨、威廉·贝奈特撰写了大量批判高等教育的著作,引起了广泛的关注。但是他们的笔触更多集中在那些能直接激起公众讨论的议题,如政治正确性、赞助性行动计划以及对名著的忽视等,而不是本书所提出的这些问题。在今天,关于政治正确性、赞助性行动计划、名著选读方面的争论已经逐渐平息,人们的关注点转到了大学收费、入学公平性、毕业率等问题上。　325然而,关于如何提高教学质量这一问题至今仍没有引起公众的广泛关注。

在商业领域,新兴企业层出不穷,新的企业效率更高且拥有更高质量的产品。激烈的竞争促使原有的企业不断创新。然而,在高等教育领域,新的大学却很少出现,即使有了,也不足以对老牌大学构成威胁。在美国最近出现了几所营利性大学,它们确实招到了不少学生,但是它们更愿意循规蹈矩,没有进行任何积极的教育变革。当然,这些新兴的大学可能会采取一些创新之举,如使用远程教学,然而这些竞争除了驱使那些迫于生存压力的本科院校牺牲自由教育,转向实用性的职业培训外,基本上没有带来其他威胁。

有人会认为,学生是促进大学变革的另一股可能的力量。作为消费者,他们有权选择大学,这给大学施加了压力。为了吸引更多天资聪颖的学生,各大学展开激烈的竞争。正因为如此,许多人认为学生的选择权是促进教育改革的动力。然而,正如前面所指出的,其实未来的大学生们并不清楚哪所大学(哪个专业)将帮助他们学得更好,发展得更好。生源方面的竞争确实促使大学进行改革,但改革更多是为了迎合学生的需求,如引入荣誉课程,为学生提供海外学习的机会。总的来说,学生对本书所提到的种种教育改革的呼声并不高。他们更关心如何才能找到一份好的工作,如何减少因上大学而欠下的债务,而不是如何参加更优质的课程以提高他们的公民意识、道德推理能力和对外国文化的了解。如果说竞争带来了任何变革的话,那么这些变革更多地体现在其他方面,如开设新的职业课程、降低学费、提供更诱人的奖学金等,而不是本书所讨论的教学变革。

在外部动力机制中,州政府是促进大学变革的最主要力量。政府对高等教育的拨款逐年增加,他们迫切希望大学能培养出社会所需的劳动大军。近些年来,政府开始问责大学是否将钱用到恰当之处,是否实现了应有的价值。然而,大学的领导人并没有向政府提交令人满意的答卷。因此,政府开始出台一些新的政策,根据大学的绩效调整对各大学拨款的比例。迄今为止,美国已有 40 多个州对公立大学的绩效进行评估。[13]

尽管政府的出发点是好的,然而问责制的实施并没有取得令人满意的成效。原因有二:其一,大学教师并没有参与标准制定的过程,因此政府所设立的标准并没有对大学课堂产生任何实质性的影响;其二,政府的措施往往过于笼统,缺乏针对性,对大学的教育改革没有起到多大的帮助。在政府所制定的标准中,有些评价指标超出了大学的能力范围之外。例如,有多少大学毕业生留在大学所在州?学生毕业一年后的就业率如何?平均年薪多少?还有的指标考察学生在大四标准测试中的成绩,然而标准测试并不具有针对性,其成绩更多反映了学生入学时已具备的水平,而不是学生在大学四年期间的学习结果。

对于上面提到的有些问题,政府正设法寻找解决方案。然而过去的经验表明,州政府可能会过度强调标准测验的成绩,这将是更为冒险的举措,因为标准测验并不能准确地评价学生是否达到好的通识教育所应达到的标准;过分看重标准测试的成绩,还将助长分数至上的风气,从而掩盖了本科教育更为重要的目标。此外,一个州的高等教育系统是由不同院校、不同专业和不同学生群体组成的。州政府能否设计出一套统一的、切实可行的标准,用以评价不同的对象,也是个值得商榷的问题。即便州政府能克服这个难题,设计出一套完美的方案,接下来如何分配财政预算是改革遇到的另一大难题。如果给那些评估成绩好的大学增加财政拨款,可能并不能起到激励的效果,因为在这些大学里教授本来就很看重教育质量。相反,如果减少那些评估成绩差的大学的财政拨款,则无异于使这些学校雪上加霜,它们将没有足够的财力和物力来改进本科教育的质量。

总而言之,政府期望通过实施有效的干预措施来改善大学本科教育的可能性非常小,更不用说通过奖惩方式来提高教学质量了。至于基于绩效的财政分配政策,真正所能起到的作用，顶多是向学校领导传达政府部门的不满，迫使大学官员更关注本科教育的质量。但是，即便如此，大学也并没有把触角伸到最需要改革的地方。

近些年来，大学排行的兴起，如《美国新闻与世界报道》(U. S. News and World Report)每年颁布的全美大学排行榜——成为推动大学变革的一股强有力的外部力量。绝大多数大学都非常看重自己的排名，都希望能跻身于顶尖大学之列，以吸引更优质的学生和更丰裕的捐款。如果说大学排行与教育质量之间存在着某种关系的话，那么它可能会促使大学更努力地工作以改善教与学的质量。

然而，令人遗憾的是大学排行并没有真正带来教育质量改革，因为大学排行所依据的评价指标与教育质量之间基本上没有多大关系。大学排行看重的是学生群体的质量（以学生的 SAT 成绩为评价标准）和大学教师在同行中的声誉。教师声誉这一评价指标更多与科研绩效挂钩，因为其他大学的教师只知道某一教授的科研水平如何，并不知道他的教学水平如何，更不用说他的学生学得如何了。学生群体这一评价指标存在着两个预设：其一，教育质量高的大学将吸引更多优秀的申请者；其二，身处优秀的同伴群体中，学生将学得更好。这一指标看似合乎情理，实则并非如此。因为学生在申请大学时看重的往往不是大学的教育质量，而是大学所提供的财政资助的金额或同伴群体中 SAT 的平均成绩。那么在重点大学里，那些天资聪颖学生的学习情况如何呢？有研究表明，在严格控制智力差异这一变量后，重点大学学生在经过四年的本科教育后，在批判性思维能力和其他能力的发展方面并没有比一般大学的学生取得更大的进步。[14]

大学排行究竟与教学方法和学生的参与度（研究表明，学生的参与程度直接决定学生的学习状况）之间存在多大的相关性呢？有学者就这一问题展开研究，其研究结果表明两者之间并没有多大的相关性。[15] 以《美国新闻与世界报道》的大学排行为例，它在改善本科教育质量方面几乎没有起到任何积极的作用，它对大学的影响更多地体现在外显的名次上。为了提升自己在排行榜上的名次，大学纷纷将有限的资源用于设立优秀奖学金或以高薪吸引具有杰出成就的学者，却没有视提高学生的学习成绩为己任。[①]

328

329

---

① 一些高等教育研究机构（如美国学院与大学协会）曾出版过专著，专门讨论教学方面的问题，它们对提高教育质量起到了积极作用。尽管有些文章很有价值，但是无人知晓它们对学校决策和实践究竟起到了多大作用。这方面的研究成果可能会对一些综合性大学或文理学院产生某些影响，因为在这些大学里，无论是校长、院长还是教师都比较重视教育质量的提高。然而，它们对研究型大学的课程改革并没有起到明显作用。不管其影响如何，总的来说，这些著作对相关文献进行了系统的梳理，并对一些具体的问题展开了分析，因此仍具有一定的参考价值。——作者注

"全国学生参与度调查"(NSSE)是改善本科教育质量的另一大举措。该项目由佩尤基金会(Pew Foundation)①资助,它对所有志愿参与此项目的大学进行了调查研究,主要考查教师的教学形式和学生学习的参与情况。[16]例如,它会问学生是否积极参与课堂发言,是否主动和教授交流,是否经常写论文或做口头报告,是否经常参与小组讨论和社区服务等。此外,它还会问学生是否经常接受高级思维的训练,作业是否及时得到反馈等。所有问题的设计都与提高教学质量存在一定联系。一旦学校领导获得了这些研究结果,他们便可以据此要求教师采用研究报告中建议的教学方法,说服教师加强合作。

330

虽然这项研究具有一定价值,然而其影响仍极为有限。到 2005 年为止,参加此项目的院校只有 529 所,只占美国高校的 25% 左右。此外,在这 529 所高校中,几乎看不到美国顶尖大学或文理学院的名字。这只能说明在美国,那些在大学排行榜上名列前茅的大学在改善学生的学习方面并没有起到积极的带头作用。

此外,"全国学生参与度调查"之所以没有产生广泛的影响,很大的原因在于其调查结果的保密性。由于调查结果没有公之于众,学生在择校时便无法获悉大学的真实情况。虽然该研究对高校内部的教育改革具有一定的推动作用,但其带来的竞争以及大学公共形象方面的压力并不足以迫使大学进行改革。从研究范围来看,该项目的涉及面也极为有限,它只关注少数与学生学习直接相关的科目,并没有涉及到一些长期以来被广泛忽视的科目,如道德推理或公民职责等课程。此外,像语言或新生写作等课程是否有必要保留的问题,也没有在此研究中得到很好解决。总的来说,"全国学生参与度调查"的价值是值得肯定的,但它仍需不断地完善,以更好地解决本科教育所遇到的问题。

迈向新阶段

大学所固有的惰性和自满感束缚着大学的发展。若想成为名副其实的学术机构,大学必须改变其原有传授知识的方式。然而,以上所讨论的各种外部力量并不足以打破这种禁锢,因此,大学必须借助其他方面的力量以更好地推进变革。那么,谁可以担

331

---

① 佩尤基金会是为了纪念 Sun Oil 公司的创始人佩尤夫妇于 1948 年设立的。基金会主要由佩尤夫妇的子女出资,以资助学术、教育、福利等公益事业。——译者注

当这一重任呢? 他们应该如何行动呢?

　　大学能依靠政府机构和私人团体进行富有建设性的改革吗? 正如前面所提到的,若政府部门期望通过对大学产出的评价以及对大学拨款的控制来推动大学变革的话,那么将不会取得很大的成效。绝大多数教师并不支持政府的这一做法,他们认为这种基于惩罚的不合理的评价机制——倘若大学不能达到政府所制定的所谓标准的话,将会受到一定的惩罚,并面临着声誉受损的威胁——严重阻碍了学术自由,甚至扭曲了教学的本意。

　　那么政府部门(包括评价机构)如何才能起到更好的作用呢? 政府应扮演监督者而非评价者的角色,即鼓励大学进行自我评价,并在此基础上进行自我完善。例如,政府应该关心大学是否参与了"全国学生参与度调查"项目? 如果有,其执行力度如何?它们在反思课程、寻找自我不足以及进行新的教学方法的实验方面采取了哪些措施?它们在借鉴其他院校成功经验方面做了哪些努力? 它们是否对新教师进行入职培训?它们是否进行有效的教学质量评估? 如果有,其实施力度又如何? 教学这一指标在教师的招聘和晋升中占到了多大的比重? 它们是否给予教师足够的财政资助,支持他们尝试新的教学方法?

　　回答以上问题,比使用同一套标准指标评价不同大学的教学质量要更容易些。一旦政府部门和评价机构将关注的重心放在大学自我评价和改革上,那么大学内部的行政人员和教师将会真正做到以提高教学质量为己任,积极采取更为切实可行的改革方案。那些具有远见的改革者也会进行更大刀阔斧的改革,而不会再重复那些无关痛痒、吃力不讨好的工作。

　　对于那些全面系统地进行改革(如对自身的教育质量进行评估,从中发现问题并进行尝试性改革)的示范性大学,政府机构和基金会应给予资助,以进一步推动改革。在过去,一些外部机构也会定期对某些创新项目给予资助,如早期的网络和计算机辅助教学项目,当时美国教育部的"改善中学后教育基金会"(Improvement of Post-Secondary Education)以及其他一些大型的基金会都曾资助过该项目。诚然,前面所提到的这种资助方式颇具成效,但是它与我这里所要讨论的资助方式还是有很大的差别。这里说的资助不是针对某一具体项目,而是着眼于从整体上提高本科教学的质量。当然,外部机构对大学的资助金额无需很大,也无需很长时间,一旦改革项目在大学启动并开始运行的话,大学自己便能维持其正常运作。不管怎样,政府和基金会最初的支持(包括资助大学开发更有效的教学评价项目)还是十分必要的,它将为大学的

332

改革正名,帮助大学克服固有的惰性,为进一步的改革提供支持。这样的话,资助方需要提高对改革项目的支持力度,这也将鼓励更多的大学发起教育改革。

333   基金会和其他资助机构所起的另一大作用,在于帮助大学建立一套更为科学合理的评价体系,以便衡量和分析本科教育所应达到的目标,如是否提高了学生批判性思考能力、道德和数理推理能力、写作和口头表达能力以及跨文化交际能力。就现有的评价体系而言,有些评价指标并不能准确地测量学生的学习结果;而有些指标没有系统性。这些问题妨碍了评价的使用,也为那些抵制改革的人士提供了把柄。资助者可以帮助改进评价技术和分析方法,推动评价的实际运用,提高评价的有效性及其在教师心目中的可信度。

最后,学校董事会也可以推动本科教育的改革。董事们可以定期过问学校在建设学习型组织过程中的进展情况。毫无疑问,董事会的提醒可以成为改革的新契机。一些成功的学校董事会在很多工作上都表现得很出色:他们在招聘和解聘校长方面决策英明;能在投资和商业事宜方面提供必要的监督(校长往往缺乏这方面的经验);在大学筹款方面起到举足轻重的作用。遗憾的是,董事会很少在大学教育过程中发挥积极作用。

当然,不让学校董事会介入学术事务自有其道理。绝大多数学校董事是企业管理者或律师,他们对学术问题一无所知。而且,与人们谈论艺术、建筑一样,即使没有教育经验的人都可以就教育问题发表看法,看似言之凿凿,实则错误百出。因此,对于教师和校长来说,让学校董事会涉足学术事务,似乎在"引狼入室"。

然而,强调学术内部管理也存在很大风险。现在有谁可以替代学校董事会,通过
334 强调激励制度,监督校长和院长们的教育领导工作呢?大学教师不可能因为学校领导在教学改革方面表现欠佳而辞退他们。相反,教师们更可能抵制那些果断的改革措施,因为他们的工作将接受检查,他们熟悉的教学方法也会遭到质疑。至于学生,他们根本无从知道现在的教学质量究竟是提高还是下降了。而校友在这方面更没有发言权,他们已远离大学多年,根本不了解大学目前应该何去何从。这样看起来,如果连董事也对教育过程问题不闻不问的话,那就没有人能对校长或院长施加压力,一些迫切需要改革的教育问题将因此而搁浅。

其实,仅仅要求校领导提交有关教学质量评估程序的报告并且鼓励创新,而不直接干预具体的课程设置和教学方法,那么学校董事会的介入并不会产生太大的负面影响。学校董事会可以发挥其优势,积极参与学术监督,敦促校长与教师携手改革教育

过程,以确保教学质量的持续提高。为了更好地行使其职责,又不至于丧失教师的信心,学校董事会可以吸纳一些既具教育管理能力又有丰富教学经验的专家加入其中;倘若本校没有合适的人选,校董会也可以从其他高校吸纳教育专家,对本校的教育改革进行独立评估。

学校董事会的参与将进一步推动本科教育的改革。正是由于学校董事会的重视,教育评价和改革才会被提上校长和院长的议事议程。在董事会的重压下,校长和院长才会积极行事,采用新的评价体系,实施新的教育方法,打破长期以来严重阻碍着大学发展的桎梏。因此,如果学校董事会对学术进行适当干预,那么改革的前景将不再完全取决于校长和院长,我们也不用再担心校长和院长们仅仅进行一些无关痛痒的小修小补,而将迫切需要改革的事项搁置一边。① 335

尽管基金会和学校董事会是教育改革强有力的发动者和推进者,然而单靠它们,改革是无法有始有终的。诚然,基金会和学校董事会可以通过外力,促使大学自我监督和创新,并赋予大学更大的权力,但是它们自身无法将改革计划付诸实践。真正的教育改革还需要校长、教务长、院长等校内领导人的创造性和才能——他们比任何人更清楚,大学应该如何让教师们分担教育职责。

有些大学领导者怀疑自己是否真的有能力影响校内的学术事务,他们的参与是否真的能带来变化。有这样担忧的人低估了拥有丰富资源的高层领导在学校中的影响力。尽管任何形式的课程改革都需要征得教授们的认可,然而,校领导的作用远比他们想象中的要大得多。他们可以在公开场合发表自己的主张,引起大家的注意;他们负责经费的筹集和资源的分配;他们还有权对信息进行筛选。所有这些都可以迫使大学教师认真听取他们的建议。 336

总的来说,对一所大学而言,校长所能起到的最大作用,就是为大学的发展勾勒蓝图——确定大学的教育理念,制定教育的优先事项,并为大学的发展指明方向。从这点上说,校长的地位无人可以取代,在这一特殊的地位上,校长们能总揽学校全局,并选择大学未来的发展方向。如果大学校长过于看重大学排行榜,并将提高本校在排行

---

① 董事们还可以对本科教育的现状提出质疑。他们可以问责教师和行政人员是否很好地完成了本科教育所应达到的目标。如,大学是否开设专门的课程以培养学生的公民意识,或发展学生的道德推理能力。当然,如果董事直接干预具体的课程设置或教学方法,似乎是非常不明智的做法,然而,若从目的本身来看,董事会这样的做法并不是什么越权之举。总的来说,董事会在学校的利益和外部社会的需求之间扮演一个中介人的角色。考查本科教育目的的实现情况,看它是否与社会的需求相匹配,是董事会作为这个中介机构的应尽之责。——作者注

榜上的名次为己任的话,那将是一件不幸的事情,因为这样做向教师和董事会成员传达了一条错误的信息:成功的教育改革,就是要看新生的 SAT 平均成绩有多高、教师的研究成果增长了多少。可想而知,在这种思想的指导下,高校只会将有限的资源和精力投入到那些与学生学习毫不相干的事情上,教育改革前景一片黯淡。

相反,作为一名大学校长,他应该鼓励大学推行自我评估、教育实验和改革。这种基于评价和实验的改革策略具有独特的优势。对于那些一心想提高教育质量的校长来说,采用这种自评的方式比直接参与课程问题辩论更为有效。教师们并不喜欢校长对具体的课程内容和结构问题指手划脚,他们宁愿自行其是。相反,教师们不会把对课程有效性的评价和新教学方法的实验,看作是他们的专属权。这样,校长也更容易取得那些对课程评价和实验有兴趣的教师的支持和合作。

这里需要提醒的是:作为大学的学术领导人,校长们必须坚信每所院校都有平等获得成功的机会。事实上,与那些在《美国新闻和世界报道》排行榜中名列前茅的大学相比,那些资源相对稀缺、知名度稍逊的大学反而更具优势。对这些一般的大学而言,它们无须担心那些揭露"家丑"的自我测评报告出现在《纽约时报》上。此外,在这些大学里,各系所的排他意识相对较弱,更乐于进行合作;那里的教师更重视教学,不但容易接受新的教学理念,也愿意尝试新的教学方法;同时,那里的教授也没有将主要课程的教学任务分配给研究生完成的传统。这些优势足以抵消这些大学在资源上的不足。这可以用来解释:为什么教学方法的革新更多源自名不见经传的大学,而不是那些声名显赫的大学。

让我们回到另一问题:大学领导该如何将教育理念转变为实践行动呢?他们应如何系统地推进评价、创新方面的改革呢?首先,应该给予那些愿意尝试新教学方法的教师以足够的时间和金钱;其次,挑选一些经验丰富的教授来帮助这些教师进行教学方法的改革——即从传统的教学方法转向问题导向(problem-oriented)、基于课堂讨论(discussion-based)的教学方法;最后,对新的教学实验进行评估,并将一些成功的案例公之于众。

只需略微增加财政投入,大学领导就可以在很多重要方面落实提高本科教育质量的政策。他们可以力争招聘高质量的全职教师,以提高写作和外语课程的教学质量。此外,他们还可以扩大社区服务项目的范围,并与学校课程紧密联系起来。如果资金允许的话,他们还可以创建一个专门为研究生和有志于教育改革的教师设立的教学服务中心,帮助他们探究激发学生主动学习的教学方法。

　　此外,学校领导应该向教师公布自己的工作计划,让教师参与讨论。为了取得更有效的成果,所有议案都应该基于调查研究,这样可让教师更明确哪些才是真正值得关注的问题。例如,有人对道德推理教育和公民教育的价值存在怀疑,通过实证研究可以向人们呈现:良好的教育设计完全可以提高学生的道德意识和公民的参与意识,这样便可以消除人们的疑虑。此外,校领导应该提供更为有力的研究证据,让教师们切实体会到改革的迫切性,如:通过调查发现某些系学生的写作能力在逐年下降;有些教学方法确实更能提高学生批判性思考的能力;与传统的教学方法相比,采用小组学习或自定进度学习(self-paced learning)方法的学生在考试中表现更佳,等等。

　　由于这些研究的对象都是各自的大学,因此,其结果颇具针对性。当然,校外的研究也能发现一些实际问题,并提出一些改善学生学习的建议。但是由于学生群体的多样性以及每所大学的特殊性,这些研究的结果不一定具有普适性。与外部的研究相比,校本研究更具说服力,它们使教师相信这些研究结果直接关乎他们所在的大学和他们的学生。对于那些"淹没"在学术期刊上关于学生学习的优秀研究成果,教授们大可名正言顺地对其视而不见,然而,如果校长或院长展示了那些有理有据、直接针对本校教学实践的研究成果,教授们就不敢轻描淡写了。

339

　　值得庆幸的是,校本研究并不会给大学施加过重的财政压力。对学生写作能力、推理能力或外语水平进行测试并不需要大学很大的投入;同样,对学生大学四年的"学习收益"进行测量和计算也不是一项很大的工程。此外,在教学方面进行对照实验(即一门课程的一部分实行传统的教学方法,另一部分实行新的教学方法,最后比较两部分的教学效果)也不需要投入太多的经费。总的来说,几乎没有大学会因为经费的问题而无法进行这类研究。

　　有魄力的领导人甚至还可以改革教师聘任和晋升机制,使其与教学质量直接挂钩。目前,几乎所有的大学都明确规定教师的晋升取决于他们的教学和科研成果。然而实际情况往往是:教师的科研成果通过征求校外教授的意见而被细化;而教师的教学质量则比较笼统。在教师教学质量评价中,学生评教是最为常见的一种方式。尽管许多人对学生评教提出了质疑,但是这种评教方式还是比较可靠的。当然,现行的评教方式还存在诸多问题,它过于重视教师的行为(如教师备课是否充分、内容是否通俗易懂、是否表现出对所教科目的兴趣、课堂表达是否清晰和有条理、所选的阅读材料是否符合主题且篇幅适中等)而忽视了学生的学习结果。正如本章前面所提到的,学生评教不仅应该让学生回答教师的备课是否充分、上课是否有激情、授课内容是否通俗易懂,学生还应该回答这一堂课是否有助于自己写作能力的提高,是否有助于更有效地分析问题。将这些问题结合起来考虑,学生评教不仅可以更全面地反映出教师的教学情况,而且可以揭示本科课程中的不足之处,这些评价结果便可成为确立教育改革议程的依据了。

为了进一步完善教师聘任和晋升制度,校领导还可以要求教师提供教学的相关材料,以补充学生评教尚未涉及到的部分。例如,教师需要向领导提交一份完整的教案,不仅包括这门课预期的教学目标,还包括拟采用的教学方法和策略。此外,教师还应在材料中描述平时教学和对学生学业评价中使用的创新方法及其取得的结果。这样,评价者可以从课程大纲、教学方法、对学生的评分手段等方面来判断教师的课程设计情况,从而对教师的教学质量做出更为客观的评价。①

研究型大学的校长和院长们甚至可以有更大胆的尝试:修改博士生的培养计划,将教学能力融入培养目标中。有研究表明,提高博士生的教学能力对增加学生的"学习收益"有很大作用。② "博士生教学能力发展项目"不应该局限于教学技能的提高,还应该帮助博士生了解某门学科的发展历史和课程目标;熟悉相关的教学理论和学习理论;并学会如何组织课程,如何选择教学策略,以及如何对学生的学业进行评估。

诚然,如果大学校长和院长真要修改博士生培养计划,那将是个非常冒险的举措。因为在大学里,博士生培养计划制定和修订的最终决定权掌握在教师手里,任何对培养计划的干预都将遭到教师的抵制和反抗。然而,只要校方坚持立场,他们手中还是有几张"王牌"可以打的。例如,校方可以公开声明拒绝给那些未达到教学标准的研究生助教支付工资。如果教授对此有异议,教授必须要拿出证据,说明那些未经过训练且没有经验的研究生给本科生上课是合乎情理的。在这场辩论中,校长和院长们总能找到一些证据,表明改革博士培养计划是必要的。

---

① 在教师评价中为什么会出现重科研轻教学的现象呢? 其中一个很大的原因在于:其他学校的教授无法对教师的教学水平进行客观评价。然而,只要大学官员稍加用心,这个问题还是可以解决的。例如,可以录制一些关于真实课堂教学的录像带,以供外校的教师观评;可以建立一整套完整的、更具代表性的学生评教体系。通过对教学信息的收集,为每个教师建立一个"教学档案袋"(teaching portfolios)。"教学档案袋"不仅可以帮助其他院校的教师了解某一教师的教学情况,还可以促使年轻教师、研究生助教以及其他教师更努力地工作。——作者注

② 帕斯卡雷拉和特伦奇尼在分析了大量的实证研究后,总结道:"教师的教学能力与学生的'学习收益'之间存在着正相关……最重要的是,许多教学技能是可以被传授的……只要大学有决心,只要大学和教师抱定改进教学质量这个宗旨,那么提高教学有效性是完全可以做到的。"*How College Affects Students*, p. 652.——作者注

　　放眼未来,研究生教育改革的前景充满希望。教授们大多认真勤勉,富有思想。当他们觉悟到存在的问题时,便不会再对自己原有的观点纠缠不放了。当教授们被问及为何没有为研究生提供教学方面的培训,为他们今后的学术生涯做准备时,许多教授便会开始反思这一问题。毕竟教授们总不能公然宣称:"教学是一个非常简单的活动,研究生完全可以无师自通";同样,教授们也不能争辩说:"任何有关教学的研究都是徒劳无益的。"随着学习理论的丰富和教育技术的发展,为研究生提供教学技能培训的迫切性将会被越来越多的人认同。最后,部分教授会同意进行改革,迫于压力其他教师也会纷纷加入到改革的行列中来。

342

　　这种基于探究、不断更新的自我评估和改革能否得到教师的支持呢?对于这个问题我们无须过于悲观,因为这种改革的理念正逐渐被越来越多的人所接受。尽管大多数教师仍安于现状、墨守成规,然而,已有部分教师开始进行小规模的课堂评价和研究,他们开始反思自己的教学方法,并尝试着采用新的教学方法。有些大学甚至建立了教学论坛,为教师们共同探讨教学问题搭建平台。卡内基基金会的玛丽·哈勃(Mary Huber)最近发表了一篇关于此类教学论坛的文章。她在文中写道:"我们惊讶于目前有如此多的论坛可供教师进行交流,然而令我们更惊讶的是,参与者对讨论结果表现出的惊喜之情。"[17]通过这样的讨论,越来越多的教师开始熟悉"教与学"方面的研究,并开始思考如何将这些新的成果运用到自己的课堂教学中。这种改革思想在美国大学校园的悄然兴起,预示着一场新教学革命的到来:从以教师为导向的填鸭式教学,转向以学生为中心的对话式教学。在这种新的教学理念下,学生将更主动地参与到学习中来;教师也会不断地调整自己的教学方法,使其更符合人类复杂的学习过程。

　　尽管目前只有少数教授参与改革,然而他们已经成为改革不可或缺的一部分。即便是在研究型大学,也有教师自发组织教学论坛,其影响力在不断扩大。尽管校长和院长都无权要求教师改变教学方法或修改课程计划,然而他们却有权为学校的发展指明方向、指出发展过程中存在的不足,并通过认可、奖励和分配资源的方式,鼓励有志于教学的教授和其他教师参与到改革进程中来。总之,校领导应该抓住现在这个良好机会,劝说教师参与改革,使他们认识到促进学生学习的研究和实验,与传统的学术活动和科学研究一样充满着刺激、挑战和无限的乐趣。通过鼓励、鞭策和精心的调查研究,任何大学的校领导都有望创建一种"自我评估—不断实验—不断改进"的校园文化。现在正是大学领导者们为自己的学校和学生发展作出重大贡献的最佳时机。

343

◎ 注释

导言

1. National Commission on Excellence in Education, *A Nation at Risk: The Imperative of Education Reform* (1983).

2. William J. Bennett, *To Reclaim a Legacy: A Report on the Humanities in Higher Education* (1984); Lynne Cheney, *Tyrannical Machines: A Report on Educational Practices Gone Wrong and Our Best Hopes of Setting Them Right* (1990). 两项报告出台之时,二人均分别时任国家人文学科基金会会长。

3. Dinesh D'Souza, *Illiberal Education: The Politics of Race and Sex on Campus* (1991); Charles Sykes, *Profscam* (1988).

4. 其实,这些书的副标题更能体现作者们的普遍观点:艾伦·布鲁姆所著的《走向封闭的美国精神——高等教育是如何丧失民主并剥夺当今学生思想的》(1987);比尔·里丁斯所著的《濒临毁灭的大学》(1996);布鲁士·威尔谢尔所著的《道德沦丧的大学——职业主义、纯洁性与异化》(1990);罗杰·金波尔(Roger Kimball)所著的《终身教授中的激进派——政治是如何侵蚀高等教育的》(1990);彼得·肖(Peter Shaw)所著的《反智战争——话语权沦丧的年代》(1989);马丁·安德森(Martin Anderson)所著的《大学诈骗术——美国学者正摧毁大学并欺骗学生的未来》(1992);佩奇·史密斯(Page Smith)所著的《扼杀大学灵魂——美国高等教育》(1990)。

5. Allan Bloom, *The Closing of the American Mind*, p. 337. 另见 Jerry G. Gaff, *General Education Today: A Critical Analysis of Controversies, Practices, and Reforms* (1983), p. 187; Stanley N. Katz, "Liberal Education on the Ropes," 51 *Chronicle of Higher Education* (April 1, 2005), p. B6。

6. Bill Readings, *The University in Ruins* (1996), p. 10.

7. 此处引自《道德沦丧的大学》第 xxiv 页。另见 Allan Bloom, *The Closing of the American Mind*; Thomas E. Boudreau, *Universities: The Social Restructuring of American Under Graduate Education* (1998)。

8. 例如可见 Allan Bloom，*The Closing of the American Mind*；Peter Shaw，*The War Against the Intellect*；Jacques Barzun，*The Culture We Deserve：A Critique of Disenlightenment*（1989）。

9. 例如可见 Roger Kimball，*Tenured Radicals*。

10. 转引自 Richard H. Hersh，"The Liberal Arts College：The Most Practical and Professional Education for the Twenty First Century," *Liberal Education*（Summer 1997），pp. 27—28。

11. Eric Gould，*The University in a Corporate Culture*（2003），p. 197.

12. 史密斯的《扼杀大学灵魂》与塞克斯的《学术骗局》观点一致，只是后者的语言更为犀利。

13. 见 Thomas L. Friedman，"It's a Flat World after All," *New York Times Magazine*（April 3,2005），p. 32。

14. 此现象早有先例。1905 年，加尔文·托马斯(Calvin Thomas)就曾这样写道："尽管大学遭受的抨击不断，还有人讽刺大学毫无用处，但上大学的人数却在稳步增长。人们一方面谴责大学、嘲讽大学，一方面又将儿子送进大学。""The New Program of Studies at Columbia College," 29 *Educational Review*（1905），p. 335.

15. 见 Alexander W. Astin，*What Matters in College? Four Critical Years Revisited*（1993），p. 276；Philip G. Altbach, Patricia J. Gumport, and D. Bruce Johnstone，*In Defense of Higher Education*（2001），p. 282。本书在后面的章节中将大量引用阿斯汀的这项研究成果。该研究是一项以 24 000 多名学生为对象的大规模调查，这些研究对象来自不同类型的高校，均为 1985 级学生，且毕业时间不晚于 1991 年。该调查的内容包括：学生对大学经历的主观印象，及学生入学前和在大学期间的客观测试成绩，如 SAT、ACT、GRE、法学院入学考试(LSAT)。在研究中，阿斯汀共使用了 131 个新生特征变量、192 个环境变量(例如，与高校类型及规模、学生群体、师资有关的变量)、82 个结果变量(学生的认知因素、态度、价值观、信仰等)。

16. 见 Alexander W. Astin，*What Matters in College?* p. 275：有 77. 3％的大四学生表示，对"课后与教授讨论课程作业的机会"感到满意或非常满意；有 62. 7％的大四学生表示，对与教师和行政人员的交流机会感到满意或非常满意。

17. 同上，p. 310。

18. 同上，p. 277。

19. 见 William G. Bowen and Derek Bok，*The Shape of the River：Long-Term Consequences of Considering Race in College and University Admissions*（1998），pp. 194—208。

20. 欲了解这些研究的结论及详细评论,见 Ernest T. Pascarella and Patrick T. Terenzini,
*How College Affects Students：Findings and Insights from Twenty Years of
Research*（1991）,以及二人的后续研究综述：*How College Affects Students*，Vol. 2：*A
Third Decade of Research*（2005）。二人对 1969 年至 2005 年期间几千项研究进行了
综述。在梳理这些研究时,二人仔细地考察了各项研究所使用方法的优劣。他们的专
著总结了大学生在校期间在各方面取得的进步,包括认知技能、言语和数理能力、态度
和价值观等心理方面的变化。帕斯卡雷拉和特伦奇尼的研究综述,是目前针对大学教
育成效研究最全面的分析,本书在以后的章节中将不断引用到他们综述的研究成果。

第一章　美国大学的历史发展

1. 关于美国高校课程发展史的经典研究是 Frederick Rudolph，*Curriculum：A History
of the American Course of Study since 1636*（1977）;关于美国大学自 19 世纪至 20 世
纪 20 年代的历史最完整的研究是 Laurence Veysey，*The Emergence of the American
University*（1965；First Phoenix Edition，1970）;更加简洁的一项历史研究是
Christopher J. Lucas，*American Higher Education：A History*（1994）;另一项历史研
究是 Arthur M. Cohen，*The Shaping of American Higher Education：Emergence and
Growth of the Contemporary System*（1998）。

2. Laurence Veysey，*The Emergence of the American University*，pp. 33—34.

3. Frederick Rudolph，*Curriculum* 在第 95 页指出:"(19 世纪早期)大学生课外生活的核
心组织是文学社团;大出风头的是那些辩论员、演讲者、散文写手。"

4. "Original Papers in Relation to a Course of Liberal Education，" 15 *American Journal
of Science and Arts*（1829）.

5. Calvin B. Hulbert，The Distinctive Idea in Education（1890）, p. 11.（Hulbert 时任米德
伯里学院的校长）

6. 转引自 Frederick Rudolph，*Curriculum*，p. 107。

7. Laurence Veysey，*The Emergence of the American University*，p. 113.

8. 转引自 Frederick Rudolph，*Curriculum*，p. 120。

9. 转引自 W. B. Carnochan，*The Battleground of the Curriculum：Liberal Education
and the American Experience*（1993），p. 20。

10. Frederick Rudolph，*Curriculum*，p. 196.

11. 同上,p. 227。鲁道夫在第 209 页指出:"自由选修课对那些不喜欢古典传统课程的学生
充满了吸引力,但同时也使越来越多本来就没有多少学习动机的学生沉溺于课外生活,

课程学习反倒变成了大学生活的次要内容,他们专挑负担较轻的课程,但求学习不干扰他们认为最重要的课外生活。"

12. 同上,p. 12。

13. LeBaron Briggs,*Routine and Ideals*(1904),p. 202.

14. 转引自 Page Smith,*Killing the Spirit*:*Higher Education in America*(1990),p. 73。

15. 转引自上文,p. 43。

16. 转引自 Kai Bird,*The Color of Truth*:*McGeorge Bundy and William Bundy*:*Brothers in Arms*(1998),p. 58。威廉·普罗克斯米尔(William Proxmire)对战前的耶鲁生活作了以下描述:"我们大部分同学最感兴趣的是体育运动,然后是女生,最后才是学习成绩。日常谈论的话题也首先是体育运动和女生,最后才是学习成绩。"Diana Dubois(ed.),*My Harvard*,*My Yale*(1982),p. 187.

17. Interview with Geoffrey Kabaservice,June 22,1997,引自 Kabaservice,*The Guardians*:*Kingman Brewster*,*His Circle*,*and the Rise of the Liberal Establishment*(2004),pp. 62—63。

18. Nevitt Sanford(ed.),*The American College*:*A Psychological and Social Interpretation of the Higher Learning*(1962),p. 13. 另见 Philip E. Jacob,*Changing Values in College*(1957)。

19. Philip E. Jacob,*Changing Values in College*,p. 4.

20. 转引自 Laurence Veysey,*The Emergence of the American University*,p. 107。

21. Abraham Flexner,*The American College*:*A Criticism*(1908),p. 7.

22. 转引自 Bruce A. Kimball,*Orators and Philosophers*:*A History of the Idea of Liberal Education*(1986),p. 196。

23. Robert M. Hutchins,*The Higher Learning in America*(1936;Transaction Press Edition,1995),p. 60.

24. Frederick Rudolph,*Curriculum*,p. 288.

25. Laurence Veysey,"Stability and Experience in the American Undergraduate Curriculum," in Carl Kaysen(ed.),*Content and Context*:*Essays on College Education*(1973),pp. 1,58—59. 维希认为,大学的主要特点包括:实用性(职业主义倾向和其他实用目标)、传统文化培养(强调人文学科及培养"绅士"的英国传统)、学术性(学习德国大学的学术研究传统)。

26. "The Ph. D. Octopus"(1903),*Memories and Studies*(1911),p. 329.

27. Julie A. Reuben,*The Making of the Modern University*:*Intellectual Transformation*

and the Marginalization of Morality （1996），pp. 176—178.

28. Rexford G. Tugwell，"Experimental Economics," in Tugwell（ed.），*The Trend of Economics* （1924），p. 394.

29. Steven Brint，Mark Riddle，Lori Turk-Bicalei，and Charles S. Levy，"From the Liberal Arts to the Practical Arts in American Colleges and Universities," 76 *The Journal of Higher Education* （2005），p. 151.

30. Frederick Rudolph，*Curriculum*，p. 117.

31. 同上，pp. 186—188。

32. Christopher Jencks and David Riesman，*The Academic Revolution* （1968），p. 199.

33. 关于这一时期大学发展趋势的描述，大多引自 Alexander W. Astin，Leticia Oseguera，Linda J. Sax，and William S. Korn，*The American Freshman：Thirty-Five Year Trends，1966—2001* （2002），p. 16。有关"过上富裕生活"的数据引自 2004 年的统计，*51 Chronicle of Higher Education* （February 4,2005），p. A‑33。有关"习得有意义的人生哲学"的数据引自 2003 年的统计数据，Linda J. Sax，Alexander W. Astin，Jennifer A. Lindholm，William S. Korn，Victor B. Saenz，and Kathryn M. Mahoney，*The American Freshman：National Norms for Fall 2003* （2004），p. 27。

34. John Henry Cardinal Newman，*The Idea of a University* （1852）. 即便在 1852 年纽曼的名著面世时，英国大学也早已开始培养牧师、律师、医生等。

35. 有学者的观点似乎表明，职业性科目已经完全取代了人文学科及其他传统文理学科，见 James Engell and Rodney Dangerfield，"The Market-Model University：Humanities in the Age of Money," *Harvard Magazine* （May-June 1998），p. 48。

36. Charles Sykes，*Profscam* （1988），p. 53.

37. 转引自 Hugh Hawkins，*Between Harvard and America* （1972），p. 274。

38. Robert C. Angell，*The Campus：A Study of Contemporary Undergraduate Life in the American University* （1928），p. 36.

39. 塞克斯也认为师生之间缺乏交流。维希持同样的观点："19 世纪末大学的本科生与教授之间如此缺乏交流，毫不夸张地说，他们之间横亘着一条'不可逾越的鸿沟'。"*The Emergence of the American University*，p. 294.

40. 有趣的是，前文提及的批评家之一——历史学家佩奇·史密斯，并没有做出这样的论断。相反，他认为，当代本科教育的许多问题都有其历史根源。*Killing the Spirit：Higher Education in America* （1990）.

第二章　教师对本科教育的态度

1. Carolyn J. Mooney，"New U. S. Survey Assembles Statistical Portrait of the American Professoriate," 36 *Chronicle of Higher Education* （February 7，1990），pp. A—15，A—18.

2. Ernest L. Bowyer，*Scholarship Reconsidered：Priorities of the Professoriate* （1990），Table A -26；也可见 Lionel S. Lewis，*Marginal Worth：Teaching and the Academic Labor Market* （1996），pp. 27—33，147—157。

3. U. S. Department of Education，National Center for Educational Statistics，*Background Characteristics，Work Activities，and Compensation of Faculty and Instructional Staff in Postsecondary Institutions：Fall，1998* （April 2001），第 46 页及以后。

4. Linda J. Sax，Alexander W. Astin，William S. Korn，and Shannon K. Gilmartin，*The American College Teacher：National Norms foe the 1989—1999 HERI Faculty Survey* （1999），p. 17.

5. Alexander W. Astin，*What Matters in College：Four Critical Years Revisited* （1993），p. 275.

6. John S. Stark and Lisa R. Latucca，*Shaping the College Curriculum：Academic Plans in Action* （1999），p. 215.

7. G. Jeffrey McDonald，"Search for Meaning on Campus," *Boston Globe* （June 12，2005），p. A29.

8. 详见本书 pp. 59—61。

9. George D. O'Brien，*All the Essential Half-Truths about Higher Education* （1998），p. 80.

10. Association of American Colleges，*Liberal Learning and the Arts and Sciences Major*，Vol. 2：*Reports from the Field* （1991），p. 13. 1995 年，Association of American Colleges 更名为 Association of American Colleges and Universities。

11. Association of American Colleges，*Integrity in the College Curriculum：A Report to the Academic Community* （1985），p. 2.

12. 例如可见 John McLeish，*The Lecture Method* （1968）；Lion Gardiner，*Redesigning Higher Education：Producing Dramatic Gains in Student Learning* （1994），p. 46。

13. 例如可见 L. Meiskey，A. Healy，and L. Bourne，"Memory for Classroom Algebra," 2 *On Teaching and Learning* （1990），p. 57；Martin A. Conway，Gillian Cohen，and Nicola Stanhope，"On the Very Long-Term Retention of Knowledge Acquired through

Formal Education: Twelve Years of Cognitive Psychology," 120 *Journal of Experimental Psychology: General* (1991), p. 395.

14. 例如可见 Lion Gardiner, *Redesigning Higher Education*.

15. John S. Stark, Malcolm A. Lowther, Michael P. Ryan, and Michele Genthon, "Faculty Reflct on Course Planning," 29 *Research in Higher Education* (1988), p. 219. 斯塔克教授在之后的研究著作中写道："教师们所接受的学术训练对自己的授课计划影响颇大。而总体上看,他们缺乏'学习理论'与'教学法'方面的学术训练。我们访谈的教师中,仅有 30％在正式课程或研讨会中接触过教育学、心理学方面的理论,学习这些理论可能使他们有意识地运用各种授课策略。"John S. Stark and Lisa R. Latucca, *Shaping the College Curriculum*, p. 117.

16. 例如可见 Michael Moffatt, *Coming of Age in New Jersey: College and American Culture* (1988)。更概略的研究,见 George D. Kuh, "The Other Curriculum: Out-of-Class Experiences Associated with Student Learning and Personal Development," 66 *The Journal of Higher Education* (1995), p. 123。

17. Richard J. Light, *Making the Most of College: Students Speak Their Minds* (2001), p. 8. 此外,与常规课程不同,这些课外活动不能运用电视或互联网等现代科技手段。因此,颇具讽刺意味的是,虽然课外活动不受教师重视,但却能强有力地回击"权威专家"的一种论断——随着现代科技的发展,大学传统的寄宿制方式终将因成本过高而寿终正寝。

18. 帕斯卡雷拉和特伦奇尼指出："1990 年以来发表的研究成果表明,学生在课内与课外的经历相互作用,对学生发展带来了复杂的影响,我们对该影响方式了解尚浅。"*How College Affects Students*, Vol. 2: *A Third Decade of Research* (2005), p. 629.

19. Allan Bloom, *The Closing of the American Mind: How Higher Education Has Failed Democracy and Impoverished the Souls of Today's Students* (1987), p. 338; William J. Bennett, *To Reclaim a Legacy: A Report on the Humanities in Higher Education* (1984); Lynne Cheney, *50 Hours: A Core Curriculum for College Students* (1989).

第三章　大学教育的目标

1. W. B. Carnochan, *The Battleground of the Curriculum: Liberal Education and the American Experience* (1993), p. 126.

2. Bruce Wilshire, *The Moral Collapse of the University: Professionalism, Purity, and Alienation* (1990), p. xxiv.

3. Charles Anderson，*Prescribing the Life of the Mind：An Essay on the Aims of Liberal Education，the Competence of Citizens，and the Cultivation of Practical Reason* (1993)，p. 4.

4. Bill Readings，*The University in Ruins* (1996)，p. 6.

5. Stanley Fish，"Aim Low," 49 *Chronicle of Higher Education* (May 16，2003)，p. C5.

6. 同上。

7. 同上。费什还指出，培养学生的公民道德，可能会违背大学在政治问题上保持中立的原则，为外部反对势力留下口实。这印证了这样的一种观点——当大学鼓励学生行使选举权、参与社区活动、信守承诺、讲实话、避免非法暴力行为的同时，社会却总是试图反其道而行之。

8. 同上。

9. Norman Nie，Jane Junn，and Kenneth Stehlik-Barry，*Education and Democratic Citizenship in America* (1996). 罗伯特·普特南(Robert Putnam)得出了类似的结论："到目前为止，受教育程度是履行各种公民责任最重要的影响因素。""The Strange Disappearance of Civic America," *The American Prospect* (Winter 1996)，pp. 36—37.

10. 例如可见 Alexander W. Astin and Linda J. Sax，"How Undergraduates Are Affected by Service Participation," 39 *Journal of College Student Development* (1998)，p. 259。

11. 例如可见 Patricia Gurin，Eric L. Dey，Sylvia Hurtado，and Gerald Gurin，"Diversity and Higher Education," 72 *Harvard Educational Review* (2002)，p. 330。

12. Frank Lentricchia，*Criticism and Social Change* (1983)，p. 2.

13. Frederic Jameson，"Marxism and Teaching," 2/3 *New Political Science* (1979/1980)，pp. 31，32.

14. In Darryl J. Glass and Barbara H. Smith (eds.)，*The Politics of Liberal Education* (1992)，pp. 128，135.

15. Introduction to Henry A. Giroux and Kostas Myrsiades (eds.)，*Beyond the Corporate University* (2001)，p. 40.

16. 同上，p. 5。

17. 同上，p. 8。

18. 例如可见 James A. Berlin，*Rhetoric，Poetics，and Cultures：Refiguring College English Studies* (1996).

19. 见 Sharon Crowley，*Composition in the University：Historical and Polemical Essays* (1998)，pp. 64—72；Mary Trachsel，*Institutionalizing Literacy* (1992)。

20. 见 Lion F. Gardiner，*Redesigning Higher Education：Producing Dramatic Gains in Student Learning*（1994），p. 2；而后（1998—1999）的一项研究发现,四年制大学中有99.5%的教师认为"清晰思维的能力"是大学应该培养的"最根本的"或"非常重要的"能力。Linda J. Sax，Alexander W. Astin，William S. Korn，and Shannon K. Gilmartin，*The American College Teacher：National Norms foe the 1989—1999 HERI Faculty Survey*（1999），p. 36.

21. John E. McPeck，*Critical Thinking and Education*（1981）；另见 Edward Thorndike，*Principle of Teaching*（1906），尤其见 p. 246。

22. 例如，Gavriel Salomon and David N. Perkins，"Rocky Roads to Transfer：Rethinking Mechanisms of a Neglected Phenomenon," 24 *Educational Psychologist*（1989），p. 113；Darrin R. Lehman and Richard E. Nisbett，"A Longitudinal Study of the Effects of Undergraduate Training on Reasoning," 26 *Developmental Psychology*（1990），p. 952。

23. 例如，Wilbert J. McKeachie，Paul Patrick，Y. Guang Lin，and David. A. F. Smith，*Teaching and Learning in the College Classroom：A Review of the Research Literature*（1986），p. 35；Richard E. Nisbett，Geoffrey T. Fong，Darrin R. Lehman，and Patricia W. Cheng，"Teaching Reasoning," 238 *Science*（1987），p. 625。

24. 例如，William A. Galston，"Political Knowledge，Political Engagement，and Civic Education," 4 *Annual Review of Political Science*（2001），pp. 217—219；更概略的研究,见 Warren E. Miller and J. Merrill Shanks，*The New American Voter*（1996）。

25. Martin Luther King Jr.，*Where Do We Go from Here：Chaos or Community?*（1968），p. 167.

26. "强调知识广度的课程,可能会妨碍知识的系统学习,因为学生没有更多深入学习的时间了。" Rodney R. Cocking（eds.）*How People Learn：Brain，Mind，Experience，and School*（1999），p. 5.

27. Aristotle，*Politics*（Jowett translation，Book 8，Section 2）（1905），p. 301.

28. William D. Schaefer，*Education without Compromise：From Chaos to Coherence in Higher Education*（1990），p. 126.

29. Robert Paul Wolff，*The Ideal of the University*（1969），p. 20.

第四章　学会表达

1. Richard J. Light，*Making the Most of College：Students Speak Their Minds*（2001），p. 54.

2. Charles F. Adams，Edwin L. Godkin，and Josiah Quincy，"Report of the Committee on Composition and Rhetoric," in *Reports of Visiting Committees of the Board of Overseers* (1897)，pp. 401，410.

3. "Statement of Principles and Standards for Post-Secondary Teaching and Writing," 40 *College Composition and Communication* (1989)，p. 329.

4. Sheryl I. Fontaine and Susan Hunter，*Writing Ourselves into the Story：Unheard Voices from Composition Studies* (1993)，p. 281.

5. 同上，p. 44。

6. 见 Gary A. Olson and Joseph M. Moxley，"Directing Freshman Composition：The Limits of Authority," 40 *College Composition and Communication* (1989)，p. 51。

7. Joseph Harris，"Meet the New Boss，Same as the Old Boss：Class Consciousness in Composition," 52 *College Composition and Communication* (2000)，pp. 43—57.

8. Alexander W. Astin，*What Matters in College：Four Critical Years Revisited* (1993)，p. 130.

9. 有关"课课有写作"计划的述评，见 David R. Russell，Writing in the Academic Disciplines，1870—1990 (1991)。

10. Edward M. White，*Developing Successful College Writing Programs* (1989)，p. 33.

11. Ernest T. Pascarella and Patrick T. Terenzini，*How College Affects Students*，Vol. 2：*A Third Decade of Research* (2005)，pp. 156—573.

12. Joe M. Steele，"Assessing Reasoning and Communication Skills of Postsecondary Students," paper presented at the meeting of the American Education Research Association，San Francisco (1986)

13. Dean Whitla，*Value Added：Measuring the Impact of Undergraduate Education*，study completed for the Office of Instructional Research and Evaluation，Harvard University (1978). 除了以上提及的研究之外，乔治·希罗克斯(George Hillocks Jr.)曾写过一本书，比较了写作课各种教学方法的效果：*Research on Written Composition* (1986)。

14. 此项以哈佛大学为对象的研究由安德鲁·梅隆基金会(Andrew W. Mellon Foundation)出资，由南希·索莫斯(Nancy Sommers)主持，研究报告未公开发表。

15. William G. Bowen and Derek Bok，*The Shape of the River：Long-Term Consequences of Considering Race in College and University Admissions* (1998)，p. 212.

16. Alexander W. Astin，*What Matters in College：Four Critical Years Revisited* (1993)，

p. 223.

17. 见 Ann R. Gere，"Empirical Research in Composition," in Ben W. McClelland and Timothy R. Donovan（eds.），*Perspectives on Research and Scholarship in Composition*（1985），p. 110。

18. 对这些变化有过详细描述的是 James A. Berlin，*Rhetoric and Reality*：*Writing Instruction in American Colleges*，*1900—1985*（1987）。

19. George Hillocks Jr.，*Research on Written Composition*，p. 225.

20. Marilyn Sternglass，*Time to Know Them*：*A Longitudinal Study of Writing and Learning at the College Level*（1997），p. 295.

21. Mina Shaughnessy，*Errors and Expectations*：*A Guide for the Teaching of Basic Writing*（1977），pp. 284,292.

22. Donald M. Murray，"Teach Writing as a Process, Not Product," *The Leaflet*（November 1972），p. 11. 此文还被收集在 Richard L. Graves（ed.），*Rhetoric and Composition*：*A Sourcebook for Teachers*（1976），p. 79.

23. "强调写作'过程'的理论认为：每位学生都是独特的个体,教师应当鼓励他们写出自己的想法。学生天生具备写作能力，只是在接受这种写作教学前,写作能力未被挖掘出来罢了。"Sharon Crowley，*Composition in the University*：*Historical and Polemical Essays*（1998），p. 220.

24. 见 W. Ross Winterowd，*A Teacher's Introduction to Composition in the Rhetorical Tradition*（1994），p. 100。

25. Alan W. France，*Composition as a Cultural Practice*（1994），p. 2.

26. Ray Wallace and Susan L. Wallace，"Readerless Writers：College Composition's Misleading and Misteaching of Entering Students," in Ray Wallace, Alan Jackson, and Susan L. Wallace，*Reforming College Composition*：*Writing the Wrongs*（2000），pp. 92,93.

27. Barbara Leigh Smith，"Writing across the Curriculum：What's at Stake," 3 *Current Issues in Higher Education*，*1983—1984*（1984），p. 1.

28. Alan Jackson，"Cognition and Culture," in Ray Wallace, Alan Jackson, and Susan L. Wallace，*Reforming College Composition*，p. 249.

29. Edward M. White，*Developing Successful College Writing Programs*，p. 164.

30. Niccolo Machiavelli，*The Prince*（1515），translation by Peter Bondanella（2005）.

31. Thomas Sheridan，*A Case for Lectures in Elocution*：*Together with Two Dissertation*

on Language; *and Some Other Treats Relative to Those Subjects* (1762)，pp. ii，1.

32. Brian H. Spitzberg and William R. Cupach，*Interpersonal Communication Competence* (1984)，p. 187.

33. June H. Smith and Patricia H. Turner，"A Survey of Communication Department Curriculum in Four-Year Colleges and Universities," 1 *JACA* (1993)，pp. 34，40.

34. Ellen L. Vinson，"General Education and Enrollment Trends at Private Baccalaureate Colleges，1975—2000"（威廉·玛丽学院博士论文，2002 年 3 月），p. 97.

35. *Criteria for Accreditation Commission on Colleges of the Southern Association of Colleges and Schools* (11ᵗʰ Ed. ，1997)，p. 27.

36. Sherwyn P. Morreale and Philip M. Backlund，"Communication Curricula：History，Recommendations，Resources," 51 *Communication Education* (2002)，p. 2.

37. 例如 John T. Morello，"Comparing Speaking across the Curriculum and Writing across the Curriculum Programs," 49 *Communication Education* (2000)，pp. 99，101—102。

38. Gustav W. Friedrich，"Speech Communication Education in American Colleges and Universities," in Thomas W. Benson (ed.)，*Speech Communication in the 20ᵗʰ Century* (1985)，pp. 235，248.

39. Joe M. Steele，"Assessing Reasoning and Communication Skills of Postsecondary Students." 更概略的研究，见 Ronald E. Bassett and Mary E. Boone，"Improving Speech Communication Skills：An Overview of the Literature," in Rebecca B. Rubin (ed.)，*Improving Speaking and Listening Skills* (1983)，p. 83。

40. Alexander W. Astin，*What Matters in College*，p. 223；Alexander W. Astin，Jennifer R. Kemp，and Jennifer A. Lindholm，"A Decade of Change in Undergraduate Education：A National Study of System 'Transformation,'" 25 *The Review of Higher Education* (2002)，pp. 141，152.

41. *Wall Street Journal*，"Work Week" (December 29，1998)，p. A—1. 另见 Stephen C. Harper，"Business Education：A View from the Top," 12 *Business Forum* (1987)，p. 24。

42. Bruskin Associates，"What Are Americans Afraid Of?" *The Bruskin Report* (1973)，No. 53.

43. 有关口头表达和听力训练的效果，见 Joe M. Steele，"Assessing Reasoning and Communication Skills of Postsecondary Students"；Ronald E. Bassett and Mary E. Boone，"Improving Speech Communication Skills. "

44. 例如，可见 Alison Schneider，"Taking Aim at Student Incoherence," 45 *Chronicle of Higher Education* (March 26,1999), p. A—16.

第五章 学会思考

1. Ernest T. Pascarella and Patrick T. Terenzini, *How College Affects Students : Findings and Insights from Twenty Years of Research* (1991), p. 155.

2. Ernest T. Pascarella and Patrick T. Terenzini, *How College Affects Students*, Vol. 2: *A Third Decade of Research* (2005), p. 205. 有趣的是，同是这两位学者，几年前得出的结论是：本科生在校期间的评判式思维能力提高了约一倍：*How College Affects Students*, p. 158。正文中提及的估算值（即 0.5 个标准差）是 1990 年代的研究结果。

3. Alexander W. Astin, *What Matters in College : Four Critical Years Revisited* (1993), p. 223.

4. William G. Bowen and Derek Bok, *The Shape of the River : Long-Term Consequences of Considering Race in College and University Admissions* (1998), p. 212.

5. 例如可见 Chau-kiu Cheung, Elisabeth Rudowicz, Anna S. Kwan, and Xiau Dong Yue, "Assessing University Students' General and Specific Critical Thinking," 36 *College Student Journal* (2002), p. 504。

6. 这一常见的主观判断得到了大量实证研究的证实。帕斯卡雷拉和特伦奇尼在综述这些研究后，总结道：用于学习的时间和努力程度，对学生评判式思维能力的提高有重要影响。*How College Affects Students*, Vol. 2, p. 208.

7. George D. Kuh, "What We're Learning about Student Engagement from NSSE: Benchmarks for Effective Educational Practices," *Change* (March-April 2003), pp. 24,27.

8. George D. Kuh, Shouping Hu, and Nick Vesper, "They Shall Be Known by What They Do: An Activities-Based Typology of College Students," 41 *Journal of College Student Development* (2000), pp. 228,241.

9. Alexander W. Astin, Jennifer R. Kemp, and Jennifer A. Lindholm, "A Decade of Change in Undergraduate Education: A National Study of System 'Transformation,'" 25 *The Review of Higher Education* (2002), p. 141.

10. Arthur Levine and Jeannette S. Cureton, "What We Know about Today's College Students," *About Campus* (March-April 1998), pp. 4,7.

11. Patricia M. King and Karen S. Kitchener, *Developing Reflective Judgement :*

Understanding and Promoting Intellectual Growth and Critical Thinking in Adolescents and Adults（1994）。

12. 例如可见 Robert A. Mines，Patricia M. King，Albert B. Hood，and Philip K. Wood，"Stages of Intellectual Development and Associated Critical Thinking Skills in College Students," 31 *Journal of College Student Development*（1990），p. 538。

13. Kitchener and King，*Developing Reflective Judgement*，pp. 165—169.

14. 同上，pp. 224—226。奇怪的是，学生在分析"松散结构问题"方面的进步，要大于分析"非松散结构问题"。Ernest T. Pascarella and Patrick T. Terenzini，*How College Affects Students*，Vol. 2（2005），p. 574. 引文部分摘自 Barry M. Kroll，*Teaching Hearts and Minds：College Students Learning*（1994），p. 10。

15. 例如可见 Lion Gardiner，*Redesigning Higher Education：Producing Dramatic Gains in Student Learning*（1994），p. 10。

16. Ibrahim A. Halloun and David Hestenes，"The Initial Knowledge State of College Physics Students," 和 "Common Sense Concepts about Motion," 均发表于 53 *American Journal of Physics*（1985），pp. 1043,1056。

17. Ernest T. Pascarella and Patrick T. Terenzini，*How College Affects Students*，Vol. 2，p. 205.

18. 例如 Wilbert J. McKeachie，Paul Patrick，Y. Guang Lin，and David. A. F. Smith，*Teaching and Learning in the College Classroom：A Review of the Research Literature*（1986），p. 69。

19. Robert E. Slavin，*Cooperative Learning：Theory，Research，and Practice*（1990）（在总共 60 项研究中，有 49 项表明，团队合作学习比个体独立学习效果更好）；David W. Johnson，Roger T. Johnson，and Karl A. Smith，*Cooperative Learning：Increasing College Faculty Instructional Productivity*（1991），p. 38（总结了之前 90 年共 375 项研究的结果）。

20. David W. Johnson，Roger T. Johnson，and Karl A. Smith，*Cooperative Learning*，pp. 6—8.

21. Ernest T. Pascarella and Patrick T. Terenzini，*How College Affects Students*，Vol. 2，p. 104.

22. Mary E. Huba and Jann E. Freed，*Learner-Centered Assessment on College Campuses：Shifting the Focus from Teaching to Learning*（2000），p. 219.

23. 例如 John D. Bransford，Ann L. Brown，and Rodney R. Cocking（eds.）*How People*

Learn：*Brain*，*Mind*，*Experience*，*and School*（1999），p. 55.

24. 例如可见 Paul J. Black and Dylan Williams，"Assessment and Classroom Learning," 5 *Assessment and Education*（1998），p. 7. 研究者早就发现,适当的反馈能促进学生的学习效果,例如 Ellis B. Page，"Teacher Comments and Student Performance：A Seventy-Four Classroom Experiment in School Motivation," 49 *Journal of Educational Psychology*（1958），p. 173.

25. Robert T. Blackburn，Glen R. Pollino，Alice Boberg，and Colman O'Connell，"Are Instructional Improvement Programs off Target?" 2 *Current Issues in Higher Education*（1980），p. 32. 根据阿瑟·奇可林(Arthur Chickering)与泽尔达·加姆森 (Zelda F. Gamson)的估计,大学中平均每堂课由教师讲授的时间占到了 80%。*Applying the Seven Principles for Good Practice in Undergraduate Education*（1991），p. 1.

26. Karron G. Lewis and Paul Woodward，"What Really Happens in Large University Classes?" paper given at the American Educational Research Association annual conference，New Orleans，1984. 另见 Carolyn L. Ellner and Carol P. Barnes（eds.），*Studies of College Teaching：Experimental Results，Theoretical Interpretations，and New Perspectives*（1983），研究者通过录像设备记录了 40 所本科院校的课堂教学情况,发现仅有 4% 的课堂时间用于"提问和回答",而且教师的提问多是要求学生作简单的记忆,而非训练高层次的思维技能。

27. 例如可见 Richard Panek，"101 Redefined：Colleges Rethink the Large Lecture Course," *New York Times*，*Education Life*（January 16，2005），p. 32。

28. Ernest T. Pascarella and Patrick T. Terenzini，*How College Affects Students*，Vol. 2，p. 101.

29. 例如可见 Norman Frederiksen，"The Real Test Bias：Influences of Testing on Teaching and Learning," 39 *American Psychologist*（1984），p. 193。

30. 欲详细了解学生评价的各种方法,见 Grant Wiggins，*Educative Assessment：Designing Assessment to Inform and Improve Student Performance*（1998）。

31. John M. Baxton，"Selectivity and Rigor in Research Universities," 64 *Journal of Higher Education*（1993），p. 657. 布拉克斯顿和罗伯特·诺德瓦尔(Robert C. Nordvall)在八年前曾针对 52 所文理学院作了一项研究,当时发现:高选拔性学院有 32% 的考试题目用于考察评判式思维能力,而低选拔性学院仅有 16%。"Selective Liberal Arts Colleges：Higher Quality as Well as Higher Prestige?" 56 *The Journal of*

Higher Education（1985），p. 538.

32. Ohmer Milton，*Will That Be on the Final?*（1982）.

33. Linda J. Sax，Alexander W. Astin，William S. Korn，and Shannon K. Gilmartin，*The American College Teacher：National Norms foe the 1989—1999 HERI Faculty Survey*（1999），p. 36.

34. Karl Jaspers，*The Idea of the University*（1959），p. 57.

35. *A Turning Point in Higher Education：The Inaugural Address of Charles William Elliot as President of Harvard College*，*October 19*，*1869*（1969），p. 11.

36. John McLeish，*The Lecture Method*（1968），p. 10；另见 Lion F. Gardiner，*Redesigning Higher Education*（1994），pp. 46—50.

37. 例如可见 Alice F. Healy，David W. Fendrich，Robert J. Crutcher，William T. Wittman，Antoinette T. Gesi，K. Anders Ericsson，and Lyle E. Bourne Jr. ，"The Long-Term Retention of Skills," in Alice F. Healy，Stephen M. Kosslyn，and Richard M. *Shiffrin*，*From Learning Process to Cognitive Process：Essays in Honor of William K. Estes*，Vol. 2（1992），p. 87。最初研究该问题的是 Norman J. Slemecka and Peter Graf，"The Generation Effect：Delineation of a Phenomenon," 4 *Journal of Experimental Psychology：Human Learning and Memory*（1978），p. 592.

38. "我们可以尝试性地推断：强调结合实际，练习学过的知识，能减缓知识遗忘的速度。" Martin A. Conway，Gillian Cohen，and Nicola Stanhope，"On the Very Long-Term Retention of Knowledge Acquired through Formal Education：Twelve Years of Cognitive Psychology," 120 *Journal of Experimental Psychology：General*（1991），pp. 395—407.

39. 例如可见 Deborah Stipek，*Motivation to Learn：From Theory to Practice*（3rd Ed. ，1998），p. 165。

40. 例如可见 David A. Garvin，*How Professional Schools Teach Professional Skills：The Case Method in Action*（2003）。

41. 见 Howard Hughes Medical Institute，*Bye-Bye Bio 101：Teach Science the Way You Do Science*（April 22，2004），http：//www. eurekalert. org/pub _ releases/2004-04/hhmi-bb1041904. php。

42. Michael M. Lewis，*Moneyball：The Art of Winning an Unfair Game*（2003）.

43. Lynn A. Steen（ed. ），*Mathematics and Democracy：The Case for Quantitative Literacy*（2001），pp. 16—17.

44. 例如可见 Deborah Hughes-Hallett，"The Role of Mathematics Courses in the Development of Quantitative Literacy," in Bernard L. Madison and Lynn A. Steen （eds.），*Quantitative Literacy：Why Numeracy Matters for Schools and Colleges* （2003），p. 91。

45. William H. Schmidt，Curtis C. McKnight，Leland S. Logan，Pamela M. Jakwerth，and Richard T. Houang，*Facing the Consequences：Using TIMSS for a Clear Look at U. S. Mathematics and Science Education* （1999），p. 226；Pascal D. Forgione，U. S. Commissioner of Education Statistics，*Questions and Answers：12ᵗʰ Grade TIMSS Results* （1995），http://www. col_ed. org/smenws/tim55/12th. html.

46. Ernest T. Pascarella and Patrick T. Terenzini，*How College Affects Students* （1993），pp. 70,569. 所有本科生的数理技能提高了 0.5 个标准差（大约为 19 个百分位差），这与本科生"评判式思维能力"的进步幅度相差无几，比反思评价能力（即"松散结构问题"的推理能力）提高幅度高出一半。Pascarella and Terenzini，*How College Affects Students*，Vol. 2，p. 574.

47. Bernard L. Madison，"Articulation an Quantitative Literacy," in Bernard L. Madison and Lynn A. Steen （eds.），*Quantitative Literacy：Why Numeracy Matters for Schools and Colleges* （2003），pp. 153,162.

48. Uri Treisman，"Studying Students Studying Calculus：A Look at the Lives of Minority Mathematics Students in College," *The College Mathematics Journal* （1992），p. 362.

49. 欲详细了解马祖尔的教学方式，见 Sheila Tobias，*Revitalizing Undergraduate Science：Why Some Things Work and Most Don't* （1992），p. 114；或见 Eric Mazur，*Peer Instruction：A User's Manual* （1997）。

50. Catherine H. Crouch and Eric Mazur，"Peer Instruction：Ten Years of Experience and Results," 69 *American Journal of Physics* （2001），p. 970.

51. 见 Association of American Colleges，*Integrity in the College Curriculum：A Report to the Academic Community* （1985），p. 29。

52. 对各学科讨论的比较，参见 Association of American Colleges，*Liberal Learning and the Arts and Sciences Major*，*Vol. 2：Reports from the Fields* （1991）。

53. Karen Schilling，*Assessing Models of Liberal Education：An Empirical Comparison* （ERIC Document Reproduction Service No. ED 359 864） （1991）；Sheila Wright，"Fostering Intellectual Development of Students in Professional Schools through Interdisciplinary Coursework," 16 *Innovative Higher Education* （1992），p. 251.

54. Association of American Colleges, *Reports from the Fields：Project on Liberal Learning，Study-in-Depth，and the Arts and Sciences Major* (1991)，p. 28.

55. Ernest T. Pascarella and Patrick T. Terenzini, *How College Affects Students* (1991)，pp. 65—66,614.

56. 同上,pp. 118—120。另见 Lamont Flowers, Steven J. Osterlind, Ernest T. Pascarella, and Christopher T. Pierson, "How Much Do Students Learn in College?：Cross-Sectional Estimates Using the College BASE," 72 *The Journal of College Education* (2001)，p. 566,574。"数据反映出的第二大趋势是,大学学习对学生 C BASE 测试成绩的影响主要出现在前两年。"C BASE 测试考察的是英语、数学、自然科学、社会科学的推理能力。

57. 同上,p. 139。

58. Alexander W. Astin, *What Matters in College*，pp. 236—241,302—310,370—372.

59. 同上,p. 276。

60. 同上，pp. 375—376,383。另见 Alexander W. Astin, "Involvement in Learning：Lessons We Have Learned," 37 *Journal of College Student Development* (1996)，p. 123。

61. Pascarella and Terenzini, *How College Affects Students*，p. 619.

62. "尽管人们已经充分认识到因材施教的重要性,但真正付诸实践的大学却屈指可数。" Pascarella and Terenzini, *How College Affects Students*，p. 645. 仅在口头上强调"因材施教"尤为让人遗憾,因为研究表明,"因材施教"是提高学生"评判式思维"的最佳方式。Rita Dunn, Shirley Griggs, Jeffrey Olson, Mark Beasley, and Bernard Gorman, "A Meta-Analytic Validation of the Dunn and Dunn Learning Styles Model," 88 *Journal of Educational Research* (1995)，p. 353.

第六章　培养品德

1. David Brooks, "'Moral Suicide,' *à* la Wolfe," *New York Times* (November 16, 2004)，p. A27.

2. 若想大致了解相关内容,可见 Daniel Callahan and Sissela Bok (eds.)，*Ethics Teaching in Higher Education* (1980)，尤其可阅读 Douglas Sloan, "The Teaching of Ethics in the American Undergraduate Curriculum, 1976—1996," p. 1。

3. *Who's Who among American High School Students：29th Annual Survey of High Achievers，Cheating and Succeeding：Record Numbers of Top High School Students*

Take Ethical Shortcuts（1998），p. 1.

4. Josephson Institute of Ethics，*Report Card 2002：The Ethics of American Youth*（2002）. 好消息是，从 2004 年关于作弊的自我报告看，作弊现象有所减少，尽管这份年度报告并不足以说明学生的作弊行为有好转的趋势。Josephson Institute of Ethics，*Report Card 2004：The Ethics of American Youth*（2004），可见以下网址：http://josephsoninstitute. org/Survey2004/.

5. Josephson Institute of Ethics，*Report Card 2002*，p. 6.

6. 同上。

7. 例如可见 Donald L. McCabe and Linda K. Trevino，"Honor Codes and Other Contextual Influences,"64 *The Journal of Higher Education*（1993），p. 522；见 Margaret P. Jendrek，"Faculty Reactions to Academic Dishonesty," 30 *Journal of College Student Development*（1989），第 401 页中所引用的研究。

8. 例如可见 Donald L. McCabe，Linda K. Trevino，and Kenneth D. Butterfield，"Cheating in Academic Institutions：A Decade of Research," 11 *Ethics and Behavior*（2001），pp. 219,223；Gary Pavela，"Applying the Power of Association on Campus：A Model Code of Academic Integrity," 9 *Synthesis：Law and Policy in Higher Education*（1997），p. 637。但是，亚瑟·莱温（Arthur Levine）和简内特·克雷顿（Jeannette S. Cureton）认为，从 1976 年至 1993 年，承认自己作弊的学生人数并未增加。*When Hope and Fear Collide：A Portrait of Today's College Student*（1998），p. 126.

9. David Callahan，*The Cheating Culture：Why More Americans Are Doing Wrong to Get Ahead*（2004），尤其见 pp. 20—24。

10. Tammy Joyner，"Corporate Crime Not Limited to Bigwigs," *Altanta Journal-Constitution*（August 6,2002），p. A1.

11. Alan Wolfe，*Moral Freedom：The Impossible Idea That Defines the Way We Live Now*（2001），p. 195.

12. Harvard University，*General Education in a Free Society*（1945），pp. 72—73.

13. Howard R. Bowen，*Investment in Learning：The Individual and Social Value of American Higher Education*（1977），p. 220.

14. Ernest T. Pascarella and Patrick T. Terenzini，*How College Affects Students：Findings and Insights from Twenty Years of Research*（1991），p. 366.

15. 同上，p. 366；Ernest T. Pascarella and Patrick T. Terenzini，*How College Affects*

Students，Vol. 2：*A Third Decade of Research*（2005），p. 347.

16. Andre Schlaefli，James R. Rest，and Stephen J. Thoma，"Does Moral Education Improve Moral Judgement?：A Meta-Analysis of Intervention Studies Using the Defining Issues Test，" 55 *Review of Educational Research*（1985），p. 319；Ernest T. Pascarella and Patrick T. Terenzini，*How College Affects Students*，Vol. 2，p. 348.

17. Ernest T. Pascarella and Patrick T. Terenzini，*How College Affects Students*，Vol. 2，p. 359.

18. Ernest T. Pascarella and Patrick T. Terenzini，*How College Affects Students*，p. 357，二人发现，组织学生讨论道德困境问题，能够有效地教会他们通过严谨的推理来思考道德问题。

19. Ernest T. Pascarella and Patrick T. Terenzini，*How College Affects Students*，Vol. 2，pp. 354—355.

20. G. Blake more Evans，*The Riverside Shakespeare*（1974），p. 256.

21. Alan L. Otten，"Politics and People，" *Wall Street Journal*（April 11，1974），p. 12.

22. 例如 Wendy Fischman，Becca Solomon，Deborah Greenspan，and Howard Gardner，*Making Good：How Young People Cope with Moral Dilemmas at Work*（2004），p. 161。

23. Ernest T. Pascarella and Patrick T. Terenzini，*How College Affects Students*，p. 363；在后续的研究综述中，二人考察了 1990 年代的研究成果，并总结道："我们发现了一个普遍存在的现象——学生的道德推理水平，与现实中他们在各种场合讲道德的概率是呈正相关的。"*How College Affects Students*，Vol. 2，p. 582.

24. James R. Rest and Darcia Narvaez，"Summary：What's Possible，" in James R. Rest and Darcia Narvaez，*Moral Development and the Professions：Psychology and Applied Ethics*（1994），p. 213.

25. *Harvard University Gazette*（October 17，1896），pp. 1—8.

26. 较概略的研究，见 Martin Hoffman，*Empathy and Moral Development：Implications for Caring and Justice*（2000）；更具思考性、更受欢迎的是 Alifie Kohn，*The Brighter Side of Human Nature：Altruism and Empathy in Everyday Life*（1990）。

27. Donald L. McCabe，Linda K. Trevino，and Kenneth D. Butterfield，"Honor Code and Non-Honor Code Environments：A Qualitative Investigation，" 70 *The Journal of Higher Education*（1999），p. 211.

28. Donald L. McCabe，"Faculty Responses to Academic Dishonesty：The Influence of Student Honor Codes," 34 *The Research in Higher Education* (1993)，p. 647.

29. Margaret P. Jendrek，"Faculty Reactions to Academic Dishonesty," 30 *Journal of College Student Development* (1989)，p. 401.

30. Gary Pavela，"Donald McCabe on 'Faculty Attitudes toward Academic Integrity,'" 9 *Synthesis：Law and Policy in Higher Education* (1997)，pp. 637，642.

31. Sissela Bok，*Mayhem：Violence as Public Entertainment* (1998)，p. 70.

32. Ernest T. Pascarella and Patrick T. Terenzini，*How College Affects Students*，Vol. 2，p. 369.

33. Janet Eyler and Dwight E. Giles Jr. *Where's the Learning in Service Learning?* (1999)，p. 37. 有一项研究对两类学生的道德推理能力进行了比较：一类是仅学习伦理学课程的学生；另一类除了学习伦理学课程，还参与了社区服务活动。结果发现，在"道德推理关键问题"测试中，后者的得分显著地高于前者。见 Judith A. Boss，"The Effect of Community Service Work on the Moral Development of College Ethics Students," 23 *Journal of Moral Education* (1994)，p. 183，但是其他一些研究并未证实此结论。见 Ernest T. Pascarella and Patrick T. Terenzini，*How College Affects Students*，Vol. 2，pp. 358—359.

34. Alexander W. Astin，"Involvement in Learning Revisited：Lessons We Have Learned," 37 *Journal of College Student Development* (1996)，pp. 123，129.

35. Janet Eyler and Dwight E. Giles Jr.，*Where's the Learning in Service Learning?*，p. 36.

36. Linda J. Sax and Alexander W. Astin，"The Development of 'Civic Virtue' among College Students," in John Gardner and Gretchen Van der Veer (eds.)，*The Senior Year Experience：A Beginning，Not an End* (1997)，p. 191.

37. Linda J. Sax，Alexander W. Astin，William S. Korn，and Shannon K. Gilmartin，*The American College Teacher：National Norms foe the 1989—1999 HERI Faculty Survey* (1999)，p. 36.

第七章　培养合格公民

1. John Dewey，*School and Society* (2d Ed.，1933). 引自 Janet Eyler and Dwight E. Giles Jr.，*Where's the Learning in Service Learning?* (1999)，p. 154。

2. 这些数据引自相应年份的《美国统计摘要》。最原始的数据来自美国人口普查局《当前

人口调查——十一月份增刊》。美国人口普查局在每次选举前的最后两周都会进行大
规模的民意调查。

3. 同上。

4. Robert D. Putnam, *Bowling Alone*：*The Collapse and Revival of American Community*（2000），p. 45.

5. Peter Levine and Mark H. Lopez,"Youth Turnout Has Declined by Any Measure," The Center for Information and Research on Civic Learning and Engagement (University of Maryland, September 2002), p. 9.

6. 同上。

7. Robert D. Putnam, *Bowling Alone*, p. 252.

8. David T. Z. Mindich, *Tuned Out*：*Why Americans under* 40 *Don't Follow the News*（2005），p. 28. 作者还指出,这一趋势并不会因为电视新闻和网络新闻的普及而有所缓解。

9. Martin P. Wattenberg, *Where Have All the Voters Gone?*（2002），p. 93.

10. William A. Galston, "Political Knowledge, Political Engagement, and Civic Education,"4 *Annual Review of Political Science*（2001），p. 217.

11. American Political Science Association, Task Force' on Civic Education in the Next Century,"Expanded Articulation Statement：A Call for Reactions and Contributions," 31 PS：*Political Science and Politics*（1998），pp. 636—637. 美国政治科学协会在早期曾努力推行公民教育,有关这方面的有趣评论,参阅 Hindy L. Schecter,"Civic education：Three Early American Political Science Association Committees and Their Relevance to Our Times,"31 PS：*Political Science and Politics*（1998），p. 631，with Stephen T. Leonard,"'Pure Futility and Waste'：Academic Political Science and Civic Education,"32 PS：*Political Science and Politics*（1999），p. 749。

12. Mike Bergman,"U. S. Voter Turnout Up in 2004, Census Bureau Reports,"U. S. Census Bureau News,新闻稿(May 26,2005).

13. David C. King,"Youth Came Through with Big Turnout,"*Boston Globe*（November 4,2004），p. A15.

14. "早期关于'公民参与'(选举参与)的实证研究表明,在影响公民责任感形成的众多因素中,正规的学校教育起到了最重要的作用。"Robert D. Putnam, *Bowling Alone*, p. 31。Ernest T. Pascarella 和 Patrick T. Terenzini 在研究中发现:"几乎所有的研究都表明,经过本科教育学生的政治观发生了很大变化……他们对社会和政治议题更感兴趣,更

乐于参与政治活动。" *How College Affects Students*: *Findings and Insights from Twenty Years of Research* (1991), p. 278.

15. William A. Galston, "Political Knowledge, Political Engagement, and Civic Education,"p. 232. 在分析了相关文献后，帕斯卡雷拉和特伦奇尼指出:"经过本科教育,学生能更好地了解民主政府的原则,更好地了解当前地方和国家的领导人,并掌握更多政治常识"; *How College Affects Students*. Vol. 2: *A Third Decade of Research* (2005), p. 329.

16. Sam L. Popkin and Michael A. Dimock, *Political Knowledge and Citizen Competence* (1999), p. 142.

17. Michael C. Johanek and John Puckett, "The State of Civic Education: Preparing Citizens in an Age of Accountability,"in Susan Fuhrman and Marvin Lazerson (eds.), *The Public Schools* (2005), p. 130.

18. 同上，pp. 130,139。

19. Derek Bok, *The Trouble with Government* (2001), pp. 405—406.

20. Linda J. Sax, Alexander W. Astin, William S. Korn, and Kathryn Mahoney, *The American Freshman*: *National Norms for Fall 2000* (2000).

21. Linda J. Sax, Alexander W. Astin, William S. Korn, and Kathryn Mahoney, *The American Freshman*: *National Norms for Fall 2003*(2003); "Survey: Fewer Students Seek Diverse Friends,"52 *Chronicle of Higher Education* (February 4,2005), pp. A—1, A—34.

22. Anne Colby, Thomas Ehrlich, Elizabeth Beaumont, and Jason Stephens, *Educating Citizens*: *Preparing America's Undergraduates for Lives of Moral and Civic Responsibility* (2003), p. 45.

23. Carol G. Schneider, "Educational Missions and Civic Responsibility," In Thomas Ehrlich (ed.), *Civic Responsibility and Higher Education* (2000), pp. 98,120.

24. Linda J. Sax, Alexander W. Astin, William S. Korn, and Shannon K. Gilmartin, *The American College Teacher*: *National Norms for the 1989 - 1999 HERI Faculty Survey* (1999), p. 36.

25. Ernest T. Pascarella and Patrick T. Terenzini, *How College Affects Students*, pp. 277—278.

26. Ernest T. Pascarella and Patrick T. Terenzini, *How College Affects Students*, Vol. 2, p. 586.

27. 见 Linda J. Sax and Alexander W. Astin, "Developing Civic Virtue among College Students," in John N. Gardner and Gretchen Van der Veer (eds.), *The Senior Year Experience: Facilitating Integration, Reflection, Closure and Transition* (1998), p. 133。另见，Linda J. Sax, "Citizenship Development and the American College Student," in Thomas Ehrlich (ed.), *Civic Responsibility and Higher Education* (2003), p. 16："显然，养成志愿习惯对于长远公民素质培养至关重要。"

28. William E. Knox, Paul Lindsay, and Mary N. Kolb, *Does College Make a Difference? Long-Term Changes in Activities and Attitudes* (1993), pp. 91—92.

29. Dan Drew and David Weaver, "Voter Learning in the 1988 Presidential Election: Did the Debate and the Media Matter?"68 *Journalism Quarterly* (1991), p. 27.

30. Carol G. Schneider, "Liberal Education and the Civic Engagement Gap," in Adrianna Kezar, Tony C. Chambers, and John C. Burkhardt (eds.), *Higher Education for the Public Good: Emerging Voices from a National Movement* (2005), pp. 127, 139, 140.

31. U. S. Department of Education, *The New College Course Map and Transcript Files: Changes in Course-Taking and Achievement, 1972—1993* (2d Ed., 1999), pp. 187—189.

32. Robert D. Putnam, *Bowling Alone*, p. 35.

33. Norman Nie and Sunshine Hillygus, "Education and Democratic Citizenship," in Diane Ravitch and Joseph Viteritti (eds.), *Making Good Citizens: Education and Civil Society* (2001), p. 30.

34. 见 David E. Campbell, *Untapped Potential: Young People and Political Mobilization*, Program in American Democracy, University of Notre Dame (2004), Campbell. 91@nd. edu。

35. Robert D. Putnam, *Bowling Alone*, p. 46.

36. William E. Knox, Paul Lindsay, and Mary N. Kolb, *Does College Make a Difference?*, p. 19.

37. William A. Galston, "Political Knowledge, Political Engagement, and Civic Education,"p. 218.

38. Elizabeth Beaumont, Anne Colby, Thomas Ehrlich, and Judith Torney-Purta, "Promoting Political Competence and Engagement in College Students: An Empirical Study,"*Journal of Political Science Education* (付印中).

39. Linda J. Sax and Alexander W. Astin, "The Development of 'Civic Virtue' among

College Students,"in John Gardner and Gretchen Van der Veer（eds.）, *The Senior Year Experience*, p. 19. 另见 Miranda Yates and James Youniss, "Community Service and Political-Moral Identity in Adolescents,"6 *Journal of Research on Adolescents* （1996）, p. 271; Monica Kirkpatrick, Timothy Beebe, Jeylan T. Mortimer, and Mark Snyder,"Volunteerism in Adolescence：A Process Perspective,"8 *Journal of Research on Adolescence* （1998）, p. 309。

40. 见 Janet Eyler and Dwight E. Giles Jr., *Where's the Learning in Service Learning?* （*1999*）. 帕斯卡雷拉和特伦尼奇在研究中发现："与单纯的社区服务相比,那些带有反思性的社区服务活动,将更有助于学生公民责任感和社会参与度的养成。"*How college Affects Students*, Vol. 2, p. 359.

41. Arthur Levine and Jeannette S. Cureton, *When Hope and Fear Collide：A Portrait of Today's College Students* （1998）, p. 54.

42. Sidney Verba, Kay L. Schlozman, and Henry E. Brady, *Voice and Equity：Civic Voluntarism in American Politics* （1995）, pp. 424—425.

43. Higher Education Act of 1998,20 United States Code1094(a)(23)(A),-(B), and -(C).

44. Elizabeth F. Farrell and Eric Hoover, "Many Colleges Fall Short on Registering Student Voters,"51 *Chronicles of Higher Education* （September 17,2004）, p. A—1.

45. 引自 Matthew Hartley and Elizabeth L. Hollander,"The Elusive Ideal：Civic learning and Higher Education,"in Susan Fuhrman and Marvin Lazerson （eds.）, *The Public Schools* （2005）, pp. 252,272。

第八章　生活在多元化的校园

1. Laurence Veysey, *The Emergence of the American University* （1965; First Phoenix Edition, 1970）, p. 271.

2. Ernest T. Pascarella, Betsy Palmer, Melinda Moye, and Christopher T. Pierson,"Do Diversity Experiences Influence the Development of Critical Thinking?,"42 *Journal of College Student Development* （2001）, p. 257.

3. Patricia Gurin, Jeffrey S. Lehman, and Earl Lewis, *Defending Diversity：Defending Affirmative Action at the University of Michigan* （2004）, pp. 102,130.

4. 同上, p. 102。

5. Samuel Walker, *Hate Speech* （1994）, p. 127; Jack B. Harrison,"Hate Speech：Power in the Marketplace,"25 *The Journal of College and University Law* （1994）, p. 478;

Henry Louis Gates Jr. ,"Let Them Talk,"*The New Republic* (September 20 and 27, 1993), p. 37.

6. Debra Humphreys,"National Survey Finds Diversity Requirements Common around the Country,"http://www. diversityweb. org/Digest/FOO/survey. html.

7. 见，例如，Jeffrey F. Milem and Kenji Hakuta, "The Benefits of Racial and Ethnic Diversity in Higher Education," in Deborah J. Wild (ed.), *Minorities in Higher Education*: *Seventeenth Annual Status Reports*, *American Council on Education* (2001), p. 39。

8. Stephan Thernstrom and Abigail Thernstrom, *America in Black and White*: *One Nation*, *Indivisible* (1997), pp. 387—388.

9. Arthur Levine and Jeannette S. Cureton, *When Hope and Fear Collide*: *A Portrait of Today's College Student* (1998), p. 91.

10. Beverly D. Tatum,"*Why Are All the Black Kids Sitting Together in the Cafeteria?*" *and Other Conversations about Race* (1997), p. 78.

11. Sharon B. Gmelch, *Gender on Campus*: *Issues for College Women* (1998), p. 96.

12. 见，例如，Donna Henderson-King and Audrey Kaleta,"Learning about Social Diversity: The Undergraduate Experience and Intergroup Tolerance,"71 *The Journal of Higher education* (2000), p. 142。

13. Ernest T. Pascarella and Patrick T. Terenzini, *How College Affects Students*, Vol. 2: *A Third Decade of Research* (2005), p. 581; Ernest T. Pascarella, Marcia Edison, Amaury Nora, Linda S. Hagedorn, and Patrick T. Terenzini,"Influences On Students' Openness to Diversity and Challenge in the First Year of College,"67 *The Journal of Higher Education* (2002), pp. 174,175.

14. 同上，p. 280。

15. Alexander W. Astin, *What Matters in college*: *Four Critical Years revisited* (1993), p. 146;Alexander W. Astin, Jennifer R. Kemp, and Jennifer A. Lindholm,"A Decade of Changes in Undergraduate Education: A National Study of System 'Transformation,'"25 *The Review of Higher education* (2002), pp. 141—154.

16. William G. Bowen and Derek Bok, *The Shape of the River*: *Long-Term Consequences of considering Race in College and University Admissions* (1998).

17. 同上，p. 194。

18. 同上，pp. 224—225,232。

19. 同上，pp. 225,226。帕斯卡雷拉和特伦奇尼认为："大量研究表明，与来自他族的人交往或加入跨种族社团，将对学生的种族态度和价值观产生重大的影响。这一结论得到了有力的支持，并反复被证实。"；*How College Affects students*，Vol. 2，p. 311。

20. Sylvia Hurtado，"The Campus Racial Climate：Contexts of Conflict，"63 *The Journal of Higher Education*（1992），pp. 539,552.

21. Arthur Levine and Jeannette Cureton，*When Hope and Fear Collide*，p. 71.

22. Anthony L. Antonio，"The Role of Interracial Interaction in the Development of Leadership Skills and Cultural Knowledge and Understanding，"42 *Research in Higher Education*（2001），pp. 593,604.

23. Arthony L. Antonio，"Diversity and the Influence of Friendship Groups in College，"25 *The Review of Higher Education*（2001），pp. 63,76,78.

24. Arthur Levine and Jeannette S. Cureton，*When Hope and Fear Collide*，p. 72.

25. Howard J. Ehrlich，*Campus Ethnoviolence ... and the Policy Options*，Institute Report No. 4，National Institute against Prejudice and Violence（1990），p. iii.

26. 1993 年，有人对多所大学校报的编辑进行了调查，其中超过一半的人认为，校园里的种族关系"非常好"或"很好"；但仍有一半不到的人认为"一般"或"很差"。Mel Elfin with Sarah Burke，"Race on Campus，"*U. S. News and World Report*（April 19,1993），pp. 53—56.

27. Arthur Levine and Jeannette S. Cureton，*When Hope and Fear Collide*，pp. 71—91,81.

28. Greg Tanaka，*The Intercultural Campus：Transcending Culture and Power in American Higher Education*（2003），pp. 91,74.

29. Ernest T. Pascarella，Marcia Edison，Amaury Nora，Linda S. Hagedorn，and Patrick T. Terenzini，"Influences On Students' Openness to Diversity and Challenge in the First Year of College，" pp. 174, 189；Walter G. Stephan and W. Paul Vogt（eds.），*Education Programs for Improving Intergroup Relations：Theory，Research，and Practice*（2004）；Leonard Springer，Betsy Palmer，Patrick T. Terenzini，Ernest T. Pascarella，and Amaury Nora，"Attitudes toward Campus Diversity：Participation in a Racial or Cultural Awareness Workshop，"20 *The Review of Higher education*（1996），p. 53；A. Mitchell Chang，"The Impact of an Undergraduate Diversity Course Requirement on Students' Racial Views and Attitudes，" 51 *The Journal of General Education*（2002），p. 21. 更多关于"多元化课程对学生观点的影响"的实证研究，见 Adam Galinsky and

Gordon B. Moskowitz, "Perspective-Taking: Decreasing Stereotype expression, Stereotype Accessibility, and In-Group Favoritism,"78 *Journal of Personality and Social Psychology* (2000), p. 708。

30. Greg Tanaka, *The Intercultural Campus*, pp. 7,152; Tommy Lee Woon, "Beyond a Leap of Faith: Addressing Second-Generation Diversity Challenges at Stanford University"(未出版，February 6,1997). 关于"种族敏感可能带来的问题"更有力的论断，见 Charles Alan Kors, "Bad Faith: The Politicization of the university in Loco Parentis,"in Howard Dickman (ed.), *The Imperiled Academy* (1993), p. 153。关于这一现象潜在威胁的进一步分析，见 Marcia Baxter Magola, "Facilitating Meaningful Dialogues about Race,"2 *About Campus* (November 1997), p. 14。

31. Gordon W. Allport, *The Nature of Prejudice* (1954). 许多实验研究进一步证实了奥尔波特的"接触理论"；见 Marilynn B. Brewer and Rupert J. Brown, "Intergroup Relations,"in Daniel T. Gilbert, Susan T. Fiske, and Gardner Lindzey (eds.), *The Handbook of Social Psychology*, Vol. 2, pp. 554,576—583。

32. Elizabeth J. Whitt, Marcia Edison, Ernest T. Pascarella, Patrick T. Terenzini, and Amaury Nora, "Influences On Students' Openness to Diversity and Challenge in the Second and Third Years of College,"72 *The Journal of Higher Education* (2001), pp. 172,195.

33. 关于"种族对话所带来的影响"以及"种族态度转变所需的条件"这两方面的讨论，见 Walter G. Stephan and W. Paul Vogt (eds.), *Education Programs for Improving Intergroup Relations: Theory, Research, and Practice* (2004)。

34. Sharon B. Gmelch, *Gender on Campus: Issues for College Women* (1998), p. 103. 见 Beverly D. Tatum, "*Why Are All the Black Kids Sitting Together in the Cafeteria?*" p. 78.

35. Richard J. Light, *Making the Most of College: Students Speak Their Minds* (2001), pp. 180—181.

36. 关于在高等教育领域"黑人入学率和获得学位率"提高的更详细的研究，见 Theodore Cross, "The Good News That the Thernstroms Neglected to Tell," *The Journal of Blacks in Higher Education*, No. 42 (Winter 2003/2004), p. 3。

37. Gary Orfield, *The Growth of Segregation in American Schools: Changing Patterns of Separation and Poverty Since 1968* (1993).

38. Barbara N. Solomon, *In the Company of Educated Women: A History of Women and*

Higher Education in America (1985), p. 95; Helen L. Horowitz, *Campus Life: Undergraduate Cultures from the End of the Eighteenth Century to the Present* (1987).

39. Barbara N. Solomon, *In the Company of Educated Women*, p. 127.

40. *A Turning Point in Higher Education: The Inaugural Address of Charles William Eliot as President of Harvard College*, October 19, 1869 (1969), p. 18.

41. 引自 Leslie Miller-Bernal, *Separate by Degree: Women Students' Experiences in Single-Sex and Coeducational Colleges* (2000), p. 209。

42. Mabel Newcomer, *A Century of Higher Education for American Women* (1959), p. 49.

43. Barbara N. Solomon, *In the Company of Educated Women*, p. 119.

44. Mabel Newcomer, *A Century of Higher Education for American Women*, p. 203.

45. 例如，Suzanne Imes, *A Look at Coeducational Living in Institutions of Higher Education* (1996); Judith Corbett and Robert Sommer, "Anatomy of a Coed Residence Hall," 13 *Journal of College Student Personnel* (May 1972), p. 215; Elizabeth A. Reid, "Effects of Coresidential Living on the Attitudes, Self-Image, and Role Expectations of Women," 131 *American Journal of Psychiatry* (1974), p. 551。

46. David A. Hoekema, *Campus Rules and Moral Community: In Place of in Loco Parentis* (1994), p. 15.

47. Norval Glenn and Elizabeth Marquardt, *Hooking Up, Hanging Out, and Hoping for Mr. Right*, Institute for American Values Report to the Independent Women's Forum (2001), p. 14.

48. Dorothy C. Holland and Margaret A. Eisenhart, *Educated in Romance: Women, Achievement, and College Culture* (1990), pp. 79, 111, 149.

49. Norval Glenn and Elizabeth Marquardt, *Hooking Up, Hanging Out, and Hoping for Mr. Right*, pp. 26, 13.

50. Ernest T. Pascarella and Patrick T. Terenzini, *How College Affects Students: Finding and Insights from Twenty Years of Research* (1991), p. 326. 见第 293—295 页所引用的其他研究。

51. Norval Glenn and Elizabeth Marquardt, *Hooking Up, Hanging Out, and Hoping for Mr. Right*, pp. 61, 26.

52. 例如可见 Martin D. Schwartz and Walter S. Dekesredy, *Sexual Assault on Campus:*

The Role of Male Peer Support（1997），pp. 11—13；Mary P. Koss，Christine A. Gidycz，and Nadine Wisniewski，"The Scope of Rape：Incidence and Prevalence of Sexual Aggression and Victimization in a National Sample of Higher Education Students，"55 *Journal of Consulting and Clinical Psychology*（1987），p. 162。有关对以上结论提出质疑的研究，见 Neil Gilbert，"The Phantom Epidemic of Sexual Assault，"*Public Interest*，No. 103（Spring 1991），p. 54。

53. 尽管兄弟会会员只占本科生总人数的四分之一，然而，有研究报道说，在校园性侵犯案件中，兄弟会成员的比例却高达 63%。Jennifer Scanlon，"Campus Tolerates Violence，"4 *Women in Higher Education*（April 1995），p. 19。

54. Luoluo Hong，"Toward a Transformed Approach to Prevention：Breaking the Link between Masculinity and Violence，"48 *Journal of American College health*（2000），p. 269。

55. Alexander W. Astin，*What Matters in College*，p. 142。

56. Alan J. Berkowitz，*Man and Rape：Theory，Research and Prevention Programs in Higher Education*（1994）。

第九章 为全球化社会做准备

1. Richard D. Lambert，"New Directions in International Education，"449 *Annals of the American Academy of Political and Social Science*（May 1980），p. 14。

2. Robert B. Woyach，Understanding the Global Arena：*A Report on the Ohio State Awareness Survey*（1989）。根据此项调查，在其他大学，从大一到大四，学生对国际事务的了解也没有明显增加。Thomas S. Barrows，Stephen S. Klein，and John L. D. Clark，*College Students' Knowledge and Beliefs：A Survey of Global Understanding*（1981）。

3. "Americans Get Low Grades in Gallup Geography Test，" News Service of the National Geographic Society（July 27，1988）。

4. Martha C. Nussbaum，Cultivating Humanity：*A Classical Defense of Reform in Liberal Education*（1997），pp. 50—51。

5. 同上。引用部分，分别在第 68、145、146、169 页。

6. 将"跨文化能力"定位在一个不现实高度的学者，并非努斯鲍姆一人。如杜伯特（Marion Dobbert），还对外语提出了要求。他写道："每个学生和教师都应该有至少在两种不同文化中的实习经历，而且在每种文化中生活的时间至少为 9—12 个月。""The

Impossibility of Internationalizing Students by Adding Materials to Courses," in Josef A. Mestenhausen and Brenda J. Ellingboe (eds.), *Reforming the Higher Education Curriculum: Internationalizing the Campus* (1998), pp. 53,65.

7. Richard D. Lambert, *International Studies and the Undergraduate* (1989), p. 151.

8. 同上，p. 104。根据 William D. Hunter,"何谓全球化能力,如何才能掌握这一能力,目前尚无定论"。"Got Global Competency?" 13 *International Educator* (Spring 2004), pp. 6,8.

9. Laura Siaya and Fred M. Hayward, *Mapping Internationalization on U. S. Campuses* (2003), p. 24. 有超过一半的本科院校开设了国际课程,更具体地说,在这些院校中,19%的院校要求学生选修 3 门或 3 门以上的国际课程。

10. Richard D. Lambert, *International Studies and the Under-graduate*, pp. 122—123,114.

11. Laura Siaya and Fred M. Hayward, *Mapping Internationalization on U. S. Campuses*, p. 7.

12. U. S. Department of Education, *The New College Course Map and Transcript Files: Changes in Course-Taking and Achievement, 1972—1995* (2d Ed., 1999), pp. 187,189.

13. Laura Siaya and Fred M. Hayward, *Mapping Internationalization on U. S. Campuses*, p. 104.

14. Richard D. Lambert, *International Studies and the Undergraduate*, pp. 130,133.

15. Laura Siaya and Fred M. Hayward, *Mapping Internationalization on U. S. Campuses*, pp. 13,21,103.

16. 例如可见 Alice C. O'Maggio, *Teaching Language in Context* (1986)。

17. 见 Joel C. Walz (ed.), *Development and Supervision of Teaching Assistants in Foreign Languages* (1992)。

18. Richard D. Lambert, "Languages and International Studies," in Wilga Rivers (ed.), *Teaching Languages in College: Curriculum and Content* (1992), p. 285.

19. Wilga Rivers (ed.), *Teaching Languages in College*, p. 381.

20. "语言教学将直接影响语言的习得……但是必须承认的是,我的论断很大一部分是基于直觉判断,并带有一定的保守主义倾向"; Patsy Lightbowm, "Can Language Acquisition Be Altered by Instruction?," in Kenneth Hyltenstam and Manfred Pienemann (eds.), *Modeling and Assessing Second Language Acquisition* (1985),

pp. 101,106。相关方面的早期研究,见 Michael H. Long, "Does Second Language Instruction Make a Difference?", 17 *TESOL Quarterly* (1983), p. 359。

21. Alexander W. Astin, *What Matters in College: Four Critical Years Revisited* (1993), p. 223.

22. Laura Siaya and Fred M. Hayward, *Mapping Internationalization on U. S. Campuses*, p. 25. 16 000 这个数据来自比较教育研究所, *Open Doors* 2003: *American Students Studying Abroad*, http://opendoors. iienetwork. org /? p = 36524 (December 19, 2003)。

23. 例如可见 Jerry S. Carlson, Barbara B. Burn, John Useem, and David Yachimowicz, *Study Abroad: The Experience of American Undergraduates* (1990); Norman L. Kauffmann, Judith M. Martin, and Henry D. Weaver, *Students Abroad, Strangers at Home: Education for a Global Society* (1992)。

24. 例如可见 Norman L. Kauffmann, Judith M. Martin, and Henry D. Weaver, *Students Abroad, Strangers at Home: Education for a Global Society* (1992); K. E. Gingerich, "The Impact of Study Abroad and Didactic Cross-Cultural Coursework Experiences on the Development of White Racial Consciousness and Cultural Sensitivity," 未出版的博士论文, University of Kansas (1998); D. H. Wallace, "Academic Study Abroad: The Long-Term Impact on Alumni Careers, Volunteer Activities, World and Personal Perspectives" (未出版博士学位论文)(克莱门特研究生大学), (Claremont Graduate University) (1999)。

25. Jerry S. Carlson, Barbara B. Bum, John Useem, and David Yachimowicz, *Study Abroad: The Experience of American Under-graduates* (1990), p. 114.

26. Laura Siaya and Fred M. Hayward, *Mapping Internationalization on U. S. Campuses*, p. 77.

27. Richard D. Lambert, *International Studies and the Undergraduate*, pp. 31,27.

28. 同上, p. 80。

29. Crauford D. Goodwin and Michael Nacht, *Abroad and Beyond: Patterns in American Overseas Education* (1989).

30. Katherine H. Hanson and Joel W. Meyerson, *International Challenges to American Colleges and Universities: Looking Ahead* (1995), p. 31; Patrick O'Meara, Howard D. Mehlinger, and Roxana M. Newman, *Changing Perspectives on International Education* (2001), p. 199.

31. Crauford D. Goodwin and Michael Nacht，*Missing the Boat：The Failure to Internationalize American Higher Education* (1991). 在第112页，作者写道："除了偶然听见一些'欢迎'或'讨厌'之类的话，大批国际学生的涌入并没有引起多数高校的注意。"比较乐观的论断，见 Chun-mei Zhou, George D. Kuh, and Robert M. Corini, "A Comparison of International Student and American Student Engagement in Effective Educational Practices," 76 *The Journal of Higher Education* (2005)，p. 259。

32. Thomas S. Barrows, Stephen F. Klein, and John L. D. Clark，*College Student Beliefs* (1981)，pp. 36,39.

33. Alexander W. Astin，*What Matters in College*，p. 223.

34. Martha C. Nussbaum，*Cultivating Humanity*，特别是在 pp. 113—147。Yelena Yershova, Joan DeJaeghere 和 Josef Mestenhauser 也就"跨文化能力"应包含哪些内容的问题，展开了详细阐述。"Thinking Not as Usual：Adding the Intercultural Perspective," 4 *Journal of Studies in International Education* (2000)，p. 59.

35. Laura Siaya and Fred M. Hayward，*Mapping Internationalization U,S. Campuses*，pp. 107,109.

36. 例如，Mallory Young, "It's Not Just French 101：It's an Introduction to 'Tout le Monde,'" 47 *The Chronicle Review*，*Chronicle of Higher Education* (May 11,2001)，p. B—12。"两年的时间并不能使学生熟练掌握一门语言……四个学期的外语学习只是让学生体验另一门语言是如何使用的,它与母语有何区别,使用不同语言将对文化产生怎样的影响。"另见，David W. Pankenier, "College-Level Foreign-Language Requirements Do Not Work," 37 *Chronicle of Higher Education* (December 5,1990)，p. B—1。

37. Richard D. Lambert，*International Studies and the Undergraduate*，p. 72.

38. 见 Stephen F. Klein and John L. D. Clark，*What College Students Know and Believe about Their World* (1984)，pp. 36,38。

39. Alice C. O' Maggio，*Teaching Language in Context*，p. 357.

40. 关于"通过语言课程传授文化所存在的问题及前景"的讨论，见 Patricia R. Chaput, "Culture in Grammar," 41 *Slavic and East European Journal* (1997)，p. 403。

41. Richard J. Light，*The Harvard Assessment Seminars*，*Second Report with Students and Faculty about Teaching*，*Learning*，*and Student Life* (1992)，pp. 75,80.

42. Laura Siaya and Fred M. Hayward，*Mapping Internationalization on U. S. Campuses*，pp. 88—89.

43. Richard D. Lambert, *International Studies and the Undergraduate*, p. 66.

44. Patricia R. Chaput, "Language Teaching: Raising Expectations for Instructor Preparation," in Benjamin Rifkin（ed.）, *Mentoring Foreign Language Teaching Assistants, Lecturers and Adjunct Faculty*（2001）, p. 191.

45. Laura Siaya and Fred M. Hayward, *Mapping Internationalization on U. S. Campuses*, p. 110.

46. 这种跨文化能力究竟包含哪些内容,目前尚无定论。一些国际问题专家和大学管理者试图给出一个有趣的答案,见 Dada K. Deardorff, "The Identification and Assessment of Intercultural Competence of a Student Outcome of International Education at Institutions of Higher Education in the United States," 递交给北卡罗来纳研究生院的博士论文（2004）。

47. Richard D. Lambert, *International Studies and the Undergraduate*, p. 149.

48. Laura Siaya and Fred M. Hayward, *Mapping Intemationalization on U. S. Campuses*, pp. 92,93,99.

第十章　培养广泛的兴趣

1. 引自 Joseph P. Lash, *Helen and Teacher: The Story of Helen Keller and Anne Sullivan Macy*（1980）, p. 315。

2. 见 p. 15。

3. Elizabeth A. Jones, "Is a Core Curriculum Best for Everybody?" 80 *New Directions for Higher Education*（1992）, p. 37.

4. 见 pp. 16—17。

5. Sheila Blumstein, *A Report to the President: The Brown Curriculum Twenty Years Later: A Review of the Past and a Working Agenda for the Future*（1990）, pp. 22—23.

6. 同上, p. 19。布朗学院现任院长保罗·阿姆斯特朗(Paul Armstrong)在一篇报道中说,自由选课制在布朗大学依然盛行,布朗大学的学生仍旧可以在各大知识领域自由选课。"Brown's Open, Curriculum and General Education," 这篇文章递交 2004 年春在宾夕法尼亚大学举行的"通识教育研讨会"。

7. Sheila Tobias, *They're Not Dumb, They're Different: Stalking the Second Tier*（1991）.

8. Daniel Bell, *The Reforming of General Education: The Columbia College Experience*

in Its National Setting (Anchor Edition, 1968), p. 291.

9. William J. Bennett, *To Reclaim a Legacy: A Report on the Humanities in Higher Education* (1984); Lynne V. Cheney, *50 Hours: A Core Curriculum for College Students* (1989).

10. 一位中年记者曾花一年的时间在哥伦比亚大学选修名著课程, 具体内容参见 David Denby, *Great Books: My Adventures with Homer, Rousseau, Woolf, and Other Indestructible Writers of the Western World* (1996)。

11. James. V. Mirollo, "The Humanities in the Core Curriculum at Columbia College," in Michael Nelson and Associates, *Alive at the Core: Exemplary Approaches to General Education in the Humanities.* (2000), p. 20

12. 根据 Thomson and Peterson's *Competitive Colleges: Top Colleges for Top Students, 2002—2003*, 每年只有不到 1 000 不到的学生申请圣·约翰大学, 其中超过四分之三的学生被录取。

13. 有关"为探究模式辩护"的文章, 见 Daniel Belt, *The Reforming of General Education.* 欲了解一所大学对探究课程的探索过程, 见 Phyllis Keller, *Getting at the Core: Curricular Reform at Harvard* (1982)。

14. Alexander W. Astin, *What Matters in College: Four Critical Years Revisited* (1993), pp. 334, 425.

15. Ernest T. Pascarella and Patrick T. Terenzini, *How College Affects Students: Findings and Insights from Twenty Years of Research* (1991), p. 271. 他们认为大学教育对学生"人文素养"的影响相当有限。*How College Affect Studenuts*, Vol. 2: *A Third Decade of Research* (2005), p. 285.

16. George D. Kuh, "How Are We Doing? Tracking the Quality of the Undergraduate Experience, 1960s to the Present," 22 *The Review of Higher Education* (1999), pp. 99, 105; Ernest T. Pascarella and Patrick T. Terenzini, *How College Affects Students*, Vol. 2, p. 285.

17. William E. Knox, Paul Lindsay, and Mary N. Kolb, *Does College Make a Difference? Long-term Changes in Activities and Attitudes* (1993), p. 68.

18. Ernest T. Pascarella and Patrick T. Terenzini, *How College Affects Students*, pp. 320—321.

19. Ernest T. Pascarella and Patrick T. Terenzini, *How College Affects Students*, Vol. 2, p. 142. 根据美国国家艺术捐赠会(National Endowment for the Arts)最近的调查,

在过去一年中,在回答"是否至少看过一本书"的人群中,大学毕业生的比率要远远高于高中毕业生(66.7% 比 36.7%)。然而在大学毕业生中,该比例从 1982 年的 82.1%降低到现在了的 66.7%。*Reading at Risk：A Survey of Literary Reading in America* (2004),p. 25.

20. Maurice P. Marchant,*Why Adults Use the Public Library：A Research Perspective* (1994)；Maurice P. Marchant,"What Motivates Adult Use of Public Libraries?" 13 *Library and Information Service Research* (1991),p. 201.

21. 对校友进行调查研究具有一定的潜在价值,具体的例子见 Douglas H. Health,"What the Enduring Effects of Higher Education,Tell Us About a Liberal Education," 47 *The Journal of Higher Education* (1976),p. 173。

第十一章　为职业生涯做准备

1. Arthur Levine,"Career Education：A Prospective,a Retrospective,and a Few Guesses," in Mary Ann Rehnke (ed.),*Career Programs in a Liberal Arts Context* (1985),pp. 13—14.

2. Ernest T. Pascarella and Patrick T. Terenzini,*How College Affects Students*,Vol. 2：*A Third Decade of Research*(2005),p. 445.

3. Joan Stark and Malcolm Lowther,*Strengthening the Ties That Bind：Integrating Undergraduate Liberal and Professional Study：Report of the Professional Preparation Network* (1988),p. 33.

4. National Center for Education Statistics,*Undergraduate Enrollments in Academic, Career, and Vocational Education* (February 2004),p. 1.

5. Ernest T. Pascarella and Patrick T. Terenzini,*How College Affects Students： Findings and Insights from Twenty Years of Research* (1991),pp. 430,433—434, 501,506. 作者在第 427 页上也写道："大学教育对学生的职业地位产生了类似的影响。"

6. Alexander W. Astin,*What Matters in College：Four Critical Years Revisited* (1993), pp. 246—248.

7. William G. Bowen and Derek Bok,*The Shape of the River：Long-Term Consequences of Considering Race in College and University Admissions* (1998),pp. 103—106.

8. Good Work Project Team,"Good Work Project：An Over view"（未出版论文,2004 年夏）,p. 14；另见 Wendy Fischman,Becca Solomon,Deborah Greenspan,and Howard

Gardner, *Making Good：How Young People Cope with Moral Dilemmas at Work* (2004)。

9. Good Work Project Team, "Good Work Project：An Over view," p. 14；也见 Howard Gardner, Mihaly Csikszentmihalyi, and William Damon, *Good Work：When Excellence and Ethics Meet* (paperback edition，2002)。

10. Darrell A. Luzzo (ed.), *Career Counseling of College Students：An Empirical Guide to Strategies That Work* (2000), pp. 50—59,81—83.

11. 同上。

12. Ernest T, Pascarella and Patrick T. Terenzini, *How College Affects Students*, Vol. 2, p. 446.

13. Edward A. Colozzi, "Toward the Development of Systematic Career Guidance," in Darrell A. Luzzo (ed.), *Career Counseling of College Students*, p. 297.

14. Patrick H. Hardesty, "Undergraduate Career Courses for Credit：A Review and Meta-Analysis," 34 *Journal of College Student Development* (1991), pp. 184—185；Ernest T. Pascarella and Patrick T. Terenzini, *How College Affects Students*, Vol. 2, p. 499.

15. David G. Blanchflower and Andrew J. Oswald, "Well-Being, Insecurity, and the Decline of American Job Satisfaction"（未出版论文，National Bureau of Economic Research，July22,1999). 正如标题上所写的,作者认为"对自己工作非常满意"的人数正在呈下降的趋势。

16. Robert E. Lane, *The Loss of Happiness in Market Democracies* (2000), pp. 168—169.

17. Mary T. Coleman and John Pencaval, "Changes in Work Hours of Male Employees, 1940—1988," 46 *Industrial and Labor Relations Review* (1993), p. 202；Robert D. Reich, *The Future of Success* (2001), p. 121,该文指出,管理人员和专业人员一周的平均工作时间,已超过了 50 个小时,与 1985 年相比足足延长了三分之一之多。

18. 见 Robert Granfield, *Making Elite Lawyers：Visions of Law at Harvard* (1992).

19. 同上，p. 46。

20. 同上，pp. 61—65。

21. Amy Delong, "Retaining Legal Talent," 29 *Capitol University Law Review* (2002), p. 893；Gregory J. Mazares, "Associate Retention of Law Firms：What Are Your Lawyers Saying about You?"29 *Capitol University Law Review* (2002), p. 903,该文指

出，三个律师里就有两个人立志终身从事法律工作。

22. Patrick Shiltz, "On Being a Happy, Healthy, and Ethical Member of an Unhappy, Unhealthy, and Unethical Profession," 52 *Vanderbilt Law Review* (1999), p. 871; Connie J. Beck, Bruce D. Saks, and G. Andrew Benjamin, "Lawyer Distress: Alcohol-Related Problems and Other Psychological Concerns among a Sample of Practicing Lawyers," 10 *Journal of Law and Health* (1990), p. 45. 关于法律这一行业比较乐观的描述，见 Charles Silver and Frank B. Cross, "What's Not to Like about Being a Lawyer?", 109 *Yale Law Journal* (1999), p. 1443。

23. Adam Smith, *An Inquiry Into the Nature and Causes of the Wealth of Nations* (New York: Modern Library, 1939), p. 106. 关于当代大学生的职业观以及他们对职业的不现实期望，见 Mihaly Csikszentmihalyi and Barbara Schneider, *Becoming Adult: How Teenagers Prepare for the World of Work* (2000)。

24. Oliver Wendell Holmes Jr., "The Profession and the Law," in *Collected Legal Papers* (1920), pp. 29—30.

25. Kenneth R. Andrews, "Liberal Education for Competence and Responsibility," in Thomas J. Donaldson and R. Edward Free-man (eds.), *Business as a Humanity* (1994), pp. 153,154.

26. 帕斯卡雷拉和特伦奇尼在 *How College Affects Students* 一书的第 460 页和 470 页里引用了一些"文科专业和商科专业毕业生职业比较方面"的研究，并对此作了分析。pp. 469,470。

27. 关于这方面更全面的研究，参见 Michael Useem, *Liberal Education and the Corporation: The Hiring and Advancement of College Graduates* (1989), pp. 91—119。

28. Samuel C. Florman, *The Civilized Engineer* (1987), p. 202.

29. U. S. Department of Education, "Curricular Content of Bachelors' Degrees (1986)," 引自 Michael Useem, *Liberal Education and the Corporation*, p. 70.

30. Alexander W. Astin, *What Matters in College*, pp. 236—241,302—310,371—372.

31. Norman Nie and Sunshine Hillygus, "Education and Democratic Citizenship," in Diane Ravitch and Joseph Viteritti (eds.), *Making Good Citizens: Educational and Civil Society* (2001), p. 30.

32. 引自 Elaine Seat, J. Roger Parsons, and William A. Poppen, "Enabling Engineering Performance Skills: A Program to Teach Communication, Leadership, and

Teamwork," *Journal of Engineering Education* (2001)，pp. 7—8。

33. National Academy of Engineering, *The Engineer of 2020 : Visions of Engineering in the New Century* (2004)，p. 59.

34. Accreditation Board for Engineering and Technology, *Criteria for Accrediting Engineering Programs* (December 26,2000).

35. 见 Rosalind Williams, "Education for the Profession Formerly Known as Engineering," 49 *Chronicle of Higher Education* (January 24,2003)，p. B12。"职业教育与自由教育携手并进,已是个深入人心且不可逆转的趋势。学生应该学会为今后的生活做准备,学会在这个由技术、科学、人文、社会问题交织而成的世界上生活。如果学生从一开始就要决定进'工程学院'学习,那么他们将很难学会在这个复杂社会中生活的本领。"威廉教授是麻省理工学院"科学、技术与社会研究项目"的主任。

36. 关于"教师教育"方面更详细的研究,参见 Christopher J. Lucas, *Teacher Education in America : Reform Agenda for the Twenty-First Century* (1997)；也见 Robert A. Roth (ed.), *The Role of the University in the Preparation of Teachers* (1999)。

37. 关于"对教师教育的批评"的文章,例如可见,Rita Kramer, *Ed School Follies : The Miseducation of America's Teachers* (1991)。有关支持教育学院的论断,见 David F. Labaree, *The Trouble with Ed Schools* (2004)。

38. Alexander W. Astin, *What Matters in College*，pp. 236—240,370—371.

39. Jean A. King, "The Uneasy Relationship between Teacher Education and the Liberal Arts and Sciences," 38 *Journal of Teacher Education* (1987)，p. 6. 也见 David F. Labaree, "Too Easy a Target : The Trouble with Ed Schools and the Implications for the University," 85 *Academe* (January-February 1999)，p. 34。

40. Alexander W. Astin, *What Matters in College*，pp. 238—240,370.

41. Norman Nie and Sunshine Hillygus, "Education and Democratic Citizenship," p. 30.

42. 例如可见 Diana G. Oblinger and Anne-Lee Verville, *What Business Wants from Higher Education* (1998)；Robert T. Jones, "Liberal Education for the Twenty-First Century : Business Expectations," 91 *Liberal Education* (Spring 2005)，pp. 32,34。

43. 见 Noreen R. Sharpe and Gordon D. Pritchett, "Business Curricula Should Integrate Liberal Arts and Vocational Studies," 50 *Chronicle of Higher Education* (April 2, 2004)，p. B 19。

44. 例如可见 Diana G. Oblinger and Anne-Lee Verville, *What Business Wants from Higher Education*；Michael Useem, *Liberal Education and the Corporation*；John W.

Gardner and Gretchen Vander Veer, *The Senior Year Experience*: *Facilitating Integration*, *Reflection*, *Closure*, *and Transition* (1998)。

45. George D. Kuh, "What We're Learning about Student Engagement from NSSE," 35 *Change* (March-April 2003), p. 28.

46. Michelle V. Rafter, "Liberal Arts Grads Get the Business,"83 *Workforce Management* (September 1,2004), p. 20.

47. Michael Useem, *Liberal Education and the Corporation*, p. 69.

第十二章　提高本科教育质量：展望未来

1. *The Economist*, "Special Report：Financing Universities"(January 24,2004), pp. 23, 24. 该研究还发现,在世界排名前十的大学中,美国大学占了八所。Sam Dillon, "U. S. Slips in Status as Global Hub of Higher Education," *New York Times* (December 21, 2004), pp. Al, Al9. 自 9. 11 美国恐怖袭击事件后,美国实行签证紧缩,美国校园里留学生的数量锐减。这篇文章是对这一现象的回应。

2. "The Chronicle Survey of Public Opinion on Higher Education," 50 *The Chronicle of Higher Education* (May 7,2004), p. A12.

3. 见 William G. Bowen and Derek Bok, *The Shape of the River*: *Long-Term Consequences of Considering Race in College and University Admissions* (1998), p. 196。

4. 见 Ernest T. Pascarella and Patrick T. Terenzini, *How College Affects Students*: *Findings and Insights from Twenty Years of Research* (1991)。

5. William G. Bowen and Derek Bok, *The Shape of the River*, p. 212.

6. Patricia M. King and Karen S. Kitchener, *Developing Reflective Judgment*: *Understanding and Promoting Intellectual Growth and Critical Thinking in Adolescents and Adults* (1994), p. 167.

7. Alexander W. Astin, *What Matters in College*: *Four Critical Years Revisited* (1993), p. 223.

8. 见 Linda J. Sax, Alexander W. Astin, William S. Korn, and Shannon K. Gilmartin, *The American College Teacher*: *National Norms for the* 1989 – 1999 *HERI Faculty Survey* (1999), p. 35。

9. Lion F. Gardner, *Redesigning Higher Education*: *Producing Dramatic Gains in Student Learning* (1994), p. 57.

10. D. Kent Johnson, James L. Ratcliff, and Jerry G. Gaff, "A Decade of Change in

General Education," *New Directions for Higher Education*，No. 125（Spring 2004），pp. 9，17，18. 斯塔克(Joan S. Stark)和拉德卡(Lisa Latucca)写道："许多大学已经开发出一系列技术手段,比较学生进校时和离校时在能力方面所发生的变化……但是,很少有大学关注学生的学习结果与课程、课程计划之间的相关性"；*Shaping the College Curriculum：Academic Plans in Action*(1997)，p. 104。

11. William G. Bowen and Derek Bok，*The Shape of the River*，pp. 72—90.

12. James L，Shulman and William G. Bowen，*The Game of Life：College Sports and Educational Values*（2001），p. 66.

13. Alexander W. Astin，*Assessment for Excellence：The Philosophy and Practice of Assessment and Evaluation in Higher Education*（1993），pp. 216—230；Peter T. Ewell，"The Role of States and Accreditors in Shaping Assessment Practice," in Lester F. Good child（ed.），*Public Policy and Higher Education*（1997），p. 305.

14. *National Survey of Student Engagement*，2001，*NSSE Viewpoint*（2001），p. 8.

15. 见 *Converting Data into Action*，*National Survey of Student Engagement：The College Student Report*（2003）。

16. Ernest T. Pascarella and Patrick Terenzini，*How College Affects Students*，p. 592.

17. 引自 Pat Hutchins and Lee S. Shulman，"The Scholarship of Teaching：New Elaborations, New Developments," 31 *Change*（September-October 1999），pp. 10，13。有趣的是,研究表明,许多教师(甚至是研究型大学里的教师)自认为自己的教学热情要远远高于同行。Mary Wright，"Always at Odds? Congruence in Faculty Beliefs about Teaching at a Research University" 76 *The Journal of Higher Education*（2005），p. 331.

◎ 索引 *

学术领袖(校长和院长):改革中的角色:确定大学的教育理念,制定教育的优先事项,并为大学的发展指明方向,336;在教师聘任机制中以教学与科研为标准,339—340;看重大学声望和排行,33,336;设立教学服务中心,探究积极的教学方法,338;探讨工作计划和相关研究发现,338;鼓励校本研究,338—339;在博士培养计划中鼓励培养教学能力,340—341,340脚注;争取让教师参与到院校自我监督和改革的过程中,342—343;教学实验的评价与发表,337;力求招聘高质量的全职教师,以提高写作和外语课程的教学质量,337—338;校董会参与监督改革计划,334—335;给予愿意尝试新教学方法的教师足够的时间和金钱,337;不愿对本科教育作持续的评价与实验,316;鼓励大学推行自我评估、教育实验和改革,336;不愿强迫教师作教学改革,323—324,355

学科:2,19,136

工程与技术鉴定委员会:299

亨利·亚当斯:21

兼职教师:传授技能,36,223;讲授公共演讲课,105,108;讲授写作课,44—45,83,85—86,100

赞助性行动:3,324

酗酒:酗酒的控制,163,170,218;酗酒与性行为,215,218,220

戈登·奥尔波特:207

校友对大学的满意度:7

美国教育委员会:231

美国政治学协会公民教育特别工作组:175

美国工程教育学会:299

阿姆赫斯特学院:259

＊ 索引中的数字,为原版中该词条所在页码,中文版中标在页边空白处。——编辑注

查尔斯·安德森:58

马丁·安德森:21

肯尼思·安德鲁:291—292

罗伯特·安吉尔:28—29

亚里士多德:12,78,101

文理学院:同时迎接职业需求和大学目标的挑战:307—309;与职业教育的关系:283—284,299—300,301,303—304,308—309;与其他学院的合作,299—300,301—302,303—304,308—309;对知识的看法,34—35,223;对技能的看法,35—37,223,250,281—283,307—309,314。另见"教师";"文理学科"

美国大学协会:44,46,140,178,181,329 脚注

美国精英商学院联盟:303—304

亚历山大·阿斯汀:社区服务,180,190;批判性思维能力的提高,111,116;通识教育的效果,272—273;外语能力,235,239;商科专业,303;工程专业,141,298;种族态度,201;写作能力的变化,87,106,141

运动队教练:161—162

体育:17,52,53,255

学士学位:收益与数量,4,8,11,18,284

菲利普·巴克伦德:104

约翰·巴斯克姆:212

比利·比恩:127

丹尼尔·贝尔:262

威廉·贝奈特:课程改革,1,55,324;名著课程,263;道德推理,158;任教育部部长,1,15,158

詹姆斯·柏林:95 脚注

帕特里夏·比塞尔:95 脚注

康拉德·布洛赫:43

艾伦·布鲁姆:《走向封闭的美国精神》,1,3,4;课程规划,2,55;教育质量下滑,21;对本科生评价能力的质疑,7

校董会在教育改革中的角色:333—335,335 脚注

西塞拉·博克:166

霍华德·鲍文:154

威廉·鲍文:90,201

亨利·布兰迪:191

约翰·布拉克斯顿:121

广泛的学术兴趣:76—77;通识教育的不同形式,257—272;指定选修课程,17—18,23, 257—262;名著课程,262—265;课程数量的增加,18;混合课程模式,270—272;重要 性,278—280;探究课程,267—270;作为大学教育的目标,76—77,255—256,277—280; 大学的责任,77;概论课程,18,256—257,266—267。另见"选修课";"课外活动";"通识 教育";"名著课程"

学习的广度:见"广泛的学术兴趣"

李巴伦·布里格斯:17

大卫·布鲁克斯:146,169

布朗大学:14,259—260

培养品德:146—171;应用伦理学运动,147—148,152,169;作弊,工作中行骗,149;作弊的流 行:148—149,165—166;南北战争前,13—14,24,146;大学宣传手册中的表述,59;对将 培养品德作为大学目标的批评,59—60;课程规划,41;让"应用伦理学"贯穿课程体系, 152 脚注;大学生的道德标准,149,157;中学生的道德标准,148—149;重要性,146, 150;道德自由,150;道德哲学课程,13—14,146—147,293;道德推理与道德行为,70— 72,155—158。另见"加强道德意愿"

麦克乔治·班迪:21

商科专业:302—304,307

校园契约:189

就业:281—309;商科专业,302—304,307;就业指导办公室,287—288;同时迎接职业需求 和大学目标的挑战:307—309;选择职业,78—79,284—294;就业指导课程,288,291— 294;批评大学变为就业训练基地,3;教育学专业,300—302;用人单位对研究生的需 求,26,284,294,299,305;工程学专业,297—300;工作满意度,288—289;法学院及法律 行业,289—291;文理专业,304—307;医学行业,292;作为大学生求学的动力,26—28, 79,281;学生过高的求职期待,285—286;职业性专业,294—304;职业教育和通识教育 对就业准备的优劣比较,294—296。另见"职业性课程"

迈克尔·卡皮尼:176 脚注

品德培养:见"培养道德"

作弊:148—149,165—166

《作弊文化》:149,149 脚注

琳·切尼:1,55

《高等教育纪事》:70 脚注,71 脚注

温斯顿·丘吉尔:40

培养公民意识:72—73,172—193;对美国民主与政治的学习,187;现代世界的挑战,72—73;公民教育的定义,72 脚注;公民责任,189;大学宣传手册中的表述,59,177;参与社区服务的影响,61,180—181,183,189—190;学习专业课的影响,182—183;激发政治兴趣的课程,189;经济学的学习,187—188;教育的关键角色,172,177;大学经历对公民意识的影响,61,179—181,184;激发学生参与选举和投票的热情,61,191—192;学术性课程的选修率,182—183;课外活动的角色,53,61,181,190—191;教师不关注,177—178,181;重要性,188;国际事务的学习,188;培养学生积极公民责任感的方法,189—192;国家公民意识与国际公民意识,186 脚注;大学忽视的原因,178—179,179 脚注;阅读报纸,173;政治哲学的学习,187;作为大学教育的目标,72—73,80,179,184,193;公民教育的角色,185—186;学生对履行公民责任的态度,181—182,183;学生社团,191;选举投票率,172—173,174。另见"公民意识淡漠"

纽约城市大学:93

公民意识淡漠:年轻人中,73,173,177,189;挑战,172—177,173;公民教育的课程及其不足,176—177;参与公民活动的减少,172—173;教育与参与政治活动的联系,172,175—176,176 脚注,189;影响,174—175;全国选举投票率研究,172—173;阅读报纸,173;选举投票率的下降,172—173,174;投票率与公民活动参与度最近略有提升,174—175。另见"公民意识"

《走向封闭的美国精神》:1,3,4

认知技能:见"批判性思维"

大学校长:见"学术领袖(校长和院长),改革中的角色"

大学:来自国外的竞争,5,312;大学类型的多样性及其影响,9 脚注,24;评价(见"对教育成效的评价");美国大学独孤求败的地位,5,310;大学表现欠佳的原因,313—320

哥伦比亚大学:12,18,264

表达:67,82—108;新生表达能力,67,82;有效演讲的重要性,67;本科生更加重视表达能力,82;用人单位的需求,67,82,90—91;作为大学教育的目标,67,80。另见"英语写作";"口头表达"

社区学院:10 脚注,19,89

社区服务:社区服务与公民意识,61,180—181,183,189—190;社区服务与感同身受,167—168,169—170;社区服务与道德推理,53;加强道德意愿,53,167—168,169—170

专业（课）：136—144；商科专业，302—304，307；设立专业的标准，137，137 脚注；毕业设计的价值，137，140，297；教育学专业，300—302；专业课对培养积极的公民责任感的影响，182—183；专业课对培养认知技能的影响，140；专业课对其他培养目标的影响，141—143；工程学专业，297—300；专业必修课的增加，47，136，311，323；跨学科专业，138—140；专业课在 20 世纪早期出现，17—18，136；课程规划缺少评估环节，42，46—47，136—137；文理专业，304—307；课程安排的循序渐进原则，138；专业课的目的，136，137，142—143，255；职业性专业，294—304

大学写作与表达研讨会：83—84

康奈尔大学：15，17

授课材料的演进：20

课程要求：学习的广度，17—18，23；英语写作，15，66，83；外语，233—234；通识教育，17—18，23，46，256 脚注；国际课程，231；核心课程中对自然科学课程的要求，43—44；南北战争后出现的完全自由选修制，15—16，22，258，259。另见"指定选修课程"

考前临时抱佛脚：16

批判性思维：67—69，109—145；主动学习的好处，117—118，117 脚注；对基本概念的理解，115—116；条件推理，112 脚注；批判性思维的定义与特点，68，109；教育研究的重要性，145；有效教学，117—120；专业课对培养批判性思维的影响，111 脚注，140；认知阶段，113—114，125；对学生学习的评价和考核方式，119，120—121，124—125，133，145；教师对课程体系的评估，144—145；教师反馈的重要性，119，121，125；小组学习的好处，118，131—132；批判性思维的重要性，109—110；学生的批判性思维能力在大学期间有所提高，110—111，116，311；松散结构问题与问题解决，113—114，116，311；激发学生进行批判性思维，112—113；批判性思维能力差的原因，116—117；概率推理，111 脚注；问题解决的方法，68—69；作为大学教育的目标 67—69，80，109；相对主义及相对主义者，38，70，113—114，153，311；学生的参与程度，112，143。另见"作为教学方法的讲座课程"；"数理推理"

对本科课程体系的批评：关于单一目标的假设，58—59，66；书名，1；成本、招生及经济资助，2 脚注；有关教育质量下降的说法，21，28—29；批评的缺陷，54—57；有关教师不重视本科教学的说法，31；名著课程，55；学生及父母对大学鲜有批评，6—8；课程体系的历史演进，21—26，324—325；课程体系设置缺乏目的性，2；近期的批判性文献，1—4，55 脚注

威廉·库帕克：102

简奈特·克雷顿：191，199

课程体系的演进:南北战争前的古典教育模式,12,24;对历史趋势的批评,21—26;南北战争前的心智培养,13,24;南北战争后的改革,14—17,22—23;必修课,发生改变的标准,16;完全自由选修制,15—16,22,258,259

课程规划:教授自治与缺乏合作,39—40;忽视培养品德,41;忽视培养公民意识,41—42;忽视对专业课的评估,46—47;对课程评估的评价,271—272;忽视教育目标,40—45;忽视对选修课的评估,47—48;忽视课外活动,51—54;未将评价用于课程规划与改革,317;课程评估时只关注通识教育,46—48;市场对大学的压力,282—283,307—309,325—326;改革教学方法的挑战,49,51;忽视教学方法,48—51;忽视教学研究成果,50—51;教学内容与教学方法,48,49—50

院长:见"学术领袖(校长和院长),改革中的角色"

学习的深度:17—18。另见"专业(课)"

道德行事的意愿:见"加强道德意愿"

迈克尔·迪莫克:176

指定选修课程:23,257—262;简单指定选修课程的优势,257—258,262;危机与问题,258—259,260—262;成功的选修机制,259—260。另见"广泛的学术兴趣";"课程要求";"选修课"

在多元文化中生活:73—75,194—224;民权运动的影响,73—74;有关多元文化的课程与研讨会,166,198,205—206,232;日益多元化的影响,194—195;用人单位的态度,195;同性恋权利运动的影响,74;二战后多元文化的发展,18—19,194;跨学科课程,19;种族间的友谊,202,203,203脚注;有关多元文化的必修课,198—199,232;新兴的系所,198,205;作为大学教育的目标,73—75,80;学生对大学政策的满意度,201;培养宽容心,59,61,74。另见"人际关系";"种族多元化";"女性与大学"

迪内什·迪索萨:1,55,324

杜克大学:59

对教育成效的评价:过于关注易测量的教学目标,322,327;需要对本科教育作持续评价,320—323;评价教育成效的难度,30,319;其他组织的评价,316;未使用评价,317;使用综合评价的大学比例,316;无法确定是否有长期进步,29—31,318—319;教育目标的重要性,42,57;评估本科教育时可以考查的问题,320脚注,321;对研究严谨性的担忧,117脚注,320—322。另见"表现欠佳";"具体的教育目的与目标"

教育研究:积跬步行千里,321—322;美国大学协会的专著,329脚注;过于关注易测量的教学目标,322,327;研究与实践的脱节,9;试误法,100,220—221,319,322 脚注;未使用评价,317;教育研究的重要性,145;教师很少尝试新教学方法,32,34,57,313,315;教育研究对政策制定的意义,9;忽视教学研究成果,50—51,312,313,323;拒绝用教学研究成果来质疑教学实践,50—51,318;对研究严谨性的担忧,117 脚注,320—322;表现欠佳或濒临辍学的学生,317,317 脚注。另见"教学实验";"研究"

美国考试服务中心:239

教育学专业:300—302

玛格丽特·艾森哈特:216

选修课:选修课与学习的广度,255;对选修制的批评,16,17;在规划课程体系时缺乏对选修课的评估,47—48;南北战争后的完全自由选修制,15—16,22,258,259;职业性课程中的选修课,28

查尔斯·埃利奥特:14,15—16,23,123,212

参与:社区服务与公民活动的参与情况,180,183;定义,112;教育与政治活动参与程度的关系,172,175—176,176 脚注,189;理科专业对参与公民活动的影响,141;全国学生参与度调查,112,329—330;对学生参与度的评价,143,328,329;投票率与公民活动参与度最近略有提升,174—175

工程学专业:297—300

英语写作:82—101;写作过程的复杂性,92—93,96;写作主管,86—87;有效教学,83—85;用人单位的态度,82,90—91;写作课程中使用试误法,100;对写作课程的评价,88—91,99—100;教师不愿讲授基础课程,83,85,91,99,323;反馈的重要性,87,89—90,99,100;新生能力不足,67,82;写作课的目标,93,94,96—98,100—101;人文学科学生英语写作技能的进步,89—90;本科生英语写作能力的提高,87,88—90,311;写作课质量的提升,96—98;写作教师的水平,97—98,99;测量写作水平提高程度的难度,88—89,90,99—100;后现代主义文学理论,94,95,95 脚注;写作练习对提高写作能力的影响,87,89—90,98;对写作过程的强调,93—94,96,103—104;写作教学质量低的原因,91;作为必修课的写作课,15,66,83,222;理科生写作技能的退步,89—90,98;综合与推理,写作过程的重要性,92;由研究生和兼职教师担任写作课教学任务,44—45,83,85,100,311,323;写作理论与实验,94—95;论文写作,90;将写作视为简单、容易教学的过程,91—92,96,100;"课课有写作"87—88;解决学生写作问题的写作中心,99 脚注;写作技能的重要性,67。另见"表达"

试误法:100,220—221,319,322 脚注

大学入学率:4,18—20

大学入学率的提升:4,11

认知阶段:113—114,125

"安永全球"会计公司:149

欧洲大学:24

评价:见"对教育成效的评价";"对教师的评价";"学生评教"

本科教育的发展历程:测量教育成效的难度,30,319;20 世纪早期的课程体系,17—18,21;二战后入学率提升及学生群体的多元化,4,18—20;大学资源的增加,29—30;缺乏统一的教育目标,22—25;简要回顾,11—12;南北战争后的改革,14—17,22—23;南北战争前的古典教育,12—14,21,24

教学实验:本科教育需要持续的教学实验,320—323;试误法,100,220—221,319,322 脚注;教师很少尝试新教学方法,32,34,57,313,315;缺乏尝试新教学方法的压力,32,34,57,313;一些教授尝试过的新教学技巧,132—134,315—316。另见"教育研究";"研究"

课外活动:行政人员的角色,53;南北战争后的课外活动,16—17;体育,52;广泛的学术兴趣,255—256;南北战争前的课外活动,12;课外活动对课堂学习的积极影响,53—54;课外活动在大学经历中的重要性,52—53,60;音乐 53—54;课程规划中忽视课外活动,51—54;课堂内容与课外活动的关系,53—54;课外活动对培养公民意识的作用;53,61,181,190—191。另见"学生学习"

教师:忽视本科教育的说法,3—4,31;对课程评价的使用,315,315 脚注;争取让教师参与到院校自我监督和改革的过程中,342—343;聘请外界人士讲授职业课程,293—294;二战后教师数量的增加,19;课程规划缺乏合作,39—40;教师很少尝试新教学方法,32,34,57,313,315;政治偏见,56;职业责任感,34,335;晋职政策,4,28,56,339—340;声望,4,32—33,57,258,328—329;重视研究,4,21;对学生评价的使用,132,315,315 脚注;教学能力,29;花在教学和其他目标上的时间,31—32,314。另见"文理学院";"教学"

对教师的评价:不合格的写作课教师,98;基于研究成果的声望,33,57,328,329;评价标准的选择,63;记录教学情况的"教学档案袋";340,340 脚注。另见"学生评教"

教师的态度:学术自治,39—40;对道德教化的担忧,38,61;对持续评价和实验的态度,316;对大学角色的不同看法,34—38;左翼教授,62—64;新教学方法,缺乏尝试新教学方法的压力,32,34,57,313;使用个人观察而非研究成果,60—61;教育中的政治理念,62—64,66,185;对公开发表研究的评价,32—33;不愿讲授英语写作基础课,83,85,91,99,323;忽视教学研究成果,50—51,312,313,323;拒绝使用研究考查教学方法的成效,

50—51,318；不愿传授技能,35—37,83；价值观在大学教育中的角色,37—38,41

专业领域：见"专业（课）"

斯坦利·费什：59—61,65

亚布拉罕·弗莱克斯纳：23

萨缪尔·佛洛曼：298

外语：233—235,242—246；开设更好外语课程的建议,242—246；选修率,233—234；古典课程体系中的希腊语,12；古典课程体系中的拉丁语,12,13；现代语言进入大学课程,14；外语教学需要专家,226—227；大学期间外语能力的提高,235,239,311；外语课在课程体系中的重要地位,15,35,45；对外语课作为必修课的争议,142—145；教学方法,234,234 脚注；外语到达一定熟练程度所需的时间,42—43,243—244；外语课存在的问题,235,246,311

美国教育部的"改善中学后教育基金会"：332

威廉·加尔斯顿：175,186

霍华德·加德纳：286

性别问题：见"女性与大学"

通识教育：更多课程要求被添加进通识课程,46,256,256 脚注；广泛的兴趣 256,与其他必修课的竞争,277；对通识教育的批评,23—24；通识教育的不同形式,272—277；指定选修课程,17—18,23,256 脚注,257—262；作为课程规划的重点,46—48；通识课程缺乏系统性,46；名著课程,262—265；通识教育的重要性,178—180；通识教育定义不明,23；通识教育对学生的长期影响,272—277；探究课程,267—270；职业性专业中的通识教育,28。另见"广泛的学术兴趣"

《自由社会的通识教育》：151

亨利·吉鲁：61—64

全球化：4—5,75,233,312

为全球化社会做准备：75—76；对知识广度的要求,228—229；各院系及学科间的合作,250—252；不同国家和文化的比较视野,227；有关其他文化的课程,241—242；课程计划,229—230,231—233,240—242；对大学课程的评价,239,253；外语,233—235,242—246；国际问题研究,19—20；国际问题研究的目标,226—230；国际问题研究的历史,225；国际问题研究的重要性,226,227,230,254；跨文化能力,249,253；国际学生,237—239,247—248；国际问题专业,233；需要国际事务专家,226—227；全球教育的机遇,230—239,252—254；作为大学教育的目标,75—76,80,248—250；大学的责任,75—76,

226;理解其他国家社会的敏锐性,227;学生对国际事务知之甚少,225—226;海外学习,236—237,246—247。另见"外语"

雪伦·戈麦尔奇:209

埃里克·古尔德:3,56 脚注

分数贬值:56,305

研究生:研究生传授技能,36,223;研究生讲授外语课,235,246;研究生讲授公共演讲课,105,108;研究生从事教学工作,223,315;研究生讲授写作课,44—45,83,85,100,311,323。另见"博士培养计划"

名著课程:262—265;名著课程的优势,262—263,265,273 脚注;对本科教育中名著课程的批评,55;对名著课程作课程规划,55,256;名著课程缺乏师生支持,55,257,264,265;教学方法存在的问题,264—265

古典课程中的希腊语:12

易卜拉欣·霍伦:115—116,132

哈佛大学:对过去教育质量的批评,21;未让教学能力优秀的教师晋职,28;《自由社会的通识教育》,151;哈佛学院教学委员会,28;20 世纪早期的专业,17—18;核心课程中对自然科学课程的要求,43—44;南北战争后的完全自由选修制,15—16;1890 年代大学新生的写作能力,82

大卫·赫斯特内斯:115—116,132

桑珊·希里格斯:182,298,303

多乐西·霍兰德:216

奥利佛·文德尔·霍尔姆斯:291

学生花在写作业上的时间:112

"诚信保证书"制度:53,164—166

荣誉课程:20,325

人文学者:22,78,93,107

罗伯特·梅纳德·赫钦斯:23,193,263,273

道德教化:基础课程中的道德教化,65 脚注;宪法课程中的道德教化,65 脚注;道德教化的定义,65 脚注;经济学中的道德教化,65 脚注;教师改善社会的努力,62;教师对道德教化的担忧,38,61;左翼教授,62—64;在教育中灌输政治理念,62—64,66,185;种族和性别课程中的道德教化,63 脚注。另见"价值观"

学术标准下滑的说法:2—3

跨学科课程:区域研究中心及国际问题研究,225;跨学科课程与学生群体的多元化,19;跨学科专业,138—140;需要教师间主动合作,39,251

国际竞争:5,6,312

国际问题研究:见"为全球化社会做准备"

国际互联网的影响:20,30,253,325,332

人际关系:104—105,221—224,221脚注。另见"在多元文化中生活"

威廉·詹姆斯:25

弗雷德里克·詹姆森:61—62

克里斯多弗·詹克斯:26

约瑟夫逊伦理学研究所:148

斯科特·基特:176脚注

简·金:302

马丁·路德·金:75

知识:知识的定义,3;师生面对知识的不同态度,34—35,36,223;知识的分化,2,21,25;知识作为实现其他目标的手段,35,36;需要有知识的公民,185—188;知识本身即有价值,35

威廉·诺克斯:181,184,274

玛丽·库博:181,184,274

查尔斯·艾伦·科尔斯:63脚注

乔治·库恩:221脚注,274,305—306

理查德·兰伯特:230,231,235,251

赠地:14

赠地学院:26

外国的语言:见"外语"

古典课程中的拉丁语:12,13

学会思考:见"批判性思维"

学会写作:见"英语写作"

作为教学方法的讲座课程:好处:122,132—133,266;讲座课程与主动学习讨论的比较,117

　　脚注,12—24,123 脚注,125—127,154;与名著课程的比较,263—264;教师最熟悉的教学方式,4,36,120,123—125,147,250;讲座课程和练习中的机械记忆,115,116,121,134;讲座课记忆效果差,48—49,77,92,123。另见"批判性思维"

弗兰克·伦特里奇亚:61—62

亚瑟·莱温:191,199

迈克尔·刘易斯:127

文理学科:商科专业中的文理知识,303,307;教育学专业中的文理知识,301;文理课程选修率的下降,3,19,283;文理学科定义不明,23;文理专业,304—307;职业课程的强化,79;在就业准备方面职业课程与文理课程的矛盾,294—296。另见"文理学院"

理查德·莱特:82,245

保罗·琳德赛:181,184,274

现代文学课程的出现:14

阿尔伯特·劳伦斯·洛厄尔:17

尼科洛·马基亚维利:101

伯纳德·麦迪逊:129—130

戈登·马力诺:70 脚注,71 脚注

埃里克·马祖尔:132—134

詹姆斯·麦科什:15—16

迈克尔·麦克弗森:165 脚注

记忆:主动学习法与填鸭教学法,123—124;记忆的限制,48—49,77,92;数学知识的记忆,129—130;讲座课程和练习中的机械记忆,115,116,121,134;讲座课程的内容容易遗忘,48—49,77,92,123;机械学习,121

心智培养:13,15,24

《威尼斯商人》:155

教学方法:见"教学法"

苏珊·米勒:95 脚注

少数族裔学生:见"种族多元化"

误人子弟的后果:4

探究课程:267—270

《道德沦丧的大学》:1,2,58

道德哲学课程:13—14,146—147,293。另见"培养品德"

道德推理:69—72;思考道德两难问题的能力,70,70 脚注,152—155,156—158;会计工作中的道德推理,70 脚注,71 脚注;应用伦理学运动,147—148,152,169;基本的道德信仰和共同的价值观,153;商学院中的道德推理,71,147;目前的道德推理课程与选课率,41—42,70,169;南北战争后道德推理课程的减少,38,41—42;道德行事的意愿,70 脚注,155;道德推理课对本科生思想和行为的影响,154—155;将伦理学贯穿于课程体系中,152 脚注;道德原则,13,53,69—71,法学中的道德推理,71—72,71 脚注,147;医学中的道德推理,71 脚注,147,156;道德矛盾,153;探讨道德两难的哲学著作,152—153;道德教化的可能性,61—65;作为大学教育的目标,69—72,80;意识到道德困境,152;相对主义和相对主义者,38,70,113—114,153,311;道德推理对道德行为影响的研究,50,157—158;大学的责任,70—71,170—171;父母的责任,70;传统的文理课程与道德推理,150—151。另见"培养品德";"批判性思维";"加强道德意愿"

加强道德意愿:155—171;体育教练的角色,161—162;作弊、控制与强化,165—166;有关多元化的课程与研讨会,166;社区服务,53,167—168,169—170;将道德信仰转化为行动的意愿,70—71,159;纪律规定及其执行,162—164;感同身受,159,166—167,168—169;解释道德行为的原因,160—161;诚信保证书,53,164—166;同伴压力,164—166;使用监考教师,161,164,165 脚注,166;道德行事的原因,159;表明学校的道德标准,160;在道德方面以身作则,160;道德意愿的形成,159;公开表达道德观点,160,168;改变不合理现状的意愿,161。另见"培养品德";"道德推理"

舍尔温·莫里莱:104

跨学科课程:19

音乐:53—54

美国国家工程学院:299

国家研究理事会:126

全国学生参与度调查:112,329—330,331

《国家处于危险中》:1

约翰·亨利·纽曼主教:27

《纽约时报》:1,146,337

诺曼·奈尔:182,298,303

马萨·努斯邦:186 脚注,228—230,241

奥克兰竞技队:127

奥伯林学院：211

丹尼斯·奥布莱恩：43

爱丽丝·德马乔：234 脚注，244 脚注

口头表达：101—108；ACT 大学生学习成效测试，106；与听众互动，104；口头表达与书面表达的比较，103—104；有效演讲的重要性，67，103，106—107；用人单位的态度，106—107；公共演讲课的选课率，102—103，106；对演讲教学的评价，105—106；大学期间口头表达能力的提高，106；评价口头表达能力进步的难度，105—106；口头表达教学的方法与风格，105；南北战争后的公共演讲课，102；古代世界的公共演讲，101；美国殖民地时期的公共演讲，101—102；修辞术的定义，101；"课课有演讲"，105；口头表达课在课程体系中的地位，103，104—105，106—108；口头表达课由研究生和兼职教师负责教学，105，108。另见"专业（课）"

海外学习项目：236—237，246—247

欧尼斯特·帕斯卡雷拉：主动学习，117；批判性思维能力的提高，111，116，140；大学类型的影响，10 脚注；性别平等，217；《大学是如何影响学生的》，10 脚注，221 脚注，281 脚注；对文学与艺术的兴趣，273—274，275；人际交往能力，221 脚注；专业的影响，140；道德推理，158；政治态度与政治活动，180；教学质量的影响，281 脚注；种族间的理解，200—201；职业性课程，281 脚注；写作技能的提高，89

教学法：改革的挑战，49，51；教学方法对学生学习成效的影响，48—49，116—121；外语课的教学方法，234，234 脚注；教师很少尝试新教学方法，32，34，57，313，315；忽视课程规划，48—51；忽视教学研究成果，50—51，312，313，323

托马斯·派蒂葛鲁：207 脚注

博士培养计划：对研究生教育改革的长期展望，341—342；20 世纪初博士生研究领域的偏狭性，25；培养教学能力，340—341，340 脚注；缺乏对教学能力的培养，314—315，314 脚注，324，340—341；南北战争后的博士培养计划，14；博士培养计划在就业训练中的角色，285；为博士生建立的教学中心，314 脚注，338。另见"研究生"

政治正确性：3，22，55

山姆·波普金：176

《心灵生活的良方》：58

学院的院长：见"学术领袖（校长和院长），改革中的角色"

普林斯顿大学：7，15，17

《学术骗局》：3，4

进步主义教育协会：23

公共演讲：见"口头表达"

教育目标：58—82；有关单一目标的假设，58—59，66；广泛的学术兴趣，76—77；同时满足职业需求和大学目标的挑战：307—309；南北战争前的大学教育目标，12—14；批判性思维：67—69；对大学缺乏教育目标的批评，2；智力方面的目标与行为方面的目标，59—66；忽视道德推理与公民教育，38，41—42；课程规划中忽视教育目标，40—45；能实现多个教育目标的课程，80；私立学校与教会大学的教育目标，64 脚注；培养得到广泛认可的价值观，64—66；教育目标在评价课程时的作用，42，57；教育目标的适切性，80—81；到达熟练程度所需的教学时间，42—44，243—244；培养价值观的教育目标，64—66。另见"培养公民意识"；"表达"；"批判性思维"；"在多元文化中生活"；"道德推理"；"职业性专业"

数理推理：127—136；与高中数学课的比较，129—130；常规的本科数理课程，130—131；小组学习的好处，131—132；改进后的教学方法，132—134；在其他学科领域中涉及数理知识，134—135；数理推理的练习及其强化，134—135；所需的技能，69，128—129；数理推理的使用，69，127—128。另见"批判性思维"

种族多元化：196—211；黑人学生围聚在一起就餐，197，199，201，202—203；有关多元化的课程与研讨会，198，205—206；种族隔离报道过于夸张，202—204；加强种族间理解的方法，205—206，207，208；种族间的友谊，202，203，203 脚注；少数族裔学生入学率的增加，18—19，196—197；新系所的成立，198，205；高校不再扮演"不作为"的角色，196；培养种族宽容心，61；给予少数族裔优惠的招生政策，195，201，211；对校园里种族关系的评价，200—202；大学期间习得的种族态度，201，202，204，211；种族意识课程，198；种族间的冲突与紧张关系，197—198，199—200，204—205，208；中小学种族背景单一，197；规划欠妥的课程存在的潜在问题，206—207，208；学生对大学政策的满意度，201；第三世界社交中心，197，209，210；黑人学生自愿种族隔离，197，199，209—210。另见"在多元文化中生活"

戴安妮·拉维奇：3

比尔·里丁斯：2，56 脚注，58

改革的挑战与动力源：问责制与标准化测验，326—327，331；校董会在改革中的角色，333—335；研究生教育改革的挑战，341；教学方法改革的挑战，49，51，323—330；大学排行迫使大学改革，327—329，330，337；竞争迫使大学改革，325；全国学生参与度调查，329—

330,331;州政府迫使大学改革,326—327,331—332;学生迫使大学改革,325—326。另见"学术领袖(校长和院长),改革中的角色"

迈向新阶段的改革:330—343;基于教学与科研的教师聘任程序,339—340;确定大学的教育理念,制定教育的优先事项,并为大学的发展指明方向,336;校董会对提升教育质量的项目作出评价并鼓励创新,333—335;校董会的调停作用,334—335,335脚注;设立教学服务中心,探究积极的教学方法,338;探讨工作计划和相关研究发现,338;教学实验的评价与发表,337;政府机构和基金会资助示范性大学,332;给予愿意尝试新教学方法的教师足够的时间和金钱,337;名不见经传的大学的改革优势,336—337;研究生教育改革的长期展望,341—342;对学习目标实现程度的考量,332—333;项目、问题与进步程度的评价过程,332;鼓励大学推行自我评估、教育实验和改革,336;力求招聘高质量的全职教师,以提高写作和外语课程的教学质量,337—338;在博士培养计划中鼓励培养教学能力,340—341,340脚注;政府官员与评估机构的角色,331—333;大学校长的角色,335—343;自我监督与改革的过程,331—333,342—343;学生对教与学质量的评价,339—340;校本研究成果的使用,338—339

相对主义及相对主义者:38,70,113—114,153,311

大学声望:基于科研实力,33,57,310,328,329;基于学生SAT成绩,33,57,328,336;《美国新闻与世界报道》,9脚注,327,328,330,337

研究:大学声望基于科研实力,33,57,310;对课程体系的批评集中针对研究性大学,2,28,31;对教师的评价基于发表成果,32—33;忽视教学研究成果,50—51,312,313,323。另见"教育研究";"教学实验"

科研实习项目:20

修辞术:见"表达"

埃利奥特·理查森:21

大卫·里斯曼:26

威尔加·里弗斯:235

弗雷德里克·鲁道夫:23—24,26

圣奥拉夫学院:70脚注

SAT成绩:部分学生打"擦边球",148;学生的学术能力,33,328;招生,324;SAT成绩与学生学习状况的关系,328,336;大学声望,33,57,328,336;表现欠佳的学生,317

琳达·萨克斯:180,190

威廉·沙费尔:78

凯·斯库兹曼:191

卡罗尔·施奈德:178

《科学》:44

自然科学课程:南北战争后的自然科学课程,14;古典课程体系中的自然科学课程,12;理科
　　专业课对公民活动参与度的影响,141;教材专深程度的提升,19,25;自然科学基础课
　　的问题,261,311;达到熟练程度所需的教学时间,43—44,243—244

《科学美国人》:44

研讨会:为博士生开设的教学研讨班,314;研讨会中的讨论,110,124,473;新生研讨会,20;
　　研讨会的影响有限,52;在线与国际范围内讨论,253;教授批判性思维的研讨会,110

米娜·肖内塞:92—93

李·舒尔曼:273 脚注

技能:文理学院对技能的看法,35—37,223,250,281—282,293;探索和传授知识需具备的
　　技能,35;对新技能的分析与传授,36;教授不愿传授技能,5—37,83;学生期望学习使
　　用技能,36,37,223;由研究生和兼职教师传授技能,36,223;技能的价值,35

欧尼斯特·斯姆特:299

亚当·斯密:291

史密斯学院:259

社交需要:17,259

南希·索莫斯:89—90,92

南部大学和学校协会:103

布莱恩·斯皮茨伯格:102

圣·约翰学院:265

斯坦福大学:7,17,18

州政府在教育改革中的角色:326—327,331—332

林肯·史蒂芬斯:23

玛丽莲·斯腾格拉斯:92

学生态度:对参与公民活动的态度,181—182,183;对找工作的态度,281;对知识的态度,
　　35—36;20 世纪初的学生态度,17;二战后大学对学生态度的影响,21—22;学生将赚钱
　　视为最重要的目标,26—27,36,281;过高的求职期待,285—286;对价值观在大学教育
　　中扮演角色的态度,38。另见"学生满意度"

南北战争前大学对学生行为的约束:12,14,146

学生评教:对学习和提高思维技能方法的质疑,318;学生对教师的评分,29,32,132,315,
339—340;教师使用学生评教结果,132,315,315 脚注,339—340

学生学习:主动学习的好处,48—49,117—118,117 脚注,考量大学教育成效,32—34,311;
容易忘记讲座课程所传授的知识,48—49,77,92,123;课堂教学与课外活动的关系,
53—54;教学方法的效果,48—49,116—121。另见"课外活动"

学生满意度:择校满意度,7;与教授交流的满意度,7;对专业课的满意度,143,298;对道德
标准的满意度,148;对男女混合宿舍的满意度,217;对与教师探讨问题机会的满意度,
32;对选拔性大学的满意度,7;对教学的满意度,7;对本科经历的满意度,7—8,310—
311;对大学种族多元政策的满意度,201

海外学习:236—237,346—347

概论课程:18,256—257,266—267

查尔斯·塞克斯:1,3—4,21,28

教学:教育学专业,300—302;教师的成就感,31,313;博士培养计划缺乏对教学能力的培
养,314—315,314 脚注,324,340—341;教师缺乏尝试新教学方法的压力,32,34,57,
313;教学与科研,31—32;记录教学情况的"教学档案袋",340,340 脚注。另见"教师";
"作为教学方法的讲座课程";"教学法"

科技:4—5

科技的影响:4—5

帕特里克·特伦奇尼:主动学习,117;批判性思维能力的提高,111,116,140;大学类型的影
响,10 脚注;性别平等,217;《大学是如何影响学生的》,10 脚注,221 脚注,281 脚注;对
文学与艺术的兴趣,273—274,275;人际交往能力,221 脚注;专业的影响,140;道德推
理,158;政治态度与活动,180;教学质量的影响,281 脚注;种族间的理解,200—201;职
业性课程,281 脚注;写作技能的提高,89

思维:见"批判性思维"

爱德华·桑代克:13,68

培养种族宽容心:59,61,74。另见"在多元文化中生活"

尤里·特雷斯曼:131

雷克斯福德·塔格威尔:25

辅导老师:6,11,16,146,183

加州大学洛杉矶分校:78,203

表现欠佳：表现欠佳与濒临辍学的学生，317 脚注；大学表现欠佳的原因，313—320；表现欠佳的学生群体，317，319；博士培养计划缺乏对教学能力的培养，314—315，314 脚注，324，340—341；教师缺乏尝试新教学方法的压力，32，34，57，313。另见"对教育成效的评价"；"本科教育的弱点"

《濒临毁灭的大学》：1，56 脚注，58

芝加哥大学：23，273

密西根大学：28，195，197

威斯康星大学：23，212

《美国新闻与世界报道》大学排行榜：9 脚注，327，328，330，337

价值观：教师对价值观在教育中角色的态度，37—38，41；对完美目标的需求，64—66；私立学校与教会大学的教育目标，64 脚注；培养得到广泛认可的价值观，64—66；学生态度，38。另见"道德教化"

西德尼·维巴：191

查尔斯·韦斯特：161

劳伦斯·维希：14，24，194

职业性课程：78—80；对职业性课程的偏见，27，78，281—283；商科专业，302—304；同时满足职业需求和大学目标的挑战：307—309；职业教育和通识教育对就业准备的优劣比较，294—296；毕业设计的价值，297；职业性课程与认知能力的发展，281 脚注，293，296—297；教育学专业，300—302；用人单位对研究生的需求，26，284，294，299，305；工程学专业，297—300；职业性课程选课率的提升，3，25—26，283；二战后职业性课程的增加，19，26—27，29；仍需学习通识课程和选修课，28；职业性课程干扰本科教育的其他目标，296，298，308；南北战争后出现职业性课程，14—15；学生将为工作做准备和赚钱视为最重要的目标，26—27，36，281；1862 年莫里尔法案，26；二战期间的公立大学，18；作为大学的教育目标，78—80，184；职业性课程与文理课程相互促进，79，306—307；私立大学抵触职业性课程，18；大学的责任，79—81；职业性专业，294—304。另见"就业"

华莱士夫妇：95

《华尔街日报》：106，156

弗朗西斯·韦兰德：14

本科教育的不足：8—9，311—319；忽视教学研究成果，50—51，312，313，323；专业的影响，

140—143;过多使用讲座课程,120,122—127;无法考量学生的学习成效和教学成效,318—319;未将评价用于课程规划与改革,317;外语课程,311;教师很少尝试新教学方法,315;博士培养计划缺乏对教学能力的培养,314—315,314 脚注,324,340—341;教师缺乏尝试新教学方法的压力,32,34,57,313;很少研究表现欠佳或濒临辍学的学生,317;评价方法,8—9,57;不愿对本科教育作持续的评价与实验,以提高教育质量,316;使用研究生和兼职教师讲授基础课程,85—86,105,235。另见"具体的教育目的与目标"

安德鲁·怀特:14,15,16,22—23

爱德华·怀特:88,100

迪恩·惠特拉:89

道德行事的意愿:见"加强道德意志"

布鲁士·威尔谢尔:2,58

伍德鲁·威尔逊:22

阿兰·沃尔夫:150

罗伯特·保罗·沃尔夫:78

女性与大学:211—221;男女混合宿舍,214,217;大学入学率的上升,211—212;早期历史与条件,211—213;二战后的教育发展趋势,213—214;女权运动的影响,74,194,214;男女生间的友谊,214—215,217;"勾搭",215,217;职业障碍,27 脚注,211—212;二战后的社会压力,22;强奸与性侵犯的预防与处理,218—221;220 脚注;恋爱与约会,215—216;学生对男女混合宿舍的满意度,217;性行为,215,217—218;社会角色,215—216;女性研究的出现,19。另见"在多元文化中生活"

写作课程:见"英语写作"

耶鲁大学:7,12,13,17,21

图书在版编目(CIP)数据

回归大学之道/(美)博克著;侯定凯等译. —2 版. —上海:华东师范大学出版社,2012.6
ISBN 978 - 7 - 5617 - 9646 - 7

Ⅰ.①回… Ⅱ.①博…②侯… Ⅲ.①高等学校−教育研究 Ⅳ.①G64

中国版本图书馆 CIP 数据核字(2012)第 136415 号

回归大学之道(第二版)
对美国大学本科教育的反思与展望

著　　者　德雷克·博克
译　　者　侯定凯　梁　爽　陈琼琼
责任编辑　彭呈军
项目编辑　刘　佳
责任校对　王丽平
封面设计　杜静静　陈军荣
版式设计　卢晓红

出版发行　华东师范大学出版社
社　　址　上海市中山北路 3663 号　邮编 200062
网　　址　www. ecnupress. com. cn
电　　话　021 - 60821666　行政传真 021 - 62572105
客服电话　021 - 62865537　门市(邮购)电话 021 - 62869887
地　　址　上海市中山北路 3663 号华东师范大学校内先锋路口
网　　店　http://hdsdcbs.tmall.com

印 刷 者　常熟高专印刷有限公司
开　　本　787 毫米 × 1092 毫米　1/16
印　　张　18.75
字　　数　298 千字
版　　次　2012 年 8 月第 2 版
印　　次　2024 年 1 月第 10 次
印　　数　22901 — 24000
书　　号　ISBN 978 - 7 - 5617 - 9646 - 7/G·5675
定　　价　36.00 元

出 版 人　王　焰